네이션과 무용

최승희의 민족 표상과 젠더 수행

네이션과 무용
최승희의 민족 표상과 젠더 수행

초판 1쇄 발행 2021년 10월 25일

지은이 ㅣ 이진아
펴낸이 ㅣ 윤관백
펴낸곳 ㅣ 도서출판 선인

등 록 ㅣ 제5-77호(1998.11.4)
주 소 ㅣ 서울시 마포구 마포대로 4다길 4 곳마루 B/D 1층
전 화 ㅣ 02) 718-6252 / 6257
팩 스 ㅣ 02) 718-6253
E-mail ㅣ sunin72@chol.com

정가 17,000원

ISBN   979-11-6068-624-1   94910
ISBN   978-89-5933-425-4   (세트)

동아대학교 석당학술총서 43

네이션과 무용

최승희의 민족 표상과 젠더 수행

이 진 아

도서
출판 선인

"그레타 가르보가 그랬듯이,
최승희는 어느 춤에서나 완벽하면서도 독특하게 적응하는 무희였다."

여성이 네이션을 수행할 때

 이 책에서는 네이션과 무용이라는 프레임 안에서 무용가 최승희(崔承喜, 1911~1969)를 둘러싼 호명기제와 수행성에 대해 살펴보았다. '최승희의 민족 표상과 젠더 수행'이라는 부제가 붙은 이 책은 페미니즘의 시각을 통해 최승희의 역사적인 존재방식을 읽어내려는 하나의 시도라고 할 수 있다. 이는 내가 자기민족지와 젠더라는 관점에서 1930~40년대 무용과 음악 장르 여성 예술가의 젠더 수행성을 고찰한 박사논문 일부 및 여러 편의 학술지 논문을 대폭적으로 수정, 보완하면서 최승희의 해방 이후 행적까지 포괄적으로 재검토한 결과물이다. 나는 이 글들을 완전히 새로운 구성과 가독성 있는 문장으로 다시 풀어쓰고자 노력하였다.

 나는 박사과정에 처음 진학하면서 노베르트 엘리아스의 『모차르트』 같은 멋있는 글을 목표로 했지만, 사회학의 관점에서 예술가를 고찰한다는 것이 그리 쉽지 않은 일임을 실감하면서 수년 동안 악전고투할 수밖에 없었다. 이 과정에서 내가 선택한 최승희라는 인물을 탐색하면서, 그녀가 끊임없이 마주서야 했던 사회구조와 행위자의 관계를 세심하게 살피고자 하였다. 왜냐하면 최승희가 가진 특별함과 천재성을 다시 한번 증명하는 것은 나의 몫이 아니었고, 사회구조가 최승희를 어떻게 무용의 신화로 만들었는지에 관한 사회학적 질문에 답하는 것이 공부의 과제였기 때문이다. 나는 한국무용사에서 최승희가 전무후무한 평가를 받고 있는 이유가 단지 그녀의 예술적 재능 때문이라고는 생각되지 않았다.

2016년 여름 박사논문이 끝나갈 때에 박찬욱 감독의 영화 「아가씨」가 개봉이 되어, 나는 어느 날 극장에 가서 혼자 영화를 보았다. 이 영화를 보고서 최승희 이야기를 '히데코 버전'으로 다시 쓰고 싶다는 강한 욕심이 생겼고, 어쩌면 아가씨를 향한 마음이 이 책까지 이어졌다고 할 수 있을 것이다. 아가씨라는 존재를 둘러싼 호명기제와 수행성을 생각하면서 최승희의 오랜 궤적이 비로소 온전하게 보이기 시작했다. 이미 많이 알려진 그녀의 이름을 이 책에서 새롭게 불러보는 이유는, 한국 사회에서 남성 중심적인 민족/젠더가 상상되고 수행되는 방식을 최승희를 매개체로 하여 페미니즘 프레임으로 살펴보기 위한 것이다. 최승희는 남성들이 만들어낸 네이션이라는 국가 혹은 문명에 대해 무용이라는 여성 신체로 관찰하고 응시하면서, 근대 시기 여러 네이션의 경계(조선과 일본, 중국과 북한 등)를 유동적으로 월경할 수 있었다. 여성이 네이션을 수행한다는 것, 이는 이 책에서 이야기하고 싶은 주제이다.

* * *

문학이나 영화, 음악 등의 영역과 비교해 볼 때 한국의 학술장에서 무용 연구의 스펙트럼이 아주 두터운 편은 아니라고 할 수 있다. 기존의 연구에 투영된 최승희를 향한 애정과 찬사는 부족함이 없었지만, 다른 영역만큼 다양한 프레임으로 읽어내려는 시도는 많지 않았다. 나는 무엇보다 그동안 무용 연구의 논의들이 무용계 외부의 일반 독자와는 충분하게 소통되지 않는다고 느껴졌다. 그 부분이 나에게 가장 애틋하고 안타깝게 생각되었던 것 같다. 무용에 대해 아는 것이 별로 없었던 내가 한국무용과 최승희라는 인물에 주목했던 것은 무용이 여성 신체로 표현되는 예술이라는 이유 때문이었다. 여성 신체는 섹슈얼리티 억압의 기제이기도 하지만, 가부장제의 공간에서 가장 오래된 기호인 언어 텍스트를 되받아치는 일종의 "저항 도구"가 될 수 있다는 점에서 양가적인 시선으로 들여다볼 필요가 있는 대상이다(버틀러, 2016: 38).

기존 체제나 질서에서 남성 권력의 시선과 언어를 통해 여성이 남성보다 문화적으로 낮은 위치에 존재하는 타자의 이름으로 호명되는 것은 역사가 매우 오래된 젠더 관습이라고 할 수 있다. 1920년대 이후 현재까지 한국 사회에는 여성을 둘러싼 총체적인 호명기제 혹은 젠더 담론, 즉 신여성에서 메갈리아까지 한국 여성을 지칭하는 다양한 이름들이 존재한다. 이는 여기에 부합하는 현실의 여성이 얼마나 존재하는가 아니면 특정한 여성에 대한 감정적인 호오(好惡)나 도덕성(morality)의 문제가 아닌 것이다. 그보다는 이러한 이름들이 남성 권력이 담론적이고 시각적인 차원에서 여성을 이야기하고 가시화하면서 통제하고자 했던 사회적 메커니즘이라는 것을 되새겨볼 필요가 있다.

한국 사회의 공적 영역에서 남성 권력의 여성 신체를 향한 페티시즘의 투영이 언제나 불가피했던 것인데, 이러한 사회구조 안에서 여성 신체는 어떤 틈새(niche)를 만들어낼 수 있었을까? 영화 「아가씨」에서 히데코와 숙희는 남성들이 만든 문명의 세계—춘화로 구성되는 서재와 낭독회의 남성 관객들—를 향해 거침없이 침을 뱉고 책을 찢으면서, 오랜 시간 그녀들을 훈육하고 길들이던 구조와 규칙을 넘어서는 동시에 서로에게 동무이자 구원자가 되어주었다. 남성들이 히데코와 숙희에게 강요하고자 했던 젠더 규범은 그녀들에게 '아가씨 놀이'로 새롭게 전유되었다. 이는 일종의 젠더 수행으로서 '원본이 부재하는 판타지', 즉 원본으로서의 여성성은 어디에도 없는데, 이와 유사한 모방본을 흉내 내고 있을 뿐이라는 주디스 버틀러의 핵심적인 주장과 그대로 닿아있는 맥락이라는 점에서 매우 중요한 대목이다.

근대 시기 남성들이 네이션의 담지자로서 구축하고자 했던 복수(複數)의 국가 혹은 문명(제국주의, 민족주의, 사회주의)에 대해, 최승희가 자신의 여성 신체를 통해 어떻게 동질적인 민족을 전유하고 규범적 여성성을 비틀어서 수행할 수 있었을까 하는 것이 이 책 전체를 관통하고 있는 질문이다. 젠더 담론 속에 재현된 기호를 넘어선 현실의 여성 주체는 "한 개별자가 특정의 주체 위치와 동일시하는 수행적 과정을 통해 행위의 주체가 될 때 비로소 탄생"된다(김수진, 2009: 32). 이 책에서는 남성 권력에 의해 정형화된 호명기제를 넘어 현실의 여자가 되고자 했던 최승희라는 한국 여성의 역사적 궤적을 1930~60년대에 걸쳐 조심스럽게 따라가 보고자 한다.

* * *

나는 2006년에 처음 대학원 공부를 시작하여 조금씩 글을 쓰면서 정말 많은 분들을 만나면서 계속 성장하였고, 지금까지 역사사회학이라는 어려운 과제를 지속할 수 있었다. 그렇지 않았다면 내가 일찌감치 포기했거나 아주 작은 결과물조차 낼 수 없었다고 생각된다. 공부는 혼자 노력해서 할 수 있는 일이 결코 아니었다. 먼저 학부 때부터 박사과정 그리고 박사후 연수까지 세 분의 지도교수이신 한석정, 김경일, 이동진 선생님께 가장 커다란 감사를 드린다. 김복수, 한도현, 서호철, 김수진 선생님께서는 부족한 박사논문을 세심하게 심사해 주셨다. 정수남 선생님께서는 박사논문의 시작부터 끝까지 꾸준하게 조언해 주셨다. 송연옥 선생님은 일본에서 직접 최승희 자료를 보내주셨는데, 그 마음을 오랫동안 잊을 수 없었다. 이주희 선생님께서는 중앙대 무용학부에서 1년 동안 최승희 관련 강의를 할 수 있도록 배려해 주셨다.

한국사회사학회와 만주학회의 많은 선생님들께도 오랜 시간에 걸쳐 소중한 가르침과 도움을 받았다. 이정은 선생님을 비롯한 『사회와 역사』 편집위원회 선생님들께는 존경하는 마음을 전하고자 한다. 서재길 선생님께서 이끌어 주시는 만선일보 연구팀은 늘 든든한 버팀목이 되었다. 동아대에 와서는 아세안연구소와 사회학과, 석당학술원에 계시는 여러 선생님들께서 많은 배려와 지원을 해주셨다. 박장식, 박선화, 강민지 선생님과 새롭게 만들어 가는 시간이 너무 설레고 기대된다. 최순, 장세훈, 윤상우, 송유진, 김주환 선생님은 언제나 변함없는 응원과 지지를 보내 주셨다. 그리고 손숙경, 전성현, 정재운 선생님 덕분에 고향에 돌아온 것 같은 편안함을 느낄 수 있었다.

이 책의 일부는 『사회와 역사』 『한림일본학』 『한국학』 『한국민족문화』 『아시아여성연구』 등의 학술지에 논문으로 이미 발표된 바 있다. 그러나 각각의 논문은 책 전체의 맥락에 따라 완전히 새롭게 재구성된 것이다. 또한 이 연구는 아모레퍼시픽재단과 석당학술원에서 각각 연구지원과 출판지원을 받아서 완성될 수 있었다. 출판을 허락해 주신 선인 출판사와 세심한 편집을 해주신 편집부 여러분께 진심으로 감사드린다. 마지막으로 지금까지 지켜봐 주신 어머니와 이제 세상에 계시지 않는 아버지에게 애틋함과 그리움을 전하고 싶다.

차 례

1장

자기민족지, 한국무용
그리고 최승희

01

왜 최승희인가

월경의 아이콘

그동안 축적된 예술가 인물 연구들은 주로 인물의 생애와 이들이 만들어놓은 것들, 즉 예술세계에 대한 역사를 개인적인 일화와 테크닉, 인맥과 계보 등 세부적인 사실에 주로 치중되었다. 이를 통해 예술 작품과 예술가에 대해 예술 내적인 요소의 산물로 탄생된, 신비화되고 낭만적인 서술로서 설명하는 데 그치고 만다. 이는 예술을 둘러싼 거시적인 사회구조를 충분히 반영하지 못함으로써, 여전히 미시적이고 내재적인 차원에서 머물고 있다. 이에 비해 예술에 관한 사회학적 접근은 이들이 만들어놓은 것이 아니라 예술을 만드는 조건, 연극에 비유하자면 배우나 연극 그 자체가 아닌 '무대의 이면'을 살펴보는 것이라고 할 수 있다. 이는 예술에 얽혀 있는 새로운 역사를 구성하는 과정이 될 것이다.

예술과 예술가는 자신이 속한 시대를 떠나서 존재할 수 없고 역사적 맥락과 사회적 제약을 받으며 상호작용을 한다는 점에서 볼 때, 예술에 대한 사회학적 접근은 예술가의 개인성과 천재성을 부정하는 것이 아니다. 그보다는 오히려 새로운 접근과 해석으로 그 예술의 역사적 위치와 의미를 더욱 풍부하고 다각적으로 제시해 줄 수 있다는 장점을 지니고 있다. 최승희는 1930년대 일본에서 근대적인 예술교육을 받고 선구적인 신여성 예술가로서 활발하게 활동하였다. 그녀의 공적은 무엇보다 식민지 시기부터 해방 이후까지 민족적 자부심과 조선적 전통을 조선예술을 통해 표현하고 지켜냈다는 점에 있다. 그러나 최승희는 해방과 분단 이후 월북했다는 이유로 오랫동안 그 존재가 널리 알려지지 않았던 편이다.

이 책에서는 1930~60년대 최승희의 조선무용에 대해 자기민족지의 관점에서 접근하여 민족/젠더 수행성을 통해 고찰하고자 한다. 이는 연구사적으로 처음 시도되는 것이다. 특히 이러한 관점은 기존의 최승희 연구들이 평전 스타일이나 무용 내적인 관점에서 그녀를 서술한 것과는 뚜렷한 차별성을 획득한다고 할 수 있다. 동시에 이 책은 그동안 최승희에게 오랫동안 투영된 민족주의 관점과는 명확하게 거리를 둔다는 점에서, 한 조선 여성 혹은 식민지 출신 예술가에 대해 미시적인 접근을 넘어 거시적인 맥락에서 사회학적인 고찰을 시도하는 새로운 연구라고 할 수 있다.

최승희는 1980년대 후반 월북 예술가에 대한 해금조치를 계기로 새롭게 재조명되면서 본격적인 연구가 이루어졌다. 그녀에 관한 최초의 책이었던 1995년 정병호의 평전을 시작으로 하여 여러 연구서와 학위논문, 대중서까지 그동안 꾸준하게 출간되었다고 할 수 있다. 대체적으로 기존의 최승희 연구에서는 조선무용을 매개체로 하여 최승희가 재현했던 민족/젠더를 둘러싼 기표와 정체성에 대해 자명하고 본질화된 것으로서 전제하고 있는 편이다. 이러한 논리 구조 안에서는 친일/월북 같은 그녀의 행적이 완전하게 부정되어야 할 대상이 되거나 아니면 '시대를 잘못 타고난 비운의 무희'라는 결론에 도달하게 된다. 바로 이 부분이 최승희가 월경의 아이콘 혹은 주체 구성의 메커니즘을 통해 다시 논의되어야 하는 가장 중요한 이유이다.

근대 이후 예술을 창조하고 예술가가 된다는 것은 지극히 개인적인 선택과 노력의 결과가 아니라 사회적인 관계를 통해서 획득되는 것이다. 예술가는 신성한 면모를 보유한 보편적인 존재가 아니며, 끊임없이 외부와 관계를 맺고 상호작용을 반복하는 정치적이고 사회적인 존재이기 때문이다. 예술은 순수하고 독자적인 영역에서 발생한다기보다는 다양한 층위에서 중층결정된 결과물이다. 이는 개인적 노력의 결과가 아니라 특정한 관계를 통해서 만들어지는 과정이며, 따라서 항상 사회관계적 맥락 속에서 자리하고 있다(쉬너, 2007).

어떤 의미에서, 최승희가 구성한 예술적 성공의 한 부분은 그녀가 살았던 역사적 조건의 영향으로 돌릴 수도 있을 것이다. 왜냐하면 조선무용의 창조적 변형이 식민지라는 현실에도 '불구하고' 가능했던 것이 아니라, 어쩌면 그 '덕분에' 완성되었다고 볼 수도 있기 때문이다. 만약 식민지와 분단이라는 상황이 아니었으면, 최승희는 이러한 예술적 실험이나 시도를 하지 않았을지도 모른다. 그녀에게 월경이라는 수행성은 우연하거나 수동적인 것이 아니라 존재방식의 필연적인 조건이자 근거로서 작동되었다.

최승희의 지역별 활동 시기를 구분해 보면 다음과 같다. 이는 일본 도쿄에서 14년(1926~1929년, 1933~1937년, 1940~1944년), 서울에서 4년(1929~1933년, 1946년), 3년 동안 세계 순회공연(1938~1940년), 중국 북경에서 4년(1944~1945년, 1950~1952년) 그리고 해방 이후 북한 평양에서 18년(1946~1950년, 1952~1967년)으로 정리해 볼 수 있다. 일본에서의 활동기간은 조선의 3배가 넘는 14년이며, 해방 이전 최승희 활동의 중심은 일본이었다. 또한 그녀가 월북하여 평양에서 활동한 시간은 일생에서 가장 긴 시간이었다. 즉 최승희에게 북한은 전반기의 일본에 이어서, 후반기의 매우 중요한 거점이었다.

최승희의 경우, 그녀의 성공 요인 및 예술세계에 관해 시대를 앞선 천재 혹은 미인 무용가로 묘사하는 우상화의 관점(정병호, 2004; 이애순, 2002)이나 제국의 후광 혹은 민족주의의 반영을 통해 설명하는 논리(朴祥美, 2005; 李賢晙, 2019; 정응수, 2005; 박미영·오율자, 2006; 이주미, 2007; 윤혜미, 2009; 김채원, 2010; 김연숙, 2011; 노영희, 2011) 등 어느 한쪽의 입장으로는 그녀의 주체성이 명확하게 해명되지 않는다. 최승희는 사회구조와는 관련이 없는, 몰사회적인 자기애를 추구하는 '근대의 요정'이나 신비스럽고 낭만적인 존재가 아니며, 일본의 제국주의를 그대로 재현하는 '문화적 꼭두각시' 혹은 '나체의 스트리퍼'도 아니기 때문이다. 그녀에 대해 '민족의 순수한 상징'이라고 보기도 어렵다. 최승희가 단지 여성으로 태어났기 때문에 우월했다거나 페미니즘을 구현했다는 본질화된 관점(유미희, 2006) 역시 그녀의 역사적인 존재방식을 고찰하는 데 한계를 드러낼 수밖에 없다.

그렇지만 이 연구들은 최승희 연구를 보다 심화하고 확장하기 위한 기초 작업뿐 아니라 연구사적인 확실한 성과를 보여주었다. 네이션과 무용이라는 프레임 안에서, 최승희의 민족 표상과 젠더 수행에 주목하고자 하는 이 책의 기본적인 문제의식을 직접적으로 공유한 선행연구는 학제 간 연구에서 찾아볼 수 있었다. 이하에서 주요한 연구들을 순서대로 살펴보겠다.

첫 번째, 이 책이 자기민족지의 관점에서 최승희의 조선무용을 풀어냈다는 점에서, 이영재(2008)와 백지혜(2013)의 연구는 매우 중요한 선행연구라고 할 수 있다. 이영재의 연구는 제국이 영화라는 매개체를 통해 피식민지인을 국민으로 호출할 때 식민지의 영화인들이 적극적으로 호응하고 응답하는 지점으로서 식민지 말기의 이른바 '협력영화'에 접근하고 있다.

이 연구는 전쟁기의 제국 일본/식민지 조선의 남성 엘리트 사이에 오갔던 연대와 경합, 결렬의 과정에 대한 역사적 접근을 보여줌으로써 조선영화와 식민권력과의 관계를 고찰하였다. 오영진의 앞에 이는 일본어 시나리오로 처음 발표된 「맹 진사댁 경사」(1943) 텍스트가 이후 연극과 영화, 음악극과 텔레비전 드라마를 통해 한국적인 것의 표상으로 거듭나는 과정 그리고 한국영화 「시집가는 날」(1956)로 리메이크되면서 민족 표상을 획득하는 과정을 자기민족지라는 문제의식을 통해 풀어냈다(이영재, 2008: 208~249).

식민지의 작가 유진오와 이효석의 작품들을 민족지의 관점에서 접근한 백지혜의 연구는 근대와 전근대의 논리, 동양과 서양의 학문 사이에서 고민하는 주체로서 이 작가들이 외부자적 위치에서 소설의 미학적 자질을 획득하고 있다는 사실에 주목하였다. 유진오와 이효석을 통해 본 식민지 지식인은 일본에 동화된 자들이 아니라, 자신의 본국인 식민지를 타자화하는 과정을 통해 자기 자신을 '근대화'하는 데 매혹됨으로써 민족지적 특성이 추출된다는 것이다. 이 연구는 식민지 작가가 자신의 특권적 위치에서 조선성을 어떻게 바라보고 자리매김하고 있는지에 대해, 유진오의 미발표 육필원고를 포함한 작품 분석을 통해 상세하고 논리적으로 고찰하였다(백지혜, 2013).

한국영화와 근대소설에 있어서 자기민족지의 사례를 보여준다는 점에서, 두 연구는 이 책에 유효한 지표를 제시하였다. 그러나 전반적으로 이영재와 백지혜는 식민지의 예술이 민족지로서의 기능에 얼마나 충실하였는지, 그 작품들이 어느 정도로 세련된 수준이었는지에 집중하면서 민족지적 세부를 상세하게 보여주는 데 그치고 있다. 이는 논문이 의도하지 않았더라도, 제국의 논리와 공명한 식민지 예술가 및 지식인이 조선을 타자화한 것을 정당화할 우려가 있다. 이러한 구조 안에서 식민지인들은 제국에 의해 보여지는 대상, 즉 객체로서의 위치를 극복하기는 힘들다고 사료된다.

두 번째, 이 연구가 예술과 사회의 관계성 안에서 한 개인을 고찰했다는 점에서, 김동일(2010)의 논저는 중요한 프레임을 제공해 주었다. 김동일(2010)은 전통적인 예술/사회의 이분법을 지양하는 동시에 그 상호작용에 대해 파악하고 분석한다는 일관적인 문제의식 아래 부르디외의 사회학이론을 토대로 하여 예술가의 사회적 투쟁에 주목하였다. 그에 따르면, 예술은 그저 고상한 교양이 아닌 끊임없이 부정하고 또 부정되어야 하는 분류 투쟁의 대상이다. 예술은 단순히 천재들의 비범한 영감의 소산이 아니라 인정과 명예를 독점하면서, 이를 사회적 이해로 변환하기 위한 사회적 투쟁이 된다고 할 수 있다(김동일, 2010).

특히 그의 논문 「백남준의 사회학」은 이 연구의 기본적인 시각과 방법론에 있어서 중요한 참조점을 제공해 주었다. 이에 따르면, 전위적인 비디오아트를 통해 한국 사회와 세계의 예술장 모두를 석권했던 유일무이한 존재인 백남준의 성취는 단순히 미학적 결과물만이 아니다. 그보다는 백남준의 실천과 사회 공간이 조응하는 지점에서 새롭게 접근해야 한다. 사회 현상으로서 '백남준'이란 백남준 개인의 미학적 실천과 사회구조가 교차하는 지점에서 형성된, 복합적인 결과이자 장의 효과였기 때문이다. 이는 백남준이 당대 예술장의 하부장들, 즉 음악장과 미술장이 중첩되는 지점에서 비디오아트를 통한 음악적 전복과 미술적 지배를 함께 성취함으로써 획득된 것이었다.

백남준은 '모방될 수 없는 신비한 천재'가 아니라, 그에게 주어진 역사적이고 사회적인 맥락 안에서 특정한 방식의 이미지 조직과 분류를 수용하거나 재편했던 주체였다. 또한 그는 합리적인 사회적 행위자였다. 이 과정에서 김동일은 부르디외의 '장'과 라투르의 '이해관계 번역'이라는 두 개념의 교차를 통해 문화의 자율성을 부정하지 않으면서도, 사회적 반영이나 결정을 중화하는 중간적 이론 공간을 제시하고 있어서 주목할 만하다(김동일, 2010: 291~293, 300~303). 그러나 그의 연구는 백남준이 처한 1960년대적 시대 상황을 배경으로 하여 독일과 뉴욕의 예술장 내에서의 위치와 전략들을 주된 연구 대상으로 설정하고 있다는 점에서, 이 책에서 다루고자 하는 1930~60년대의 최승희의 사례와는 여러 가지 차이점이 발생할 수밖에 없다.

마지막으로, 이 책이 사회구조와 행위자를 연결하려는 시도라는 점에서, 사회학의 고전인 노베르트 엘리아스(1999)를 통해서 유용한 자원들을 얻을 수 있었다. 그는 모차르트라는 천재적인 한 예술가의 탄생을 사회학적으로 고찰한 바 있다. 이에 따르면, 어떤 사람이 지닌 특출한 재능 혹은 천재성은 그의 사회적 운명을 결정하는 요소들 중에 하나이면서 특정한 '사회적 사실'이다. 그런 점에서 모차르트가 가진 재능은 '하늘이 내려준' 것이 아니라, 그가 처한 상황과 조건에서 처절한 투쟁을 거쳐 얻어낸 것이라고 할 수 있었다.

노베르트 엘리아스는 궁정사회와 시민사회라는 결합태의 구조 안에서 예술 창조자 및 수용자의 위치 변화를 통해 모차르트의 예술을 설명하였다. 궁정귀족의 취향에 조응해야 했던 시민 계급 출신의 궁정음악가였던 모차르트는 그 안에서 겪었던 내적 모순을 부르주아 음악시장의 자유예술가로 변모하는 과정을 통해 음악적인 조율로서 극복하였다. 그는 자신의 고용주였던 궁정귀족의 '주문형 음악'을 생산하는 존재방식에서 벗어나, 불특정 다수의 청중에게 어필할 수 있는 '자유형 음악'을 보여주는 자유예술가로 거듭나는 과정에서 자신의 재능을 꽃피울 수 있는 사회적 조건과 비로소 조우했던 것이다(엘리아스, 1999: 19~79).

특히 노베르트 엘리아스가 취하는 1인칭 시점, 즉 모차르트의 시선으로 당시의 사회구조를 관찰하는 방법은 사회학적 접근이 빠지기 쉬운 환원론적 수렴이라는 함정을 지양하면서 행위자를 통해 형상화되면서 내재하는 지점을 드러내는 고전적 논의에 해당한다고 할 수 있다. 아쉬운 점은 책의 후반부가 사회학적 고찰보다는 심리학적 분석으로 치중되면서 미완으로 끝났다는 점이다. 그러나 그의 이러한 심리학적 분석의 시도는 프로이드의 영향이면서, 동시에 그가 주장했던 사회학적 접근에 수반되어야 할 미시적 연구의 바탕이 되었던 한 부분이다.

'최승희, 조선무용, 민족/젠더 수행성'이라는 세 개의 키워드를 연결하기 위한 이 책의 연구 방법은 기본적으로 문헌자료를 중심으로 한 이론적인 고찰이다. 우선 최승희 개인사와 예술 활동에 관련된 내용을 중심으로 신문, 잡지, 평론, 공연 팸플릿, 프로그램, 대본집, 자서전과 평전, 무용 스틸컷, 영상물 등을 1차적으로 분석한다. 수용적인 측면에 관해서는 조선과 일본, 중국과 북한에서 당시 발간된 예술잡지의 평론, 인터뷰와 비평 등을 중심으로 살펴볼 것이다. 그리고 조선예술 관계자와 예술인들의 회고와 증언, 좌담회에 관한 내용도 보완적으로 검토하고자 한다.

민족주의와 페미니즘의 문화적 교차

근대 시기 일본과 조선, 중국과 만주국 등지에서 국민국가가 형성되는 과정은 젠더 질서와 여성 표상이 새롭게 만들어지는 시간이기도 했다. 즉 동아시아에서 여성성을 둘러싼 호명기제, 즉 신여성이나 모던걸에서 현모양처까지 다양한 여성 표상은 특정한 개인의 출현이나 문화적 유행을 넘어,

여성이 네이션의 구성원으로서 호명되는 과정에서 권력관계가 반영되어 생성된 사회적 기표 혹은 범주라고 할 수 있다(하야카와 외, 2009: 15~27). 간 사토코는 일본 여성이 '국민화하는/국민화되는' 과정은 근대국가와 공모하면서 배반하는 것이면서, 한편으로 개인이 '여성'으로서 자각하는 것과 겹쳐진다고 논의한 바 있다. 즉 여성은 여학교 교육을 통해 '읽고 쓰기'를 습득하는 동시에 당시 유행하던 소설이나 잡지 등을 매개체로 하여, 하나의 여성으로서 서로 동질감 혹은 일체감을 체득할 수 있었다는 것이다(간, 2017: 33~63).

본질적이고 자명한 것으로 간주되는 네이션과 젠더는 다양한 문화 장치를 통해 역사적인 맥락에서 만들어지면서 구성되었다고 할 수 있다. 즉 근대국가는 민족/국민을 주체로 하여 섹슈얼리티에 대한 지식, 제도, 담론 등이 복합적으로 작동하여 젠더관계가 형성되었던 과정 그 자체라고 볼 수 있다. 네이션과 젠더는 상호교차적으로 얽히면서 서로가 서로를 규정하고 재생산하였기 때문이다(홍양희 외 편, 2017: 6~9). 이는 행위자의 입장에서 조선인, 일본인, 중국인 등의 민족 범주와 남성, 여성이라는 젠더 범주를 통해 사회적이고 담론적인 차원에서 호명되는 시간이기도 했다.

호미 바바에 따르면, 민족은 특정한 공동체로 상상되는 과정에서 서사(narrative)를 통한 양가적 시간성을 필요로 한다. 이는 민족을 동질적으로 이야기하는 교의적(pedagogic) 시간성과 서사 자체에 개입하는 수행적(performative) 시간성으로 구분되는데, 모든 서사의 수행적 시간은 선행하는 교의적 시간에 대해 해체적으로 개입하게 된다. 즉 민족 서사를 하나의 시간으로 동질화하는 교의적 시간성은 그 서사의 반복적인 수행으로 인해 다양한 형태의 비동질성을 동시에 생성한다는 것이다(바바 편저, 2011: 467~499).

여성의 입장에서는, 새로운 민족과 젠더 상상을 통해 중층적으로 타자화된 자신의 신체로부터 주체성을 자각하면 할수록 역설적으로 하위 주체로서 존재방식을 인식하지 않을 수 없었을 것이다. 그러나 현실의 행위자들은 자신의 위치를 넘어서 근대적 개인을 향한 저마다의 반복적인 수행성을 드러냈다. 이들에게서 가부장이나 민족, 서양 여성에 대한 주체적 자각과 극복의 의지까지 읽을 수 있었다. 여성들은 자신의 타자성을 근본적으로 극복하고 완전한 대안을 생성하는 데까지 나아가지는 못했을 것이다. 그렇지만 여성 개별자가 비동질적인 시간성을 향해 상이한 경계를 교차하면서 다양한 예술적 실험을 수행하였다는 점에 주목할 필요가 있다.

네이션이 만들어지는 과정에서 여성의 주체 위치와 정체성에 대해 질문하는 것은 동질적이면서 비동질적인 여성의 존재방식을 수행적으로 파악하기 위한 것이라고 할 수 있다. 최승희는 식민지 무희로서 1930년대 이후 동아시아 전반을 계속 이동하면서 예술 활동을 할 수밖에 없었다. 그녀는 자신이 원하든 원하지 않았든 디아스포라의 시간을 경험했던 여성이다. 당시 최승희의 여성 신체는 여러 네이션(일본, 조선, 중국, 만주국, 북한 등)의 다양한 민족 표상이 투영되면서 담론화되는 매개체였다고 할 수 있다.

당시 식민지 조선에서 "근대성은 전통과 근대, 한국적인 것과 서양(일본)적인 것, 또는 자아정체성과 타자의식의 밀접한 상호작용"을 통해 형성되었으며, 전근대 혹은 비근대적 요소와 근대적 요소가 중첩되는 혼종적인 양상을 드러냈다. 이는 "서양과 일본의 근대가 식민지에서 경합을 벌이면서 식민지의 내재적 전통과 상호작용을 하는 가운데 조선의 식민지적 근대를 형성하는 시기"였기 때문이다(김경일, 2004: 19~20). 그런 점에서 식민지의 근대성이란 외부에서 일방적으로 이식되는 것만이 아니라, 식민지의 구성원들이 내부에서 유동적으로 형성해 가는 복합적인 것이라고 할 수 있다.

이 과정에서 전근대에 볼 수 없었던 새로운 여자들이자 가시적인 존재로서 신여성이 등장하기 시작한 것인데, 식민지 신여성들에게 근대성이란 무엇이었을까? 신여성에게 근대성의 도래와 함께 발생한 새로운 문화와 유행을 어떻게 볼 것인가 하는 것은 전통과 근대가 상호작용하는 식민지 조선에서 이들이 자신의 존재방식을 주체적으로 구성하는 데 있어서 중요한 부분이었다.

그녀들은 전근대/근대, 구여성/남성, 주체/객체라는 위치들 "사이에 끼인(in-between) 존재"로서 근대성에 대해 양가적인 정서 구조를 가지고 있었기 때문이다(배경민, 2010: 171). 나아가 신여성은 근대성 자체에 내포된 남성 권력에 대해 도전하면서, 근대와의 동일시 혹은 근대성의 구현을 지향함으로써 자신의 여성성을 극복하고자 했던 적극적인 행위 주체였다(김경일, 2004: 20~21).

신여성은 언제나 그녀들의 여성 신체와 존재방식을 둘러싼 가부장적 시선과 언어에 시달려야 했다. 왜냐하면 근대교육을 받고 공적 영역에 진출하기 시작한 새로운 여성들을 다양한 가부장이 관찰하면서 통제하는 동시에 순화하기 위한 장치로서 신여성에 관한 담론이 형성되고 유포되었기 때문이다. 이 과정에서 '좋은 여자/나쁜 여자'의 전형과 이미지가 고착화되었다. 이는 좋거나 나쁜 여성들이 실제로 존재하거나 본래적인 특징이 있어서가 아니라 남성 중심의 이해관계와 사회적 필요성에 따라 만들어지고 재구성된 것임에 주목할 필요가 있다.

김수진은 1920~30년대 식민지 조선의 신여성 담론을 젠더 정치의 관점에서 '신여자, 모던걸, 양처'라는 세 개의 표상을 통해 신여성의 분화된 상징적 범주에 대해 고찰한 바 있다. 신여성이라는 기호는 신여성들 스스로 만들어낸 것이기보다, 조선의 남성 신지식인들이 가지는 분열적이고 불안정한 식민 정체성을 여성들에게 투영하고 있다는 것이다(김수진, 2009). 본 연구는 신여성을 둘러싼 재현과 주체에 관한 김수진의 논의를 바탕으로 하여, 주체와 기표 사이의 신여성을 구분하는 것과 함께 재현된 이미지와 현실의 간극이라는 문제를 넘어서 주체성이 생산되는 장소로서 여성 신체에 대해 주목하게 되었다. 이를 통해 복합적인 정체성을 지닌 신여성 혹은 '현실의 신여성(material new woman)'을 드러내고자 하였다.

이 책에서는 1930~60년대 민족 표상과 젠더 수행을 둘러싼 최승희의 존재방식을 살펴봄으로써, 전통과 민족에 기초한 조선예술을 자연적인 것으로 이해하지 않고 서로 상이한 힘들이 만나는 역사적인 공간으로서 접근하고자 한다. 또한 최승희라는 사례를 통해 조선 여성의 존재방식과 예술 생산에 주목하고 있지만, 여성 주체가 만들어낸 근대문화의 한 면모를 남성 권력에 의해 전적으로 포섭되거나 혹은 이에 저항하는 것으로만 단일하게 수렴시키지는 않을 것이다.

02

한국무용과 네이션 상상

자기민족지

최승희가 민족 표상과 젠더 수행의 수단으로 전유하였던 것은 1930년 대에 처음 스스로 창안하여 이후 1960년대까지 여러 형태로 변형하였던 조선무용이다. 이 책에서는 최승희의 조선무용을 역사적 구성물 혹은 수 행적인 대상으로 파악하기 위해 자기민족지의 관점에서 접근하고자 한다. 여기서 '자기민족지(autoethnography)'라는 개념은 메리 루이스 프랫과 레이 초우의 논의를 차용한 것이다. 이는 전반적으로 ①외국의 관객에게 민 족과 전통을 보여주고 전시하는 텍스트 ②식민지/제국을 연결하면서 예 술장의 규칙을 생성하는 장소 ③원시적 열정이 투영된 시각 권력의 메커 니즘이라는 세 가지 맥락에서 사용하였다(Pratt, 2008: 52~101; 초우, 2004: 40~46).

특히 자기민족지의 공간에서 여성 신체는 시각문화의 보여지는 객체로 서 순수성, 페티시즘, 이국취미 그리고 오리엔탈리즘이라는 남성 권력의 시선과 욕망이 복합적으로 투영되는 매개체였다는 점에 주목하고자 했다. 이 책에서는 최승희가 이러한 남성 중심적인 사회구조를 어떻게 인식하 고 활용하면서 예술장의 규칙을 습득해 나갔는지에 대해 자기민족지와 민족/젠더 수행성의 맥락에서 새롭게 고찰하고자 한다.

레이 초우는 중국영화를 일종의 자기민족지로서 파악하는 동시에 여러 문화 사이의 번역으로 보면서, 여기에 투영된 "원시적 열정(primitive passions)"에 대해 설명한 바 있다. 원시적이라는 것의 의미는 양가적인데, 어떤 권위를 가진 기원 혹은 낙후된 것을 의미한다. 따라서 원시적 열정은 국가나 문명, 남성이 위기의 순간에 잃어버린 순수한 기원 혹은 뒤쳐진 어떤 것으로서 원시적인 것을 되찾고자 하는 정념이다. 이는 문자문화에서 시각문화로 기호 체계가 전환되는 시기에 나타나면서, 시간과 언어의 개별성을 뛰어넘어 보편적이고 초월적인 공통 감각으로 상상되거나 발명된다. 이는 늘 판타지에 기초하고 있기도 하다(초우, 2004: 40~46).

그러나 레이 초우는 영화를 일방향적인 대상이 아니라 영화에 내재되어 있는 힘, 즉 전통적이고 이분법적인 구도를 변화시킬 수 있는 가능성에 주목하였다. 예를 들어, 영화 「국두」에서 '돌아서는 쥐더우'는 페티시화된 여성으로서 자신의 흉터와 상처를 엿보는 자에게 그녀의 신체를 스스로 보여줌으로써, 자기민족지가 가진 오리엔탈리즘의 요소를 받아들이면서도 이에 대한 패러디를 비판적으로 수행한다. 여기서 그녀의 여성 신체는 가부장제나 지배 권력에 대항하기 위한 수단으로 전도되는 것이다. 감독인 장이머우는 바로 이 장면을 통해 오리엔탈리즘의 잔여물을 새로운 자기민족지로서 전환시키고 있다(초우, 2004: 20~87, 251~260).

식민지와 제국의 예술장은 두 개로 분리된 혹은 하나로 통합된 장으로 존재한 것이 아니었다. 1930~40년대 조선예술을 둘러싼 예술가와 제도, 물적 자원 등은 서로 교차하면서 순환적인 사회구조를 구성하고 있었다. 이러한 동시적인 지속성을 가능하게 했던 것이 "식민지와 제국 사이의 상호의존성과 존재론적 차이 그리고 이러한 관계를 (재)생산하는 장치들의 네트워크"였다(차승기, 2011: 185). 따라서 식민지와 제국을 자국의 전통과 역사에 기반하고 있는, 각기 분리된 사회로서 파악하는 것을 넘어 하나의 문화권으로 형성된 측면으로 살펴볼 필요가 있는 것이다(고마고메, 2008).

장혁주를 시작으로 하여, 1930년대 제국의 예술장 안에서 새롭게 번역된 조선예술은 민족주의 발현의 양상이 존재하면서도, 일본인 관객의 시선 안에서 조선에 대한 문화 수집과 표상 축적의 기능을 하는 자기민족지로서 기능하였다. 그런 점에서 이들은 식민지 내부의 저항적 민족예술과는 다른 맥락에서 살펴볼 수 있다. 조선인들이 비동질적인 시간성을 향해 일본으로 월경할 때, 시각 권력의 메커니즘으로서 자기민족지로부터 전적으로 자유롭기는 현실적으로 어려웠기 때문이다.

메리 루이스 프랫이 지적한 대로, 식민화된 주체는 자기를 문화적으로 표상하는 과정에서 식민지배자가 쓰는 말의 용법과 관계를 맺을 수밖에 없다. 이는 식민지 본국에서 문자문화로의 진입을 보증하기 때문이다. 자기민족지 텍스트는 "자기 표상에 있어서 순수하거나 본래적인 것 혹은 토착적이면서 자생적인 것과는 다른 어떤 것"이라고 할 수 있다. 이는 전형적으로 혼종적일 뿐 아니라 대개 식민종주국의 독자와 화자 자신이 속한 사회 집단의 식자층 모두에게 수신됨으로써, 양쪽에서 각기 다른 방식으로 수용되는 맥락을 가지고 있다(Pratt, 2008: 9).

본 연구의 가설은, 식민지/제국 사이의 자기민족지의 공간에서 중층적으로 생성된 조선예술이 식민주의적 응시의 주체/객체의 위치를 성립시키는 기제로서 작동되었다는 것이다. 그리고 조선예술이 식민지의 문화 엘리트들에게는 스스로를 관찰자이자 관찰 대상으로 상상할 수 있는 "가시성의 경계 공간"으로, 한편으로 제국의 수용자들에게는 식민지적 차이 혹은 이국적인 타자로서 조선을 통해 "원시적 자아"를 응시하는 공간으로 동시에 제공되었다는 것이다(후지타니, 2003: 52; Atkins, 2010: 2).

이 과정에서 주체 바깥에 위치 지워진 사람들, 즉 사물처럼 전시된 운명에 처한 피식민지인들의 존재방식은 무엇이었는가? 보여지는 존재에서 주체성을 되찾기 위해 이들은 어떤 노력을 기울였는가? 그중에서 식민지의 문화 엘리트들은 피식민자인 동시에 관찰자의 위치에 있으면서, 아웃사이더적인 특권을 제공받은 사람들이었다. 제국은 식민지를 직접적으로 응시하기보다 매개체와 중간 협력자를 필요로 했는데, 이는 바로 자기민족지와 문화 엘리트를 통한 것이었다. 그렇지만 외재적인 조선성을 바라보는 관객이면서도 관찰자의 위치에 있던 예술가들, 다시 말해 보여지는 대상이자 보는 주체로서 중간자 정체성을 지니고 있던 이들의 존재방식은 결코 단순하지 않았다.

그런 점에서 식민지/제국 사이에서 생성된 조선예술은 단순한 문화 텍스트가 아니라 다양한 주체들의 욕망이 투영되는 매개체이자 역사적 구성물이었다. 왜냐하면 이를 통해 표상되는 문화적 기표/담론이 균일하게 고정되어 있는 실체라기보다, 조선예술을 둘러싼 행위자들이 저마다의 상이한 가치와 입장을 투영하여 관계적으로 전유해 가는 장이었기 때문이다. 이 책에서는 1930년대에 자기민족지로서 출발했던 조선무용을 최승희가 1960년대까지 내재적이고 외재적인 차원에서 스스로 완결하면서 다양한 예술적 실험을 수행하였던 측면에 대해 역사적인 맥락에서 총체적으로 파악하고자 한다. 이는 여성 신체를 둘러싼 정체성의 형성과 남성 권력 사이의 어떤 틈새를 찾는 과정이 될 것이다.

최승희의 경우, 그녀의 조선무용을 단순한 도구로 간주하여 이것이 자기민족지로서 어떻게 충실하게 기능하였는가 혹은 얼마나 세련되게 표상되었는가 하는 것보다 주목할 부분은 그 안에 내재된 식민지 여성 주체의 수행성에 대한 것이다. 즉 조선무용이 일본에서 처음 만들어졌거나 조선성을 타자화하는 것에서 출발했다고 해도, 최승희에게 주체/객체, 자기/타자, 전통/근대 같은 이분법적 범주를 극복하고 변화시키는 어떤 힘이나 가능성이 있었는지에 대해 살펴보는 것이 중요하기 때문이다.[1]

시각 권력의 메커니즘

레이 초우는 시각과 권력의 문제를 중요하게 지적하면서, 보는 행위를 둘러싼 권력관계 혹은 지배자/피지배자의 시각적인 조우가 제국과 식민지의 관계를 핵심적으로 보여준다고 한 바 있다. 즉 유럽의 문화적 패권은 "지배적이고 착취적인 응시"로 요약할 수 있다는 것이다. 서양은 19세기 이래 "세계 자체를 일종의 끊임없는 전시회로 정리하고 서열화"하여 왔으며, "전시회로서 세계에서는 모두가 무언가의 모델이나 그림처럼 전시되고, 관찰하는 주체의 눈앞에서 의미의 체계로 정리"되기 때문이다. 그런 점에서 "모든 것은 무언가 그 속에 있는 것을 가리키는 기표이자, 그 자신은 단지 객체에 불과하다고 선언하는 것처럼 보인다"라고 할 수 있다 (초우, 2004: 31).

일본이 조선을 병합했던 해인 1910년, 식민학회가 탄생되었고 대학에서 식민정책 강좌가 설치되었다. 이어서 교과서적인 저작의 출판, 전문적인

---

1) 이 책에서는 자기민족지의 예술장을 둘러싼 최승희의 민족 표상과 젠더 수행을 파악하기 위해 일본성, 조선성, 중국성, 서양성, 동양성, 남성성, 여성성 등의 여러 표현을 사용하였다. 이는 사회구조와 행위자 사이에서 역사적으로 구성된 민족/젠더 정체성을 의미하는 것이다. 이러한 정체성은 기표/담론과 현실/실재의 두 개의 층위에서 작동되는 대상인 동시에 권력관계와 위계질서가 투영되어 있다고 할 수 있다.

식민정책학자의 배출 등 식민정책학은 하나의 학문으로서 사회적 인정을 받았다. 학문적 전통의 축적과 제도화, 전문화, 대중적 전달 등이 저널리스트·정치가·관료·실업가와의 교류 속에서 사회적으로 널리 확산되었다. 이 과정에서 후쿠다 도쿠조(福田德三), 니토베 이나조(新渡戶稻造), 야나이하라 타다오(矢內原忠雄) 등으로 대표되는 식민정책과 식민지 인식의 전제를 이루는 것은, '보는 쪽=대표하는 쪽=보호하는 쪽'과 '보이는 쪽=대표되는 쪽=보호받는 쪽'의 제국과 식민지의 이항대립 관계라고 할 수 있다(강상중, 1997: 86~109).

제국의 다양한 문화 장치의 구축에서 핵심적인 것은 응시자의 위치 구성이었다. 제국의 시선은 제국의 내부를 넘어 식민지를 향해서도 중층적으로 투영되었기 때문이다. 따라서 근대/전근대, 서양/동양, 일본/아시아, 식민자/피식민자, 남성/여성 등으로 구성되는 이항대립의 도식은 응시하는 주체와 발견되는 타자의 존재를 토대로 해서 구축되었다. 근대적 권력관계는 이처럼 '보는 주체/보여지는 대상'의 시각적 도식을 통해 재편성되는 과정이었다(타키, 2007; 와카쿠와, 2007; 후지타니, 2003).

나아가 시각을 중심으로 한 사회구조 안에서 보는 주체의 위치를 부여받지 못한 타자들은 일종의 '구경거리(spectacle)'가 되어 응시자들에게 전시되었다. 이러한 시각문화의 근대적 표상 공간의 대표적인 예는 박물관, 박람회, 아케이드, 아카이브 등이 있다(가네코, 2009; 요시미, 2004; 벤야민, 2005; 이경민, 2010). 즉 "'보기/보여주기'라는 상호적인 시선을 근거로 중층적인 관계성"을 내포하면서 "시각에 호소"하고 있는 이러한 공간은 전시된 구경거리들로 가득한 장소라고 할 수 있다(가네코, 2009: 13).

근대 일본을 향한 서양의 응시를 그대로 투영한 일본의 식민주의적 응시는 민족지적 관찰과 문화 수집을 통해 더욱 체계화되었다. 제국의 관찰자들은 광범위한 차원에서 식민지에 관한 민족지적 정보와 세부에 대해 조사하고 수집하면서 기록하였다. 이는 타자의 문화를 일방적으로 억압하거나 반대로 존중하기 위한 것이기보다 제국의 자기 표상을 형성하는 과정, 즉 "전근대적인 타자(premodern others)"와 "근대적인 자아(modern self)"를 발견하고 대비시키면서 정련하기 위한 것이었다. 이러한 이미지의 구축은 조선총독부와 아카데미즘, 대중문화 전반에 걸쳐서 시각 권력의 메커니즘을 통해 광범위하면서도 체계적으로 이루어졌다(Atkins, 2010: 52~101).

자생적인 근대화의 추구와 제국주의 질서의 구축을 목표로 하던 근대 일본의 존재론적 딜레마는 어떻게 하면 서양이 구축한 오리엔트를 벗어나면서 근대적인 정체성을 잃지 않을 수 있으며, 나아가 아시아를 타자화하면서 일본의 위치를 재정립할 수 있을 것인가 하는 데 있었다. 이러한 모순을 해결하기 위해 요청된 것이 바로 아시아의 발견이었다.

스테판 다나카에 따르면, '동양'과 '동양학'은 표면적으로는 객관적이고 중립적이며 실증주의적인 것으로 보이지만, 이는 근대 일본이 지배 이데올로기의 구축을 위해 만들어낸 정치적인 관념이자 구성물이다. 이는 역사적 정당성과 학문적 실증성을 확보하기 위해 창출된 것이라고 할 수 있다. 여기서 서양과 일본 모두 오리엔트나 동양을 새로운 시작을 위한 시공간적인 장소이자 "원초적 과거(primitive past)"라는 기준점으로 만들면서 이를 응시하였다는 것에 주목할 필요가 있다(다나카, 2004: 19~20, 24~25, 381~383).

제국주의 문화권력은 정치적 지배자일 뿐 아니라 박물학자, 민족지학자, 수집가, 아키비스트, 예술가 같은 다양한 모습으로 식민지에서 존재하였다. 제국이 축적한 '타자에 관한 지식과 표상'은 다양한 매개체와 중개자들을 통해 끊임없이 식민지/제국 사이에서 순환되면서 학지(學知)에서 대중문화로, 엘리트를 넘어 대중적으로 유포되고 재생산되었다. 이 과정

에서 제국의 타자 표상과 식민지의 민족적 자기 재현은 부분적으로 중첩
되기도 하였다. 이는 식민지/제국 사이의 자기민족지적 조선예술을 통해
살펴볼 수 있다. 따라서 이를 생산한 문화 엘리트들은 타자에 관한 지식
과 표상을 제국의 예술장과 연결시키는 중간자 역할을 하였다는 점에서
중요한 의미를 지닌다.

사카이 나오키는 1930년대에 조선의 풍토를 소재로 하여 일본어로 창
작 활동을 하면서 제국에서 주목받은 문학계의 장혁주, 이광수, 김소운,
김사량 같은 이들을 지적하면서, 식민지의 마이너리티들이 오리엔탈리즘
의 회로 속으로 들어갈 수밖에 없었던 이유에 대해 설명한 바 있다. 이들
은 오리엔탈리즘 안에서 억압을 피해가면서 제한적으로 항의할 수 있는
가능성을 얻었다는 것이다. 즉 피식민자는 내지인의 이국취미 시선에 호
소함으로써 자신의 민족문화와 전통을 인정받으면서도 자기 해방이라는
판타지를 함께 유지할 수 있었다. 이는 서로 모순되는 것으로 여겨지는
제국주의와 민족주의가 상호촉진 속에서 공존할 수 있음을 보여주는 대
목이다(임지현·사카이, 2004: 242, 258).

무언어의 무용예술

1930~40년대 제국주의 문화권력은 조선 여성에게 시각성이 투영된 자
기민족지 텍스트의 다양한 판본을 생성하는 동시에 제국적인 차원에서
소비하였다. 이 과정에서 여성 신체는 남성 권력에 의해 길들여지고 문명
화되면서 때로는 순화되어야 하는, 시각문화의 보여지는 객체로서 존재했
다는 것에 주목할 필요가 있다. 이 책에서는 이들에 의해 페티시화된 조
선 여성이 남성 중심적이고 제국주의적인 자기민족지의 공간에서 비껴나

는 순간을 포착하고자 한다. 이는 가부장적인 공간에서 가장 오래된 기호인 언어 텍스트가 여성 신체라는 주체 구성의 장소를 통해 어떻게 분절되면서 문자문화의 한 대안으로 형성될 수 있었는지에 대해 질문하기 위한 것이다.

최승희는 1929년을 기점으로 서양발레를 주로 창안하였는데, 1933년 일본에서 새로 데뷔하면서 조선무용을 중심으로 활동하였다. 그녀는 1941년 이후 동양무용을 통해 다시 방향을 바꾸었다. 최승희는 일본에서 만든 조선적인 신무용이라는 일종의 '모듈(module)'을 기본으로 하면서 조선무용, 일본무용, 중국무용 그리고 동양무용으로 계속 변형하면서 각색하였다. 그녀에게 조선성은 고유하고 자명한 정체성이 아니었던 것이다. 한 가지 작품을 가지고 공연 지역에 따라서 다양한 버전으로 재구성하는 방식은 일종의 현지화 전략이자 외재적 접근의 한 과정이었다고 할 수 있다.

최승희의 조선무용과 그 변형인 동양무용의 생산 방식은 그녀의 무용예술이 지닌 정체성에 대한 상상력 혹은 주체 구성의 방법론이면서 동시에 조선 여성의 "수행적인 주체 위치(performative subject position)"를 역사적인 맥락에서 고스란히 보여주는 것이다(버틀러, 2008: 108~149). 즉 최승희의 조선무용은 그 자체로 독립적이거나 내재적인 것이 아니라 서양과 일본 관객의 존재와 시선 안에서 생성된 것이었다. 그녀에게 조선무용은 서양/동양, 일본/중국이라는 대립적인 기표와 연동해서 존재하는, '한 쌍(pair)의 무용적 형상'이라고 할 수 있다. 이는 언제나 상호연관과 상호대비를 통해서만 존재방식을 획득하는 특징을 보여주었다.

이 책에서 최승희의 주체 구성과 수행성에 관한 논의는 주디스 버틀러의 개념을 바탕으로 하였다. 주디스 버틀러에 따르면, 행위자에게 젠더 정체성은 자명하고 고정된 것이 아니라 언어와 담론 안에서 사회적으로

호명되고 구성되는 것이다. 이는 오랜 시간에 걸쳐 문화적으로 학습된 사
회적 구성물이자 담론의 효과이다. 사회구조 안에서 젠더를 은유하는 호
명기제/담론이 타자에 대한 정형화된 시선과 언어를 만들어내는 것과 함
께 특정한 주체 위치들을 생산하게 되는 것이다. 그리고 행위자가 하나의
이름으로 호명되는 과정에서 역설적으로 사회적 존재가 될 수 있는 가능
성을 새롭게 제공해 주기도 하고, 한편으로 그 이름을 넘어서는 예상 밖의
가능성을 여는 응답을 불러올 수도 있다(버틀러, 2008: 85~149; 2016: 11~86).

　예를 들어, '조선 여성'이라는 주체 위치는 선험적이거나 본질적인 대상
으로 미리 주어지는 것이 아니라 언어, 연극, 의복, 음식 등을 통해 행위자
가 수행적으로 구성되는 일종의 "주체 효과(subject effect)"이다(버틀러, 2008:
131). 조선 여성으로 태어나는 것이 아니라 어떤 행위자가 오랜 시간에 걸
쳐 반복적으로 조선옷을 입고 조선의 음식을 먹으면서 조선어 신문이나
소설을 읽는 과정, 즉 시간을 공유하는 동시에 특정한 정체성을 수행하는
과정에서 생겨나는 주체성의 담론 효과 같은 것이 바로 '조선 여성'이라고
할 수 있다. 이는 현실에서 일본인이나 중국인 혹은 남성이라는 타자와의
조우 안에서 상대적으로 발견되고 인식되는 것이라는 점에서, 그 자체로
독자적이거나 초월적인 존재방식을 가지는 것은 아니라고 할 수 있다.

　식민지 조선의 다양한 행위자들은 제국과 식민지 그리고 남성과 여성
이라는 사회적 범주에 따라 서로 교차되면서 위계질서가 투영된 민족/젠
더 정체성을 재구성하였다. 이는 구체적으로 제국-남성, 제국-여성, 식
민지-남성, 식민지-여성이라는 네 개의 존재방식인데, 여기에 만주국과
중국인까지 더해지면 그 스펙트럼은 더욱 확장될 수 있다. 식민지 조선에
서 가장 상위의 기표이자 지배적 정체성의 담지자는 바로 일본 남성이라
는 문화적 위치이다. 이에 따라 하위 범주의 행위자들은 저마다 일본 남

성을 선망하면서 모방하는 혹은 대립적으로 저항하는 수행성을 연기하게 된다. 여기서 최하위 존재방식을 구성하는 것이 조선 여성이라고 할 수 있다. 개인의 정체성은 선험적이거나 균질적으로 발현되는 것이 아니라 동질적인 시공간의 구조 안에서 다양한 매개체를 통해 상상되면서 만들어진 대상이다.2)

　나아가 민족/젠더 정체성은 기표와 현실, 담론과 실재의 차원에서 복합적인 양상으로 교차되면서 드러날 수밖에 없다. 왜냐하면 기표로서 조선 여성의 이미지와 실재하는 행위자의 존재방식은 전혀 다른 차원의 대상이기 때문이다. 조선 여성이라고 해서, 이들이 항상 단일하거나 동질적인 집단은 아니다. 동시에 현실과 담론 차원에서 민족/젠더 범주가 중첩되거나 이탈되면서, 양방향적인 여러 양상들이 나타날 수 있다. 또한 행위자는 사회구조에 의해 완전하게 포섭되거나 혹은 이에 저항하는 대상으로 단순하게 수렴되지 않는다. 그렇지만 거시적으로는 행위자가 속해 있는 젠더 담론이나 호명기제 안에서 모방적인 수행성과 주체성의 담론 효과를 통해 존재한다고 할 수 있다.

　신여성 혹은 모던걸 같은 특정한 시공간을 풍미했던 민족/젠더 표상이 현실의 조선 여성에게 상징적이고 담론적인 주체 효과를 주었던 것은 맞지만, 이것이 실재하는 조선 여성과 항상 있는 그대로 등치된다는 것은 너무 단순한 논리이다. 그보다는 다양한 조선예술이나 문화 텍스트에서

---

2) 예를 들어, 제국으로 월경했던 장혁주는 '일본 남성'이라는 지배적 남성성의 존재방식을 구축하기 위해, 여성성과 조선성을 타자화하는 동시에 남성성과 일본성을 선망하는 양가적인 수행성을 보여주면서 자신의 주체 위치를 생성하고 있었다. 이 과정에서 그는 조선인 전처 및 일본인 후처와 결혼을 거듭하면서 일종의 여성 교환을 통해 상향 이동하는 식민지 남성성을 수행했다고 할 수 있다(이진아, 2019: 259~269). 이에 대해 더욱 자세한 것은 이진아(2019)를 참조할 수 있다.

재현되었던 이미지와 호명기제가 당대의 조선 여성 개별자에게 수행성의 자원이자 사회구조로서 어떻게 전유되었을까 하는 질문을 던져볼 수 있다. 그런 점에서 최승희라는 행위자는 유동적 정체성의 담지자로서 현실적 주체의 출현을 가시적으로 보여주는 경우라고 할 수 있다.

동아시아에서 네이션의 형성과정은 남성 권력에 의해 민족, 전통, 근대 같은 기표들이 새롭게 발명되고 창안되는 시간이었다. 여기서 이러한 기표/담론은 가장 오래된 기호라고 할 수 있는 문자문화를 기반으로 하고 있다는 것이 중요한 특징이다. 이에 비해 무용은 여성 신체를 그 표현 수단으로 하는 무언어의 예술장르라고 할 수 있다. 최승희는 조선무용에서 출발했지만, 고정된 언어와 표상에 갇히지 않고 스스로 외연을 넓히면서 유동성을 확보할 수 있었다. 이는 다양한 네이션 상징과 결합됨으로써 더욱 공고해졌다. 당시 최승희는 이례가 없을 정도로 조선을 넘어 다양한 국가와 지역에서 무용 활동을 하였고, 조선 여성으로서 자신의 이름을 널리 알릴 수 있었다. 그녀가 무용연구소를 개설한 것도 조선과 일본, 중국과 북한 등 네 군데에 걸쳐 있었다.

최승희가 자기민족지의 공간과 가부장의 시각적 응시를 비틀어서 자신의 존재방식을 구성할 수 있었던 것은 무언어의 무용예술이 가지는 장르적 특징이 중요하게 작용되었다고 할 수 있다. 그 이유는 무용예술의 표현 수단은 문학이나 연극, 영화, 음악과는 다르게 특정한 언어가 아니었으며, 여성 신체/섹슈얼리티 그 자체였기 때문이다. 이는 가부장제의 오래된 훈육기제이면서 시각적으로 보여지는 객체라고 할 수 있지만, 근대적 예술장 안에서 여성 신체/섹슈얼리티가 새롭게 전유될 수 있는 가능성을 내재하고 있다는 것을 보여주기도 한다. 즉 최승희에게 조선무용(여성 신체)은 네이션(남성 권력)과의 관계성 안에서, 민족/젠더라는 정체성에 대

해 자연/원본이 아닌 기표/판타지로서 다양하게 사유하는 매개체였다고
할 수 있다.

1930~60년대 최승희의 민족 표상과 젠더 수행

네이션(제국주의, 민족주의, 사회주의)
↕
외부적 관찰자

순수성, 페티시즘,　　　　　←
이국취미, 오리엔탈리즘　　자기민족지　　　애국주의, 인민주의,
　　　　　　　　　　　　　→　　　　　　　　주체사상

내재적 계승자
↕
조선무용(여성 신체)

2장

외재적 조선 표상과
이중은막의 무희

03

제국의 예술장과의 조우, 조선 표상의 정치학

모던과 로컬이라는 좌표

조선예술을 둘러싼 모던과 로컬이 근대적으로 재편되고 제도화되는 예술장이라는 개념은 부르디외에게서 차용한 것이다. 부르디외는 사회에 대해 다양한 장들(fields)—경제자본, 문화자본, 상징자본 등 상이한 자본 형식들의 소유를 통해 행위자가 차지하는 객관적인 위치들의 네트워크— 로 분화된 다차원적 공간으로 정의한다. 이를테면 교육, 국가, 교회, 정당, 예술 등이 바로 부르디외의 용어로 장들이다. 각각의 장은 그 자체 내의 특정한 내적 논리에 의해 규정되는 하나의 자율적 영역이 된다. 따라서 모든 장들은 그들 나름의 특정한 규칙의 논리를 갖고 있으나, 이는 일반적인 법칙을 공유한다. 장이 가지는 상대적 자율성은 오랫동안 그들 나름의 특정한 제도와 규칙, 관행을 수립하면서 구축된 과정이다.

부르디외는 특히 전체 사회를 구성하는 제도들 중에서 예술장 모델을 제시하였다. 예술장은 다양한 세부영역으로 다시 구분되면서, 예술이 이들 자신의 의지에 달린 자율적 영역과 다른 장으로부터 상호침투되는 타율적 영역을 모두 포함한다. 예술장은 상대적 자율성을 지닌 영역이기는 하지만, 사회로부터 완전히 독립적이거나 폐쇄적인 공간이 아니기 때문이다. 따라서 예술의 생산은 고립된 환경이 아닌 전체 네트워크와 예술장 내의 구조와 규칙, 자율성이 교차되면서 결정되는 대상이라고 할 수 있다. 예술장은 다양한 행위자들이 각자 예술적 정당성을 획득하기 위해 경쟁하고 투쟁하는 동시에 서로 이해관계를 조율하는 과정에서 구축되는 것이다(스원지우드, 2004: 159~182).

부르디외는 단순히 장의 자율성만을 주장한 것이 아니라 장과 사회구조 사이의 구조적 상동성을 가정한다고 볼 수 있다. 예술장 역시 소수의 전문적인 예술 행위자들의 상징 투쟁이 전개되는 자율적인 소우주이지만, 사회구조와 함께 구조적 상동성을 생산할 수밖에 없기 때문이다. 그러나 장의 자율성을 전제로 하는 경우, 예술장과 사회구조 사이의 상동성은 예술장 내 차별적 이해관계와 사회구조의 이해관계가 일치하는 경우에만 가능하다. 부르디외는 장과 사회구조 사이의 상동성이 장의 투쟁을 통해 추구되는 장 내 이익과 정합적으로 부합하는 경우에만 가능하다는 전제를 두고 있다(김동일, 2010: 295~296).

부르디외가 장 개념을 설명하면서, 장의 자율성에 비해 장들 사이의 상호관계에 대해서는 충분히 설명하지 않았던 것과 함께 예술장의 형성과정에 대해 일국사회(프랑스)를 전제로 하고 있다는 점은 식민지 예술장의 유동성과 제국주의 문화권력의 침투라는 지점을 역설적으로 드러내준다. 1930~40년대 식민지 조선에서는 부르디외가 지칭하는 예술장이 아직 완전하게 형성되거나 공고화되지는 않았다. 이는 다른 하부장들 그리고 일본 예술장과의 상호연관 속에서 존재하고 있었기 때문이다. 여기서 문화권력은 장 내의 행위자와 다른 장 및 그 주체들을 연결시킬 수 있는 이론적 자원이 될 수 있다. 이는 예술장의 형성과 제도화 과정에서 식민지라는 특수성, 식민지/제국의 상호관계 그리고 예술장을 둘러싼 외부적 공간을 보여주기 때문이다.

문화권력이라는 개념에서 중요한 것은 "권력은 지배자가 장악할 수 있지만, 문화는 지배자가 일방적으로 지배할 수 있는 영역이 아니라는 점"이다. 그럼에도 불구하고 제국은 "식민지라는 시공간에서 식민지배자(colonizer)로서 기층문화를 침식하고 변용할 수 있는 힘"을 가지고 있었고, 여기에는 "권력이라는 차별적인 장치가 유기적으로 작동"하고 있었다. 이에 따라 지배자/피지배자 혹은 발신자/수신자라는 양자 사이에 형성되는 권력의 거리와 해당 문화의 특수성, 헤게모니 쟁탈의 양상 등에 따라 다양한 패러다임의 모양이 정해진다. 이를 제대로 연결할 때, "식민지라는 시공간에서 전개되는 모자이크의 집합체이자 연속체인 문화권력의 실체와 작동원리"를 파악할 수 있다(서정완 외 편, 2011: 8).

이 책에서 사용하는 문화권력의 의미는 해방 이전/이후에 걸쳐 조선예술의 수용자이자 비평가 그리고 후원자로서 오랫동안 존재했던 남성 정치인과 문화 엘리트를 포괄적으로 지칭한다. 이는 1930~60년대에 걸쳐 제국주의와 민족주의, 사회주의 체제를 관통하면서 예술장 혹은 조선예술과 연관되었던 조선인/일본인 남성이 모두 포함된다고 할 수 있다. 여기서 문화권력이라는 프레임은 식민지 출신의 여성 예술가를 응시하고 평가하며 담론화하는 이들의 시선과 언어에 대해 역사적인 맥락에서 연속적으로 고찰하기 위해 설정한 것이다.

식민지 조선은 새로운 사상의 유입과 식민정책의 변화 등 혼란한 상황 속에서도 본격적으로 근대 사회를 향해 나아갔다. 봉건적인 현실은 개조와 문화를 통해 새로운 계몽의 사회가 열리는 듯했다. 또한 사회주의 사상과 함께 서양 모더니즘의 여러 움직임들이 밀물처럼 밀려오는 시기였다. 당시 유입되었던 사상이나 의식에는 대개 '신흥'이라는 말이 앞에 붙었다. 신흥과학, 신흥예술, 신흥사상 등등. 신흥이라는 말은 기존의 관념에 도전하거나 저항하는 의식의 흐름을 지칭하는 것이다(김진송, 1999: 20~67).

1920년대 이후 식민지/제국의 예술장은 조선의 문화 엘리트들에게 새로운 기회이자 도전이었다. 1911년 제1차 조선교육령의 실시 이후 식민지에서 일본어를 습득하고 근대교육을 받은 이들이 일본어라는 문화자본을 바탕으로 하여, 일본에 건너가서 다양한 영역과 분야에 도전하기 시작했기 때문이다. 이는 철도와 통신, 미디어와 방송, 학교와 극장 등 근대적이고 물질적인 토대 위에서 가능한 것이기도 하였다.

근대교육의 확산과 더불어 성장한 이들에게 미디어는 "구조적 기회 공간(opportunity space)"이었다. 미디어 조직은 여기에 진입하는 행위자에게 조직이 가진 다양한 유형의 자본—경제자본, 문화자본, 사회자본—을 일정하게 증진시키는 기능을 가지고 있었다. 이를 통해 그 자신의 권력을 강화할 수 있는 제도화된 기회들—경제적·이념적·심미적 기회—을 부여한다는 것이다. 당시 각 미디어의 고유한 장이 제대로 형성되지 않았다는 점에서, 장이 가지는 폐쇄성의 정도가 낮았다. 그렇기 때문에 일정한 수준의 자본을 갖춘 사람이라면, 다양한 장들 간의 이동이 그리 어렵지 않았다(이상길, 2010: 128~130).

식민지의 문화 엘리트는 일정한 자율성과 주체적 면모를 드러내고 있었다. 주로 문학장 내에서, 서양과 일본 근대문화의 영향을 받은 남성들을 중심으로 한 이러한 공간은 전통예능에서 근대예술—예술 자체의 고유한 내적 규칙을 지닌 전문 예술가 집단—로 이행해 가는 변화의 양상을 보여주었다. 이 시기 식민지에서는 모던예술 그 자체, 예술가적 자의식, 이들을 둘러싼 공간 그리고 관객의 형성이라는 여러 층위를 통해 새로운

'예술가의 탄생'이 예고되고 있었다. 이들은 근대적인 예술가 의식과 예술
장의 새로운 규범, 독특한 아비투스를 창안하고 만들어가면서, 이전 시대와
구별되는 예술적 가치와 자율성을 획득하기 위해 끊임없이 분화해 갔다.

그러나 새로운 문화형식과 예술장르는 아직 완전한 자율성을 획득하여
사회적으로 인정받고 제도화된 것은 아니었다. 이들은 예술장의 규칙과
사회구조와의 관계성 안에서 유동적으로 존재하고 있었고, 서로가 서로를
참조하고 모방하면서 번역하기도 했다. 예술장의 구성원들은 상호배타적
인 관계가 아니었으며, 동시적이면서도 다층적으로 겹쳐지고 있었다. 예
를 들어, 문학가들은 예술계의 후발주자인 무용에 있어서 절대적인 비평
가이자 관객이었다. 이에 따라 문학장의 내적 논리와 규칙은 이들을 통해
무용장에서도 유사한 맥락으로 투영되었다. 이는 부르디외가 가정한 장
과 장 사이의 구조적 상동성이 적용되는 지점이라고 할 수 있을 것이다.

전통/근대, 조선/일본, 예능/예술 사이에서 문화번역이라는 수행성은
유동적인 정체성과 내적 자율성이라는 관점에서 볼 때, 식민지 예술가에
게 중요한 지점이다. 사카이 나오키는 네이션이 개별 대리인에 의해서 수
행되는 외교의 형식,[1] 즉 번역 같은 도구를 가진다고 지적한 바 있다. 이
는 국민국가처럼 서로 간에 명확하게 구별되고 균질지향적이며 잠재적으
로 경쟁적인 '문화적 구별짓기'를 수행한다. 번역이라는 것은 완전하게 형
성된, 다르지만 비교할 수 있는 이러한 언어공동체 사이에서 전달의 한
형식으로서 표상된다. 번역을 가능하게 만드는 담론 장치인 "쌍형상화 도
식(the schema of co-figuration)"은 국민공동체가 자기 자신을 표상함으로
써 주체를 구성하는 수단이 된다. 번역의 표상을 통해서 두 개의 공동체

---

1) 이는 사카이 나오키가 '1대 1의 간(間) 국민주의'라고 지칭하는 것을 의미한다.

가 서로 유사한 두 개의 등가물로 표상된다는 점이 중요하다고 할 수 있다(사카이, 2005: 37, 64~65).

사회학적인 의미에서 조선예술은 그 자체가 네이션의 구성 요소이기 때문에, 자연발생적인 것인 것이 아니라 근대의 산물이라고 할 수 있다. 이는 전통에 토대를 두고 있지만, 문화적 타자 혹은 다른 민족과의 관계 속에서 새롭게 발견되거나 근대에 와서 만들어진 것이다. 타자의 존재를 통해 자신의 정체성을 확립한다는 점에서, 조선예술은 고유하고 원형적인 특성의 반영이기보다 일종의 문화번역으로 볼 수 있을 것이다. 그런 점에서 1930~40년대 조선예술은 조선의 전통예능과 서양/일본의 모던예술 안에서 문화적 모방과 구별짓기가 동시에 존재하던 식민지/제국의 예술장에서 새롭게 번역되면서 규칙이 생성되고 있었다.

조선예술의 문화번역적인 수행성을 보여주듯이, 당시의 예술가들은 다양한 영역에서 유동적인 활동을 하는 경우가 많았다. 최승일을 비롯하여 김영팔, 이경손, 안석영, 심훈 등은 모두 문학, 언론, 연극, 영화, 방송, 미술 등에서 경계를 가로지르며 활동했던 인물들이다. '가수이면서 배우이고 영화감독이기도 하고, 작사가이면서 시인이며 극작가이기도 했던' 문사들이 많았다. 이는 식민지의 미디어와 대중문화 공간이 급변하는 사회 안에서 민족적·계급적으로 균열에 이른 엘리트들이 자기 정체성을 새롭게 구축할 기회와 수단을 찾았던 것으로도 볼 수 있다. 이들은 스스로를 근대문화에 적응시키고, 그 안에 적극적으로 자리매김하려는 노력들을 하고 있었다(이상길, 2010: 123, 133; 강옥희 외, 2006: 12).

당시의 문화 엘리트들은 예술의 생산자라는 측면에서도 서로 중첩되었으며, 나아가 수용자라는 점에서도 겹쳐지고 있었다. 근대교육과 모던예술을 접한 이들은 때에 따라 미디어 조직에 진입해 생산자가 될 수 있는 잠재력을 갖춘 집단이었으나, 꼭 그런 경우가 아니더라도 일차적으로 근대문화의 주된 소비층이자 비평가였기 때문이다. 문화 엘리트들은 신문과 잡지를 가정에서 구독하거나 도서관이나 종람소에 가서 읽었으며, 집안에 유성기와 라디오를 들여 놓고 듣거나, 취미생활로 연극과 영화를 보러 다녔다. 이들은 다방이나 카페에서 사람들을 만나 새로 나온 책과 영화에 관해 이야기를 나누고, 클래식 음반을 열심히 감상하기도 했다. 모던예술은 미디어를 통해 이들의 일상생활 속에 이미 깊숙하게 들어와 있었다(이상길, 2010: 143). 새롭게 생성되고 있던 모던예술은 문화 엘리트들에 의해 유동적으로 생산되는 한편 중층적인 관계망을 통해 고정된 경계를 넘어 폭넓게 공유되고 있었던 것이다.

식민지/제국의 예술장은 예술 외적인 차원에서 볼 때, 식민지 조선의 엘리트와 예술가에게 탈식민적 주체를 모색할 수 있다는 기대와 판타지를 제공하기도 하였다. 근대교육을 경험한 이들은 식민 지배로 인한 피식민자의 균열된 정체성을 봉합하고 모던예술의 미학적 성취를 지향하면서, 보편적인 근대 주체로 거듭나고자 하는 욕망들을 품은 채 식민지에서 제국으로 월경을 시작하였기 때문이다. 이들은 중층적인 조선예술을 생성하는 자기민족지라는 예술장의 규칙을 통해 모던을 지향하면서 제국의 예술장으로 진입하였고, 당시 제국에서 로컬이라는 이름으로 유행하던 "조선 붐"과 조우하게 된다(박진수 편, 2013: 5).

'조선예술'의 계보

제국의 예술장에 처음으로 진출한 조선인 예술가는 장혁주(張赫宙, 1905~?)였다. 1932년 4월 장혁주의 일본어 소설 「아귀도」가 잡지 『개조』의 제5회 현상공모에서 2등 당선작으로 선정되었다. 그는 응모작이 약 1,200편에 달했던 이 공모에서, 사카나카 마사오(阪中正夫)와 함께 당선되었다. 상금은 각각 750엔이었다. 잡지사 편집부에서는 장혁주를 두고 "우리나라(일본—인용자) 문단에 웅비하는 조선 최초의 작가"이자, 앞으로 "세계에 조선 작가의 존재를 강하게 주장"하게 될 것이라고 밝혔다. 1905년생 장혁주 버전의 일본어 소설의 탄생은 제1차 조선교육령의 시행 이후 축적된 '국어' 교육의 산물이기도 했다. 장혁주의 일본 진출은 만주사변 이후『개조』의 미디어 전략, 대륙을 향한 문학계의 확장주의적인 시선과 문학제도의 정비, 야스타카 토쿠죠가 주재하는『문예수도(文芸首都)』의 지원 등이 복합적으로 얽혀 있었다. 당시 제국의 예술장에서는 조선과 타이완 출신 작가들의 작품이 계속해서 발표되었던 것이다(나카네, 2011: 30~31, 246~249).

일본에서「아귀도」의 수용 과정은 장혁주가 지닌 작가로서 문학적 재능보다 일본인 작가가 그릴 수 없는 서사적 소재를 갖고 있다는 점이 높게 평가되었다. 현상 소설을 모집하는 잡지 편집자 측이 요구한 것도 문학적 작풍보다 '소재의 특이성과 뛰어난 기술'이라는 점이 중요하게 작용되었다.『개조』의 편집부는 현상 공모를 통해 장혁주라는 작가 자체보다 식민지 조선이라는 새로운 소설 풍토를 개척하는 것이 목적이었다(나카네, 2011: 250~252). 반대로 장혁주의 일본 진출은 제국의 예술장이 장혁주를 통해 문화적 소재로서 식민지를 발견한 것이라고도 할 수 있었던 것이다.

그렇다면『개조』, 나아가 당시 일본 사회가 식민지라는 소재를 필요로 했던 이유는 무엇일까? 잡지사 사장이었던 야마모토 사네히코(山本實彦)의 시선을 통해 그 의미를 살펴볼 수 있다. 국회의원이기도 했던 그는 만주국 건국 이후 1932년 5월부터 조선과 만주국 시찰여행을 하였다. 이 여행 체험을 담은 '조선 및 만주국 기행 에세이'가 7월부터『개조』에 연재되었고, 이는 10월에 『만·선』이라는 제목으로 간행되었다. 이 책에서 야마모토가 묘사한 '남선'의 풍경은 장혁주가 묘사한 전형적인 조선상(像)과 겹쳐졌다. 야마모토는 아무 혜택도 받지 못하고 한평생 힘들게 살고 있는 '남선의 그들'을 지배자의 시선으로 내려다보면서, 제국 일본이 나아갈 길을 모색하고 있었던 것이다(나카네, 2011: 256~259).

개조사가 추진한 일종의 미디어 전략인 조선에 대한 조명은 이처럼 조선 그 자체에 대한 관심이기보다, '일본을 반추할 수 있는 대상'을 발견하기 위한 것이었다. 제국의 이러한 관심과 수요에 응답하듯이, 이후 다양한 장르에서 조선예술이 생성되면서 조선의 많은 예술가들이 일본으로 월경하였다. 모던예술을 추구하던 조선인 문화 엘리트에게 제국은 실험적 공간이자 도전할 만한 예술장이었기 때문이다. 이에 더해 조선예술이 가지는 양면성, 즉 식민지/제국 양쪽에게 어필함으로써 관객층과 시장을 폭넓게 확보할 수 있다는 장점도 중요한 요소였다.

일본 데뷔 이후 장혁주의 예술세계는 재일조선인으로서 정체성과 조선의 피폐한 현실에 대해 천착하여, 일본 예술장과 독자들에게 소설적으로 전시하여 보여주는 자기민족지의 문법을 가장 처음으로 보여주었다. 그렇기 때문에 조선성을 문학적 소재로 하면서도, 당시 그는 조선 문학가의 정통적인 계보 안에서 자신의 존재방식을 구성하지 못했다. 일본 문단이 장혁주의 소설적 성공에 대해 이국취미의 관심과 호평을 보내는 것에 비해, 조선 문단 쪽에서는 비판적인 경우가 많았기 때문이다. 이러한 조선 문단에 대한 그의 불만과 서운함이 분출된 것이 1935년 10월 『삼천리』에 직접 게재한 「文壇의 페스토菌」이라는 글이었다.

조선 문단이 인정해 주지 않는다면 일본 문단 쪽에 있겠다는 식의 태도는 장혁주의 감정적인 반응에 지나지 않겠으나, 결과적으로 그는 이 글을

통해 조선 문단과의 명확한 결별을 선언한 것이 되었다.[2] 그러나 제국의
예술장에서 본격적인 '순수소설'을 쓸 수 있을 것이라는 장혁주의 기대와
는 달리, 이주 직후 발표한 「월희와 나」 「애원의 원」 등이 혹평을 받으면
서 그는 슬럼프에 빠지게 된다. 왜냐하면 모던을 지향하는 장혁주의 문학
적 포부와는 다르게, 일본 문단이 그에게 기대한 것은 로컬적인 주체 위
치였기 때문이다.

　제국을 향한 예술가들의 월경은 문학에만 한정된 것이 아니었다. 1937년
에 조선영화 「나그네」가 일본에서 성공을 거둔 이후 「한강」 「어화」 「군용
열차」 등이 계속해서 일본인 관객들에게 소개되었다. 일본에서 '여로'라는
제목으로 개봉된 「나그네」는 조선과 일본의 기술제휴 및 공동연출을 통
해 만들어진 영화였다. 이후 일본영화계에서는 조선영화에 대한 담론이
활발하게 생성되었는데, 이는 「나그네」를 통해 일본의 주요 평론가들이
조선영화를 하나의 미적 대상으로 인식하기 시작했다는 것을 보여주었다.
이는 어디까지나 "제국 일본의 조선영화라는 제국적 관용"의 프레임 안에
서 수용된 것이었다. 이들은 조선영화를 두고서 "역동적이기보다 정적이
고, 서사적이기보다 서정적인 영화" 혹은 "그림엽서 같은 풍경을 카메라에
담은 풍물시" 같은 대상으로 표현하였다(이화진, 2019: 70~83).

　1930년대 후반 식민지 조선의 영화계에서 조선성에 대한 담론은 중요
한 화두였다. 이화진에 따르면, 조선의 영화인들은 "농촌의 발견"을 통해
조선성을 재구성하고자 했다. 즉 이들은 "농촌 공간을 반복적으로 재현
으로써 민족 공동체의 문화적 재현 체계를 제공하는 한편으로 영화 시장
에서 자기 영역을 확보"할 수 있었다. 농촌을 표상했던 조선영화의 "향토

---

2) 張赫宙, 「文壇의 페스토菌」, 『三千里』 1935년 10월, 254쪽.

색"은 "원시적이고 가난하고 낙후되고 미개한 공간"을 보여주는 일종의 문화 장치였다. 이는 조선의 영화인들이 조선영화를 통해 내면화한 제국의 시선이면서, 농촌을 타자화함으로써 스스로 식민자 혹은 계몽자의 주체 위치를 지향했던 욕망을 시각적으로 보여주고 있었다(이화진, 2004: 367~384).

조선영화의 일본 진출을 명확하게 보여주는 또 다른 케이스는 「춘향전」이다. 1930년대 중반 조선에서도 「춘향전」은 다양한 버전으로 각색되면서 선풍적인 인기를 끌었다. 1935년 단성사에서 개봉한 조선 최초의 토키영화가 「춘향전」(감독 이명우)이었다. 이는 콜롬비아판 유성기 음반으로 창극 버전이 같은 해에 나왔고, 1936년 러시아 발레단에 의해 무용극으로도 공연되었다. 극예술연구회와 일본극단 신협(新協) 등이 도쿄와 경성에서 순회하면서 「춘향전」을 연극으로도 선보였다. 당시 「춘향전」은 식민지/제국의 예술장에서 만들어진 '위대한 고전'으로 표상되면서 거듭 재창조되었다.

그중에서도 특히 신협의 「춘향전」은 장혁주가 각본을 쓰고, 무라야마 도모요시(村山知義)가 연출한 것이다. 조선인과 일본인으로 구성된 제작진에 의해, 이는 1938년에 도쿄의 축지소극장(3~4월), 오사카의 조일회관(4월) 그리고 교토의 조일회관(5월)에서 각각 상연되었다. 이 공연은 일본인 연출가와 배우가 함께 공연했던, 말하자면 조선의 고전을 일본식으로 각색하고 번역한 것이다. 연출자는 이 공연이 가부키와 신극의 결합을 통한 새로운 양식의 극을 의도한 것이라고 밝혔다. 이는 "조선의 문화를 일본화하는 행위"로 볼 수 있다는 점에서, "일본의 식민지 문화정책과 조선의 피식민지적 저항이라는 모순된 욕구가 만나는 공간"이었다(백현미, 2004: 223~233).

당시 조선에서는 이와 같은 일본화된 조선문화에 대한 비판이 제기될 수밖에 없었다. 특히 조선에서 가장 사랑받던 전통극인 「춘향전」의 신협 공연을 두고 조선의 문화 엘리트들이 "조선적인 것의 오염", "조선전통에 대한 몰이해", "조선인의 생활감정 무시" 등과 같은 강도 높은 비판을 하였 다. 무라야마 도모요시의 권유로 1936년 「춘향전」을 일본어로 창작했던 장혁주를 가장 곤혹스럽게 한 것은 이러한 조선에서의 평가였다. 이는 근 본적으로 "자연발생적인 민족문학으로서의 특성과 조선의 민정 풍속을 가 장 리얼하게 표현"하고자 했다는 장혁주의 창작 의도를 의심하는 최대치의 비판이었기 때문이다(문경연, 2010: 43~44).

당시 조선미술을 통해 제국의 예술장으로 월경한 대표적인 예는 이인 성(李仁星, 1912~1950)이다. 일본식 서양화를 통해 가장 성공한 화가인 이 인성은 향토적 정서가 짙은 「가을 어느 날」(1934) 「경주의 산곡에서」(1935) 「한정」(1936) 등의 유명한 작품들을 남겼다. 그는 조선미전을 넘어 1931~ 35년 사이 제전(帝展)과 신문전(新文展) 등 일본의 관전에 출품하여 지속 적으로 입선하였다. 이인성은 초기에 자신이 성장한 대구의 변화 양상이 나 서양적인 실내 풍경을 그렸으나, 1930년대 중반 이후 조선미전에 출품 한 작품들을 보면 거의 향토색의 주제였다. 이는 근대적으로 변화하던 조 선의 모습이 아니라 주로 한복의 조선 여성이나 민속적 소재, 시골 풍경 을 나타낸 것이었다. 즉 일본인 심사위원들에게 일본성이 아닌 것으로 비 춰진 풍경, 즉 '이국적인 조선'을 주로 그린 작품들이었다(김영나, 1999: 192~193).

1930년대 조선 미술계의 최대 화두였던 향토색은 조선총독부가 실시한 조선미술전람회의 시행이 가장 큰 요인으로 작용하였다. 비록 조선총독 부 주최이기는 했지만, 조선 최초의 관전으로 개최된 이 전람회에 대한 사회적 관심은 지대하였다. 일본인 심사위원들은 서양이나 일본의 모방 이 아닌 조선의 풍토적 특징을 살려서 조선만의 독특한 화법을 구사할 것

을 요구하였다. 일본인에 의해 향토색 작품으로 선정된 것들은 주로 기생
과 무녀 등으로 표상되는, 정체된 원풍경으로서 조선의 이미지를 나타내
는 것이었다. 관전은 서양의 동양관을 수용한 일본이 오리엔탈리즘의 새
로운 주체가 되어 조선을 향해 던지는 굴절된 시선이 반영된 것이었다고
볼 수 있다(최유경, 2011: 149~150, 167~168).

　이인성이 추구했던 화풍 역시 조선적 전통을 미술적으로 충실하게 계
승한 것이 아닌 서양화의 바탕 위에 조선성과 일본성을 가미한 것으로서
일종의 '일본화된 조선화(朝鮮畵)'였다. 당시 조선 화단에서는 이인성을
비롯한 향토화에 대한 비판이 제기되었다. 김용준으로 대표되는 향토미
술에 대한 동양주의 미술론의 입장은, 조선미전에 출품된 향토적인 조선
의 물정을 묘사한 그림이 조선성이 될 수는 있지만, 조선의 정신을 반영
한 조선화로서 새로운 경지를 개척할 수는 없다고 보았다. 진정한 조선화
란 정신이 중요한 것이지 무엇을 그렸는가에 의해 결정되는 것은 아니라
는 논리였다(김현숙, 2002: 3~4, 63; 김영나, 1999: 195~196).

　1934년 조선미전에 입선된 이인성의 「가을 어느 날」 같은 작품의 경우
조선의 자연 풍경이라기보다 전체적으로 이국적 정서가 매우 짙었고, 가
슴을 드러낸 여인과 아이가 함께 그려진 작품이다. 이것은 '누드'라는 새
로운 서양적 형식을 수용하면서도, 이를 조선인의 신체로 변형시켰다는
점에서 중요하다. 젖가슴을 드러낸 여성은 원시적이며 문명에 오염되지
않은 자연과 동일시되었고, 가을의 수확 속에서 결실과 풍요의 이미지로
표현되었다. 이 여성은 유교적인 조선의 정서와는 달리 상반신을 드러내
고도 부끄러워하지 않는 모습으로 재현되었다. 이는 보는 주체, 즉 일본
인 심사위원으로 하여금 에로틱하고 이국적인 식민지에 대한 판타지를
느끼게끔 하였다(김영나, 1999: 200~203).

이인성의 창작 의도가 고유한 민족적인 색채를 보여주려 한 것인지 일본의 식민주의적 응시에 적극적으로 호응한 것인지는 불분명하다. 그렇지만 그의 향토적인 그림들은 관찰자의 시선을 통해 제국의 심사위원들에게 이국적이고 원시적인 식민지를 전시하고 보여주는 매개체였다는 점에서 자기민족지적 특징을 보여주고 있었다. 이인성이 조선미술의 식민주의를 적극적으로 극복하고자 노력했던 흔적을 찾아보기 어렵다는 것도 식민지 화단의 비판과 함께 관전을 통한 제국의 인정을 동시에 받은 이유라고 할 수 있다.

무용계에서 제국의 예술장으로 진입한 사례로, 배구자(裵龜子, 1905~2003)와 조택원(趙澤元, 1907~1976) 그리고 박영인(朴永仁, 1908~2007)을 들 수 있다. 먼저 배구자는 친일 스파이 배정자의 조카딸로 알려지면서 대표적인 친일인사로 기억되고 있다. 그녀는 1928년 조선인 최초로 무용 공연을 하였고, 이때 발표한 「아리랑」은 큰 호응을 얻었다. 어린 시절부터 춤을 시작한 배구자가 무대에 선 지 20년이 되던 1935년 "가장 나의 마음에 드는 것은 조선무용"이며, 그중에서도 「아리랑」과 「방아타령」이 애착이 간다고 하였다. 덧붙여서, "그녀는 조선 정서를 담은 춤을 춰보고 조선무용을 연구하지 않으면 안 되겠다는 것을 더욱 깨달았"으며, "민요 「아리랑」의 무용화는 나로서도 그중 자신 있는 춤"이었다고 밝힌 바 있다.[3]

「아리랑」이 인기를 끌면서 배구자는 1930년 3월 이후 일본에서 대성공을 거두었다. 이는 일본인과 다름없는 언어구사 능력과 뛰어난 연기 솜씨 등을 바탕으로 한 것이었다. 배구자는 일본의 매니지먼트사와 전속계약

---

3) 裵龜子, 「만히 웃고, 만히 울든 지난날의 回想, 舞臺生活 二十年」, 『三千里』 1935년 12월, 133쪽.

을 맺고서, 1931~34년 동안 주로 일본을 거점으로 활동하면서 막대한 부를 축적한 것으로 알려져 있다. 배구자의 무용은 발레와 율동에 치중한 것, 일본의 민속춤을 활용한 것 그리고 조선의 전통춤을 활용한 것이 서로 섞여 있어서 일정한 창작법을 식별해 낼 수 있는 것은 아니었다. 이는 당시의 기준으로도 예술성이 그다지 높지는 않았던 것으로 보인다(김경애 외, 2001: 41~45, 59~65).

그러나 배구자는 대중적인 차원에서 일본과 조선에서 인기가 높았으며, 1931년에는 그녀의 일생을 담은 영화 「10년」의 제작이 기획되기도 하였다.[4] 배구자는 1930년대 중반까지 일본에서 꾸준히 조선무용을 발표하면서 공연 활동을 하였다. 그녀가 레뷰, 익살극 그리고 일본 대중들 사이에 인기를 모았던 이국적인 춤 등 대중적 연예물을 총망라한 것이 대중에게 어필하였다(전은자·이재연, 2005: 187). 『여성』의 1937년 4월호를 통해 당대의 신여성 모윤숙은 "여성 조선의 예술적 레벨을 운위할 사건이나 예를 든다면 나는 주저하지 않고 우리의 악극인 배구자 여사의 무대를 상상치 않을 수 없는 자 중의 하나"라고 언급하였다. 그녀는 배구자의 조선적 이데올로기와 감정, 조선성의 무용화 등에 대해 극단적인 찬사를 아끼지 않은 바 있다.[5]

배구자는 조선인 무용가로서 오랫동안 일본 활동을 활발히 하면서 일본인 관객들의 호응을 받았다. 그녀는 일본 공연을 통해 적지 않은 수익을 올리는 등 제국의 예술장이나 자기민족지로부터 완전히 자유롭다고는 할 수 없으나, 잘 알려지지 않았지만 나름대로 주체적인 무용관을 가지고

---

4) 「裵龜子 羅雲奎 「十年」을 撮影」, 『東亞日報』 1931. 5. 6.
5) 毛允淑, 「裵龜子 여사」, 『女性』 1934년 4월, 94~95쪽.

있기도 했다.6) 배구자에 비해 남성 무용가 조택원은 이시이 바쿠의 권유로 조선무용을 시작하여 전형적인 자기민족지의 문법을 보여주었다. 그는 나중에 대일본무용연맹의 이사와 황군위문단의 단장을 겸하면서 내선일체를 표방하는 「부여회상곡」을 통해 그 면면이 정점에 이르렀다.

조택원은 보성전문 법과를 1년 만에 그만두고 은행의 테니스 선수로 두각을 나타냈다. 그는 최승희보다 1년 늦은 1927년 10월에 이시이 바쿠의 두 번째 경성 공연을 보고서 무용가가 될 결심을 하였으며, 같은 해 11월에 일본으로 건너가서 이시이 바쿠 문하에서 5년간 현대무용을 공부하였다. 조택원은 1934년 1월 경성공회당에서 제1회 조택원무용발표회를 개최하였는데, 이때는 현대무용 중심이었다. 그는 다음 해 조택원무용연구소를 열면서, 전통춤 「승무」를 현대적으로 해석한 「승무의 인상」(이후 시인 정지용이 '가사호접'으로 개명)을 발표해서 대성공을 거두었다(김경애 외, 2001: 78~82).

조택원은 1939년부터 유럽에서 유행하던 발레형식을 차용한 그랜드발레 「학」과 무용극 「춘향전」을 창작하여 일본에서도 공연하였다. 특히 「학」의 경우 약 1년이라는 시간과 노력을 들인 일생의 대작이었다. 1940년 1월 11일부터 3일 동안 히비야공회당에서 막을 올린 「학」은 전 4막으로 구성된 동양발레였다. 이는 그가 「빈사의 백조」「로미오와 줄리엣」을 생각하면서 조선의 전통춤을 발레적인 양식으로 만든 것이다. 「춘향전」은 총 6개의 조곡으로 이루어진, 신무용 사상 최고의 장편 스토리 무용이라는 평가를 받고 있는 작품이다. 조택원은 전통적인 「춘향전」을 통해 플라토

---

6) 「朝鮮民謠의 舞踊化 特色發揮에 全力 배귀자 양의 신년포부는 여사」, 『每日新報』 1931. 1. 9.

닉한 애정 묘사의 청순함과 조선적 아름다움으로 청중을 한껏 매료시켰으며, 새로운 극적 구성을 가미하여 발레의 양식화에 성공하였다(조택원, 1973: 177; 김말애, 1998: 70).

이시이 바쿠 문하에서 최승희와 함께 무용을 연마했던 조택원의 경우, 고정되고 자연화된 조선무용을 추구했다는 점에서 최승희와는 뚜렷하게 구별되는 수행성을 보여준다. 그는 조선무용의 위치에 대해 "지방색인 특색을 가진 일본무용계에 한 자리를 차지"하는 것이면서 "일본의 새로운 현대무용"의 한 부분으로 파악하였다. 조택원은 식민지의 무용가들이 "대동화문화의 낙오자"가 되지 않으려면 일본성을 중심으로 한 동양무용을 추구해야 한다고 주장하였다. 그는 최승희와는 다르게 조선무용의 형성 원리를 본질화된 사유방식으로 파악했던 것이다.[7] 조택원은 자신의 스승과 같은 "현대무용부의 이사장"을 맡았으며, 이시이 바쿠와의 관계성 안에서 일정한 남성 연대를 구축하고 있었다(친일인명사전편찬위원회 편, 2009: 607).[8]

특히 「부여회상곡」은 히비야공회당에서 가진 이전 공연이 실패해서 막대한 부채를 안게 된 조택원이 조선총독부의 시오하라 학무부장을 찾아가 후원을 요청하고, 내선일체 정책을 강화하는 무용 공연 제작에 합의하여 공연한 작품이었다. 이는 조선총독부로부터 4만 원을 지원받아, 1941년 5월 12~16일 국민총력조선연맹이 주최하고 조선총독부와 매일신보사가 후원하여 부민관에서 공연되었다. 이 공연에서 조택원은 안무와 연출을 담당했다. 총 12곡으로 구성된 「부여회상곡」은 1300년 전 백제의 옛 수도 부여에 내선일체의 정신적 전당인 부여신궁(扶餘神宮)이 조성되어 있었

---

7) 「反省과 新出發─舞踊協會結成의 提唱」, 『每日新報』 1943. 1. 7.
8) 「石井漠先生의 藝術 三十周年公演에 際하야(上)」, 『每日新報』 1942. 7. 19.

다는 것을 조망하는 내용이다. 이는 일본과 조선의 예술인 총 130명이 동원되었던 국책무용의 결정판이라고 할 수 있는 작품이다(문경연, 2011: 193).

　　그는 1944년 6월에 개봉된 국책영화 「병정님」(감독 방한준)에서 황군위문공연단의 주요 인물로 등장하기도 했다. 이 영화는 조선군보도부가 조선의 청년들에게 태평양전쟁 지원을 촉구하면서 징병제에 대한 거부감을 해소시키기 위해 제작되었다. 영화 「병정님」과 함께 조택원의 무용 장면이 담긴 영화로는 「미몽」(1936)이 있다. 조택원은 해방 직전 3년여 동안 무용가·바이올리니스트·피아니스트·첼리스트 등 예술가 12명으로 황군위문공연단을 조직하고 단장직을 맡았다. 그리고 그는 조선방공협회·국민총력조선연맹·조선군사령부 등의 초청으로 조선과 중국, 만주국과 몽골 등 100여 개 도시를 순회하며 총 1000회가 넘는 위문공연을 펼쳤다(친일인명사전편찬위원회 편, 2009: 608).

　　쿠니 마사미라는 일본 이름으로 알려진 박영인은 1933년 1월에 도쿄 무용계에서 데뷔하였다. 그는 도쿄제국대학 문학부에서 무용미학과 무용사를 공부한 문화 엘리트였다. 1936년 박영인은 도쿄에서 쿠니마사미무용연구소를 운영하면서, 무용극장 무용부의 주임과 함께 신협극단연구소의 강사를 겸하고 있었다. 처음에 서양무용에서 출발한 박영인은 당시 조선무용을 본격적으로 연마하지는 않았다.9) 그는 다음 해 독일로 건너가서 마리 뷔그만에게 직접 사사하였다.10) 박영인은 주로 일본에서 활동하면서 자신이 조선인이라는 것을 제대로 밝히지 않았다. 특히 그는 최승희나 조택원과 달리 일본식 신무용 중심이었던 예술장의 구조와 일정한 거리를

---

9) 「무용가 박영인 씨」, 『東亞日報』 1936. 1. 1.
10) 「무용가 박영인 씨 백림무용대학에 입학」, 『東亞日報』 1937. 7. 16.

두고 있었다는 점에서 주목할 필요가 있다.

　박영인은 창씨개명 이전에 자발적으로 일본 이름을 사용하였다. 그는 이시이 바쿠 문하에서 무용을 배운 적도 있지만, 정통적인 서양무용에 경도되어 있으면서 일본 무용계 안으로 포섭되지는 않았다. 박영인은 일본에서도 특이한 "무음악무용"이라는 예술세계를 보여주고 있었다. 그는 1930년대 일본에서 "「창세기」「방울을 훔치는 남자」「그림자 없는 여인들」「인간의 시」「밤의 노래」「교차점」" 같은 작품들을 발표하였다. 당시 박영인은 무용 활동과 함께 무용이론의 확립에도 노력을 기울였던 것으로 알려진다. 그는 해방 이후에도 한국에서 공연한 적이 없었으며, 평생에 걸쳐 "코스모폴리턴"을 스스로 자처했던 인물이다(김호연, 2015: 2~6).

　박영인은 1937년에 베를린으로 이주하여 1945년경까지 약 400회 이상의 공연을 하면서 외국 관객들에게 조선무용을 활발하게 선보였다. 서양 모더니즘을 지향했던 그에게 주어진 주체 위치는 역설적이게도 "조선 출신의 일본인 무용가"였던 것이다. 손옥주는 이에 대해 박영인의 조선무용이 그의 "자기민족지적 응시"를 통해 "독일 관객들에게 수용가능한 미적 대상"으로 전유되었다고 지적한 바 있다. 박영인이 독일에서 주로 발표했던 「검무」「조선 신랑의 춤」 같은 작품은 동시대의 최승희나 조택원 등과 유사한 조선성을 무용화하여 표상하는 것이었기 때문이다(손옥주, 2017: 287~304).

모던일본사의 전략

　지금까지 1930년대 초중반 문학과 영화, 미술과 무용 등에 있어서 조선예술을 통해 제국의 예술장에 진입했던 사례들을 살펴보았다. 이들은 공통적으로 일본인 관객을 향해 조선의 전통과 풍속을 '리얼'하게 묘사하여 보여줌으로써, 식민지적 차이 혹은 이국적인 타자로서 조선의 이미지와 표상을 가시적으로 전시하는 자기민족지의 공간을 보여주었다. 이 구조 안에서 조선성은 식민지의 예술가들이 스스로를 관찰자이자 관찰 대상으로 상상하는 과정에서 생성된 외재적인 조선 표상이었다. 이들은 모두 일본에서는 일정한 성공을 거두었지만, 식민지 본국으로부터는 부정적인 평가와 회의적인 시선을 면하기 어려웠다.

1940년을 전후하여 제국에서는 '조선 붐'이라고 부를 만한 현상이 다시 생겨났다. 1940년에는 김사량의 「빛 속으로」가 아쿠타가와상 후보에 올랐다. 이광수의 소설 「가실」 「유정」 『사랑』 등이 일본어로 번역되어 출판되었다. 김소운의 조선시집 『젖빛 구름』과 『조선대표소설집』 『조선문학선집』 등도 출판되었다. 이는 이전의 식민지 문화의 유행이라는 토대 위에서 1937년 중일전쟁의 발발 이후 제국 내에서 확대되는 전쟁에 대한 병참기지로서 조선의 중요성이 인식되는 과정에서 새롭게 증폭된 문화 현상이었다(신하경, 2011: 87~88).

1930년대 초중반과 1940년 전후에 걸쳐 일본에서 일어난 식민지 문화의 유행은 모던일본사의 조선예술상[11])을 통해 제도화되었다. 1940년 3월

---

11) 조선예술상의 목적은 '아국문화(我國文化)를 위하여 조선 내에서 행해진 각 방면의 예술 활동에 대해 표창'한다고 되어 있다. 조선예술상의 구체적인 취지와 내용은 다음과 같다. ①수상 선정 범위는 조선 내에서 발표한 문학, 연극, 영화, 무용, 음악, 회화 등의 분야로 한다. ②수상은 1년 1회 1부문에 한하여 1인 혹은 1단체에 상패 및 상금 5백 엔을 증정한다. ③수상 전형을 위하여 조선의 경성과 도쿄에 조선예술상위원회를 설치한다. 단, 문학 작품의 경우는 아쿠타가와상 위원회에 위촉한다. ④위원회는 각 예술 분야에서 가장 우수한 예술 작품 혹은 예술 활동을 전형하고, 또 그 안에서 본 상의 취지에 맞는 유일 작품을 결정한다. ⑤조선예술상은 작품 또는 활동의 제작자 혹은 제작 단체에 수여한다. ⑥수상은 전년 1월부터 12월까지를 하나의 기간으로 정하고 그 기간 중의 것을 전형하고 다음 해 3월에 결정, 발표한다(제1회 기간은 1939년 1월부터 1939년 12월까지로 한다). ※조선

제1회 수상자를 배출한 조선예술상은 1939년 11월 잡지『모던일본』을 통해 처음 설립취지문 등이 일반에 공개되기 시작하였다. 조선예술상은 모던일본사가 주관하고 1939~40년경 마해송이 기획한『모던일본』특별호 발행이 커다란 성공을 거두자, 그 여세를 몰아서 만들어진 상이다. 조선예술상은 일본 내의 문학상 설립의 대표주자인 기쿠치 간(菊池寬)의 역할,『모던일본』조선판의 간행 그리고 기쿠치 간과 마해송의 특별한 사적 관계 속에서 만들어진 것이었다.

이는 조선예술을 대상으로 하지만, 실제로는 '일본의 문화예술상'인 이상의 선정 범위는 문학, 연극, 영화, 무용, 음악, 회화 등 예술의 모든 분야를 망라하였다. 이와 같은 조선예술상은 1939년 10월 설립 이후 1945년까지 연 1회로서 총 6회가 수여되었다. 제1~2회는 모던일본사가 주최하였으며, 1943년 제3회는 '해당자 없음'으로 무산되었고, 제4~6회는 신태양사(모던일본사의 후신) 주최로 1945년까지 존재하였다. 제1회 수상자는 이광수였다. 이 제도를 통해 조선예술은 수상작/비수상작이라는 문화적 히에라르키(hierarchy) 속에 편입되었으며, 일본문화라는 전체를 구성하는 부분으로서 조선예술의 위치와 존재가치를 부여받았다(홍선영, 2011: 237~241, 252).

모던일본사는 기쿠치 간의 문예춘추사에 입사했던 마해송이 1932년 1월 독립된 형태로서 분화하여 사장으로 취임한 곳이다. 이는 조선예술상의 제정 외에도,『모던일본』조선판의 발행으로도 유명하였다.『모던일본』조선판은 1930년대 말 일본이 조선을 바라보는 식민주의 시선의 변화를 잘 보여주고 있다. 이는『모던일본』창간 10주년을 기념하여 마해송이 기

예술상 제1회 수상은 내년 3월,『모던일본』4월호에 발표한다(윤소영 외, 2007: 350~351).

획한 1939년과 1940년의 특별 한정판이었다. 여기서 일본인들에게 '금강산과 기생과 아리랑'이 있는 곳이자 위안과 휴식의 장소였던 조선을 새롭게 재조명하면서 소개하는 것이 그 목적이었다. 새로운 조선이란, 한마디로 '약진하는 동시에 내지화되는 조선'이자 "내지와 만주, 북지(北支)와의 사이를 매개하고 연결하는 필요불가결한 고리"였다.

일본인들은 조선의 이곳저곳을 방문하면서, 특별히 "이국땅에 갔다는 느낌"이 부재하다고 했다. 왜냐하면 "마치 규슈나 도호쿠에 간 것 같은 친밀함과 편안함"을 가졌기 때문이다. 내지에서 더 이상 이국취미 감정을 불러일으키지 않음으로써, 조선이 비로소 외지를 벗어났다는 것이 조선판 특별호가 전하는 메시지의 핵심이었다. 이제 조선은 일본인들에게 로컬을 상기시키는 장소가 아니었다. 만주국이나 대만, 남양 특집호가 아닌 조선 특집이라는 것 자체가 전시체제기에 조선이 일본의 중요한 하위 파트너로서 호명되고 있었음을 시사해 주는 대목이라고 할 수 있다. 1939년판의 경우 30만 부 매진을 기록하여 300부를 추가로 발행하였을 정도로, 『모던 일본』 조선판을 향한 관심과 인기는 대단하였다(윤소영 외, 2007: 171, 111, 114, 135).

이처럼 다양한 예술장르에 걸친 현상공모, 영화 상영, 미술콩쿠르, 순회/위문공연, 예술상, 출판시스템 등을 통해 식민지/제국은 각기 개별적이 아닌 상호적인 사회구조로서 하나의 예술장이 형성되는 과정을 잘 보여주고 있었다. 또한 1930년대 이후 식민지에서 월경한 문화 엘리트들은 모던/로컬로서 중층적으로 수렴되면서도, 다양한 인맥관계와 예술적 계보를 통해 제국의 관객과 문화자본을 향하고 있었다.

앳킨스 E. 테일러는 제국의 "조선취미(Koreana)"가 단지 일본인들에게 문화적 이질성, 열등함이나 후진성의 기표만이 아니라 일종의 자기 성찰의 수단을 제공했다고 지적한 바 있다. "상실과 향수(loss and nostalgia)"라는 식민지 문화의 주제들은 급속하게 진행되던 근대화에 대한 반추로서 일본의 정부관료, 학자, 수집가, 대중들에게 전례가 없을 정도로, 일상적인 수준에서 폭넓게 어필되었다는 것이다. 조선문화에 대한 이러한 식민주의적 응시는 반근대적인 모순, 즉 전근대적 타자와 근대적 자아의 결합으로서 "원시적 자아(primitive selves)"라는 표상으로 집약되었다. 조선예술은 예술성과 작품성 그 자체보다 일본에서 조선을 향한 사회적 관심과 시장성이 극에 달해 있던 시기에 "이국적이면서 익숙한(exotic familiar)" 식민지를 표상하는 기표로서 수용된 하나의 사례였다(Atkins, 2010: 2~3, 170~171).

제국의 예술장으로 진입하면서 조선예술을 내세웠던 예술가들은 조선으로부터 '자기 식민지화(self-orientalizing)'라는 비판을 면하기 어려웠다는 공통점을 지닌다. 그 이유는 이들이 표현한 조선문화가 민족적 자아실현과 저항의식의 표출이라면 제국 문화와 만나서 상충되거나 균열을 일으켰어야 한다. 그런데 현실적으로 양자는 서로 조응하면서 상호보완적으로 결합되었기 때문이다. 그런 점에서 식민지/제국의 예술장에서 생성된 다양한 문화 주체들의 욕망에 대해 민족적 저항이나 친일적 협력 혹은 공모 등 이분법적으로만 구분할 수는 없을 것이다. 이러한 지점은 "확실한 저항도 공모도 아닌 양가적인 세계에 갇힌 당대의 문학인과 지식인들이 처한 딜레마이자 무의식의 세계"로도 표현될 수 있다(김진희, 2009: 380).

04

외부적 관찰자, 조선적 현실의 응시

식민지 조선의 모던 댄서

1911년 11월 24일에 경성의 몰락한 양반가의 막내딸로 태어난 최승희는 1926년 우수한 성적으로 숙명여학교를 졸업하였다. 그녀는 그해 3월 무용 공연을 위해 경성을 방문한 일본의 대표적인 근대무용가 이시이 바쿠(石井漠, 1887~1962)와의 만남을 통해 처음 무용과 조우하게 되었다. 이때 최승희에게 이시이 바쿠를 소개한 사람은 오빠인 소설가 최승일(崔承一, 1901~?)이었다. 그는 니혼대학 미학과에서 수학하고 카프(조선프롤레타리아예술동맹)에 가담한 인물이다. 당시 최승일은 문화예술 방면에서 여러 활동을 하면서 다양한 인적 네트워크를 보유한 조선의 인텔리였다.[12] 그는 일본 유학 시절부터 이시이 바쿠의 공연을 보고서 그의 명성과 인품, 예술의 선구적 가치에 대해 익히 알고 있었기 때문에, 여동생에게 이시이 바쿠를 통해 조선 최초의 근대무용가가 될 것을 적극 권유하였다.[13]

---

12) 최승일에 대해 자세한 것은 이상길(2010)과 최승일 편(2005)을 참조할 수 있다.

13) 이 당시 최승희와 이시이 바쿠의 만남 그리고 무용에 대한 오빠 최승일의 권유에 대해서는 최승희가 직접 쓴 「石井漠과 나와의 關係」(『新女性』 1933년 1월, 52~56쪽)

춤은 기생들이 추는 것이라는 인식을 가진 양친의 반대에도 불구하고, 최승희는 결국 교사와 성악가라는 원래의 꿈을 접고서 도쿄 지유가오카에 있는 이시이바쿠무용연구소에 가서 본격적으로 무용을 배우게 되었다. 이후 3년 동안 이시이 바쿠 문하에서 공부한 최승희 무용의 기본 바탕은 모던한 서양무용 혹은 일본적인 신무용이었다. 1929년 경성으로 돌아왔을 때, 그녀의 이미지는 일본에서 무용을 배운 '모던 댄서'였다. 최승희가 자신의 이름을 딴 무용연구소를 개설한 다음 해인 1930년에 발표한 무용 작품들을 보면, 현대무용이 중심을 이루고 있었기 때문이다.

1930년 2월 1~2일 경성공회당에서 매일신보사 주최로 '최승희무용연구소 창작무용 제1회 공연'이 열렸다. 이때 발표한 작품들을 보면, 전체적으로 현대무용의 비중이 전통적인 것을 소재로 한 무용보다 훨씬 높았다는 것을 알 수 있다. 총 12편의 작품을 3부로 편성하여 구성한 이 공연에서 조선무용은 「영산무」밖에 없었으며, 나머지는 모두 현대무용 계열이었다. 배경음악의 반주도 서양 악기인 바이올린과 피아노를 주로 사용하였다.[14]

그중에서 대표작이라고 할 수 있는 작품은 제3회 발표회(1931년 1월 10~12일, 단성사)에서 선보인 「광상곡」이다. 이 작품은 "무언가를 갈망하거나 움켜쥐려는 듯한 팔과 손의 느낌, 불안한 시선, 굳게 다문 입술, 검은

라는 글을 통해 자세하게 소개되고 있다.

14) '최승희 무용연구소 창작무용 제1회 공연 프로그램' 제1부//1. 「금혼식의 무도」백봉숙, 장계성, 이도 루리꼬, 다나까 시스가오리/2. 「인도인의 비애」최승희/3. 「양기의 용자」최승희, 김은숙/4. 「희롱」장계성, 백봉숙, 김은숙, 이정자/제2부//5. 「사랑의 춤」최승희, 백봉숙/6. 「오리엔탈」이정자/7. 「애수의 여인」최승희/8. 「모던 풍경」최승희 외 연구생 일동/제3부//9. 「해방을 구하는 사람」최승희/10. 「영산무」조영애, 노재신/11. 「마주르카」최승희/12. 「적막한 왈츠」최승희 외 연구생 일동/음악 반주—바이올린은 최우운, 피아노는 이광준. 「諸般準備를 맞친 崔孃의 舞踊公演 滿都士女가 손꼽아 기다리는 그날은 왔다!」, 『每日新報』1930. 2. 1.

의상 등이 어두운 심리 상태"를 나타내고 있다(김영희, 2009; 32). 신문 사진을 통해 확인할 수 있는 「광상곡」에 나타난 최승희의 이미지는 대단히 세련되고 서양적인 모습을 드러낸다.[15] 그녀는 단발 스타일의 머리 모양과 함께 검은 원피스에 시스루 소재를 사선으로 겹친 의상을 입고 있다. 이사도라 던컨을 연상시키듯이, 맨발로 춤추고 있는 이 작품은 '모던한 최승희'를 상징적으로 가장 잘 보여주었다.

이후 일본으로 돌아가기 전까지 경성에 머무는 3년 동안 다섯 번의 신작 발표회, 지방 순회공연, 자선공연 등을 수행한 최승희는 계속해서 현대무용을 중심으로 무용 활동을 하였다. 장르별로 살펴보면, 1930년부터 1932년까지의 무용들은 1930년에 발표한 27편 가운데 4편, 1931년 작품 25편 중에서 1편만이 조선무용이고, 나머지 작품들은 모두 현대무용이다. 그리고 1932년에 발표한 15편의 작품은 모두 현대무용 계열이다.[16]

이 시기 그녀의 현대무용 작품들은 크게 네 가지의 주제로 분류할 수 있다. 이는 이시이 바쿠가 유럽에서 배워온 표현주의 계열, 이사도라 던컨 계열의 춤, 이국풍의 춤 그리고 안막과 결혼 후에 발표한 사회주의 문예운동 계열의 작품들이다.

이를 구체적으로 다시 살펴보면 다음과 같다. 이시이 바쿠 표현주의 계열로는 「애수의 여인」 「방랑인의 설움」 「인도인의 비애」 「그들은 태양을 찾는다」 「광상곡」 「해방을 구하는 사람」 「영혼의 절규」 「인조인간」 등이 있다. 이사도라 던컨 계열의 춤으로는 「금혼식의 무도」 「적막한 왈츠」가 있다. 이국풍의 춤으로는 「오리엔탈」 「스파닛쉬 댄스」 「남양의 정경」 「집

---

15) 「崔承喜孃의 新作 「狂想曲」의 한 포즈」, 『東亞日報』 1931. 1. 7.
16) 이는 정병호(2004)에 실린 연보를 근거로 다시 재분류하였다.

시의 무리」「이집트 풍경」「서반아소녀의 무도」「남양의 밤」「마주르카」
「인도인의 연가」 등이 있다. 마지막으로 사회주의 문예운동 계열의 작품
들로「세계의 노래」「건설자」「겁내지 말자」「그들의 행진」「미래는 청년
의 것이다」「여직공」「자유인의 춤」「흙을 그리워하는 무리」 등이 있다(김
영희, 2009: 35~36).

그러나 최승희가 독일의 마리 뷔그만과 일본의 이시이 바쿠의 무용 계
보를 잇는 표현주의 메소드(Method)를 체득하여 선보인 1930년대 초기의
현대무용 작품들은 조선에서 큰 반향을 일으키지는 못하였다. 이는 그녀
의 재능이나 신체조건, 작품 수준보다 수용자의 측면에서 조선인 관객들
이 아직 서양무용을 대중적으로 받아들일 준비가 되지 않았기 때문인 것
으로 이해된다. 최승희가 자신의 무용연구소 연구생들과 함께「그들은 태
양을 찾는다」와「파우스트」등의 작품을 단성사에서 공연한 제2회 신작
발표회에 대한 감상평을 통해 이러한 상황을 짐작할 수 있다.[17]

Y. H.라는 기고자는 최승희 무용단의 공연이 무용 창작과 무대 연출,
의상과 음악 등에 있어서 전반적으로 일정한 수준에는 이르고 있지만, 가
장 부족하고 또 필요한 것은 바로 "관중의 교육"이라고 지적하였다. 이를
높이기 위해 공연 프로그램에 지도적 설명서의 첨부, 공연 중간에 춤의
의미와 감상법에 대한 해설 삽입 그리고 각 학교에서의 예술교육 등을 제
안하고 있다.[18]

공연 자체는 예상보다 성공적이었으나, 평론가들에게는 전반적으로 좋
은 평가를 얻지 못하였다. 특히 조선의 향토색을 표현하고자 한「영산무」

---

17)「崔承喜新作舞踊 第二回公演會」,『東亞日報』1930. 10. 10.
18)「崔承喜第二回公演을 보고」,『東亞日報』1930. 10. 26.

라는 작품은 미완성이라는 인상을 주었기에 그 평가는 더욱 혹독해졌다. 이는 최승희의 고전무용에 대한 기교나 정교함이 부족했던 것이 한 원인이라고도 할 수 있었다. 다른 창작무용에 대해서도 이시이 바쿠의 무용을 모방한 영역에 지나지 않는다, 최승희의 독자적인 무용을 찾아볼 수 없다는 등의 비판이 나왔다(김찬정, 2003: 73~74).

사실 최승희는 데뷔 초기에 천재적인 재능과 함께 미인 무용가로 주목받았다. 그녀는 이시이 바쿠에게 처음 무용을 배운지 3개월 만인 1926년 6월 도쿄의 방악좌(邦樂座)에서 스승과 함께 가진 무용 공연 이후 "비범한 특색"을 가진 "무용 천재", "우리 천재", "예술적 천재" 등의 찬사를 받았다.[19] 또한 최승희는 1931년 일본 전보통신사(電報通信社) 주최로 열린 '일본대표미인선정대회'에서 4등으로 당선될 정도의 미인이었다.[20] 167센티미터라는 그녀의 키는 당시 조선 여성으로서는 극히 보기 드문 신체조건이었다.

이 시기 조선에서 최승희는 서양무용가로서도 전통적인 조선무용가로서도 크게 인정받지 못하였다. 단지 그녀는 일본에서의 유학 경험이 있고 대중의 흥미를 끄는 '신여성'의 한 사람으로만 인식되었다. 최승희의 모던 댄스에 대한 조선인 대중의 이러한 표층적인 인식은 그녀에게 자신의 무용예술이 나갈 방향성에 대해 재검토할 필요성이 있음을 깨닫게 해주었다고 할 수 있다(朴祥美, 2005: 129).

최승희는 무용 작품에 대한 무반응과 경제적인 어려움, 자신을 둘러싼 악의적인 스캔들 등의 이유로 암울한 시기를 보내다가 새로운 전환을 위

---

19)「동경 파랑새「舞踊天才」崔承子양」,『新女性』1926년 8월, 47~51쪽.
20)「全國代表美人選定에 崔承喜孃四等當選」,『每日新報』1931. 9. 24.

해 1931년 5월 안막과 결혼을 하게 된다.[21] 와세다대학에서 러시아문학을 전공한 안막(安漠, 1910~?)은 시인이자 문학비평가로 활동하였으나, '최승희의 남편'으로 더 많이 알려진 인물이다. 그의 본명은 안필승(安弼承)이며, '막(漠)'이라는 이름은 이시이 바쿠의 이름을 모방해서 스스로 개명한 필명이다. 그녀는 결혼 이후 「자유인의 춤」 「미래는 청년의 것이다」 「고난의 길」 같은 작품들을 발표하기도 했다. 최승희는 새로운 예술적 활로를 모색하기 위해, 안막과 함께 1933년 다시 일본으로 가게 되었다.

이시이 바쿠라는 거울

일본의 근대무용을 개척한 것으로 평가받고 있는 이시이 바쿠는 도쿄제국극장 가극부에서 5년간 활동하다가, 일본적인 근대무용을 찾기 위해 1922년에 유럽으로 가서 각지를 순회하고 예술적인 호평을 받았다. 그는 독일의 마리 뷔그만 공연을 통해 자신의 순수무용에 대한 철학과 세계관을 경험하고 인식한 이후, 1925년에 일본으로 다시 돌아왔다. 이시이 바쿠가 제창한 '무용시(舞踊詩)'는 기교의 전시보다 감정을 발현하는 순수한 움직임을 전개하는 춤이었으며, 여기서 내적 감정의 필연성이 강조되었다. 이후 그의 춤은 독창적인 근대무용으로 인식되었다. 현재에도 이시이 바쿠는 전업 근대무용가로서 레퍼토리 시스템을 정착시킨 최초의 인물로서 언급되고 있다(김경애 외, 2001: 57).

그는 평생 동안 무용예술가의 이름으로 활동하면서 많은 작품을 통해 무용이란 단순한 유희가 아니라 사상과 감정이 개입된 정신의 산물임을

---

21)「舞踊家 崔承喜양 無産예술가와 결혼」,『朝鮮日報』1931. 5. 5.

입증시켰다. 일본에서 최초로 개인이 무용연구소를 연 것도 이시이 바쿠였다. 무용연구소를 통해 그는 많은 근대무용가들을 양성하면서, 하나의 뚜렷한 무용계보를 만들었다. 이시이 바쿠의 처제였던 이시이 코나미(石井小浪)를 비롯하여 이시이 미도리, 이시이 가호루, 후지 미에코, 오노 가즈오 등이 일본 무용계에서 그의 계보 안에 있던 인물들이다. 이시이 바쿠의 무용관은 이후 부토의 창조 정신으로 그 맥이 이어졌다(성기숙, 2003: 65~66).

수많은 '이시이'라는 제자들을 통해 알 수 있듯이, 그는 무용연구소를 통해 자신의 이름을 계승하는 문하생 제도를 만들기도 하였다.[22] 1928년 도쿄의 지유가오카에 이시이바쿠무용연구소가 설립되고, 이시이 에이코와 최승희 등 일본인과 조선인 제자들이 기숙사에 살면서 그에게 도제식으로 무용 수업을 받았다. 이시이 바쿠는 1920년대부터 조선과 중국, 만주국 등지에서 순회공연을 하였고, 그 과정에서 각지의 향토무용을 촉구하기도 한 인물이다(緣川潤, 2006: 73~75).

특히 1926년 3월 이시이 바쿠의 경성공연은 조선에 신무용이라는 개념과 양식을 들여오는 계기가 되었다. 그의 무용예술은 최승희와 조택원 등에게 전해져서 조선적인 신무용의 기초적 토대를 제공하였다는 점에서 중요한 의미를 가진다. 식민지 조선에서 신무용가들은 한병룡, 노재신, 강홍식, 이정희, 김민자, 박외선, 조용자, 김미화, 진수방, 이채옥 그리고 신미원 등이 있다. 그중에서 김민자는 최승희와 이시이 바쿠에게서, 박외선은 최승희에게 수련하였다. 나머지 무용가들은 모두 이시이 바쿠 문하에

---

22) 스승의 이름을 물려받아 계승하는 것, 즉 '습명(襲名)'은 이시이 바쿠가 만든 예외적인 것은 아니었고, 일본의 전통문화계에서 일반적으로 존재하는 관행이라고 할 수 있었다. 이는 특정한 인물이나 기예의 인정, 제자의 관리를 위해 고안된 일종의 '이에모토(家元)' 제도였다.

서 직접 무용 수업을 받았다(김경애 외, 2001: 84~87).

이시이 바쿠는 일본식 신무용을 조선에 소개하였으며, 그의 무용을 보고 입문한 최승희와 조택원 등에게 신무용의 기틀을 심어주었다는 점에서 식민지/제국의 예술장에서 중요한 연결고리가 되는 인물이다. 이시이 바쿠는 단순히 무용가이기보다 일종의 문화 엘리트로서 서양무용과 일본무용을 어떻게 주체적으로 수용하면서 결합시킬 것인가 하는 고민을 지속적으로 가지고 있었다.[23] 이들은 식민지 무용계로 진출하여 자국의 예술을 그대로 이식하고 모방하도록 하였다는 점에서, 식민자이자 피식민자의 아이러니 역시 존재하고 있었다는 것을 지적해 두고자 한다.

당시 조선 무용계는 배구자, 최승희, 조택원, 박영인 등 소수의 신무용가들에 의해 재편되어 갔다. 이들은 일본을 경유한 모던예술의 영향을 많이 받았으며, 조선적 전통과 역사를 무용화하고자 하였다. 식민지 조선에서 근대예술의 다양한 개념들은 매우 생소한 것이었다. 신무용가들이 본격적인 직업 무용가로서 창조성을 지닌 작품을 생산해 내는 것과 함께 수용자 혹은 관객을 향해 자신을 예술가로서 사회적으로 정립하는 시대가 시작된 것이다.

경성공회당에서 이시이 바쿠의 공연 이후 미디어를 통해 신무용, 무용예술, 무용가 같은 새로운 용어들이 처음 사용되었으며, 경성에서 그를 모방한 개인연구소가 만들어지기 시작하였다. 유료로 감상하는 무용 공연이 꾸준히 개최되는 것과 함께 연구소에서는 무용가의 무용계보를 이을 제자를 도제식으로 양성하였다. 신문과 잡지의 지면에는 무용가 및 무용

---

23) 이시이 바쿠는 무용가로서 창작 및 공연 활동뿐 아니라 연구소와 무용학교, 무용단을 조직하여 운영하였으며, 무용의 예술적 이론화를 위해 많은 저술들을 출판하였다.

작품에 대한 소개와 홍보, 비평이 실렸으며, 특정한 무용가를 후원하는 조직과 인맥이 형성되기도 하였다. 다양한 네트워크와 사회적 장을 통해 전통예능이 아닌 근대예술로서 무용이 새롭게 만들어지고 있었던 것이다.

이시이 바쿠 이후 식민지 조선에서는 전업무용가, 개인연구소, 도제식 수업, 무용계보, 무용작품, 스타일, 소유권, 유료공연, 매체비평, 후원관계 등의 세부적 요소들을 통해 배구자, 최승희, 조택원 등 신무용가들의 인식과 함께 이들에 의해 신무용이 성립되고 있었다. 신무용가들의 과제는 기생들이 기생조합과 권번에서 연마하고 향유하던 전통춤과 일종의 문화적 구별짓기를 수행하면서 신무용을 근대예술로서 생성해 내는 데 있었다. 이시이 바쿠는 조선에서 신무용가들의 등장과 이들의 문화자본 형성에 중요한 영향을 주었다. 최승희가 조선무용을 창안하는 과정에서, 일본인 스승 이시이 바쿠는 일종의 문화적 거울 같은 역할을 하고 있었기 때문이다.

"에헤라 노아라"

일본으로 돌아온 최승희에게 이시이 바쿠는 서양무용보다 조선무용을 출 것을 권유하였다는데, 그녀는 처음에 이를 강하게 거부하였다고 한다. 조선춤은 전통적 기생들이 추는 것으로, 자신의 예술은 그러한 오락과는 차원이 다르다는 자존심과 함께 일본에서 조선의 문화를 업신여기는 풍조가 강하다는 것 그리고 경성에서 제1회 창작 발표회 때 조선무용을 도입한 「영산무」의 평판이 좋지 않아서 비판을 받았던 경험 등이 그 이유였다. 그러나 최승희는 남편 안막의 설득과 스승 이시이 바쿠의 계속적인 제안을 받아들이면서, 당시 도쿄에 있던 조선의 전통무용가 한성준(韓成

俊, 1875~1941)을 찾아가게 된다. 그에게 조선무용 몇 가지를 속성으로 익혔는데, 최승희는 승무를 배우고 안막은 한성준의 춤을 채록하는 식으로 두 사람이 같이 배웠다(정병호, 2004: 85~86; 김찬정, 2003: 114~115).

이때의 경험을 한성준은 다음과 같이 회고한 적이 있다. 여기서 그녀가 전문적으로 배우지 않고 서양식으로 번역을 한다고 지적하였다. "…동경 갔을 때 최승희가 찾아와서 춤을 가르쳐 달라고 하여 14일 동안 시간을 정하고 다니면서 40여 가지 춤을 가르쳐 주었는데, 그때도 빠르게 잘 배웠는데 이번에 보니까 용하게 하는 줄 알았습니다. …서양식으로 번역을 하는 것 같은데, 좀 더 전문으로 연구하여 주었으면 하는 욕심이 났었어요…"[24]

최승희가 안막과 함께 조선무용이라는 새로운 컨셉을 받아들여 일본에서 처음 선보인 춤은 1933년에 발표한 「에헤라 노아라」였다. 이 작품이 그녀가 일본에서 춘 최초의 조선무용이었다. 「에헤라 노아라」는 장삼옷에 관을 쓴 조선의 한량이 술에 얼큰히 취한 채로, 몸을 흔들거리고 고개를 끄덕끄덕하면서 팔자걸음을 걸으며 배를 불룩하게 내놓아 웃음을 자아내는 춤이다. 이 작품은 최승희 무용 인생에서 가장 주목받은 것으로 남게 되었다. 그녀는 이 한 편의 춤으로 일본에서 확고하게 자리를 잡았기 때문이다(정병호, 2004: 86~88).

일본에서 유학하고 돌아온 '조선의 이사도라 던컨'이었던 최승희는 다시 일본에 와서 조선의 전통춤을 추는 무용가로 데뷔하게 될 것이다. 단발머리에 검은 시스루 원피스, 맨발로 춤추던 조선의 모던 댄서는 일본에서 관을 쓰고 장삼옷을 입고 버선을 신은 채, 자신의 아버지에게서 아이

24) 韓成俊, 「鼓手 50年」, 『朝光』 1937년 4월, 103쪽.

디어를 얻은 춤으로 일약 스타가 되었다. 첫 데뷔작을 통해 일본 제일의
신인 무용가라는 평가를 받게 된 것은 그녀의 재능으로 인한 것이기도 하
겠지만, 조선무용이 일본에서 절묘하게 맞아떨어진 것이 성공의 직접적인
이유였을 것이다. 1934년 9월 20일 일본청년회관에서 개최된 '제1회 동경
최승희 무용 발표회'에서는 여전히 현대무용이 절반 정도를 차지하고 있
기는 했지만, 예전에 비해 조선무용의 비중이 높아졌음을 알 수 있다. 이
발표회에서는 특히 2부 전체를 조선무용으로 구성하였는데, 「에헤라 노아
라」를 비롯한 「승무」 「검무」 「영산춤」 「마을의 풍작」 등을 선보였다.[25]

　일본에서 최승희의 공연을 본 가와바타 야스나리(川端康成)는 그녀를
극찬하는 글을 남겼다. 그는 「에헤라 노아라」를 통해 처음으로 최승희의
조선무용을 보고서 한순간에 매료되었으며, 평생 잊을 수 없는 깊은 감명
을 받았다고 표현했다. 가와바타 야스나리는 모던일본사가 주최한 '일본
일좌담회(日本一座談會)'에서 여류 신진무용가 중에서 조선 여성 최승희
가 일본 제일의 무용가라고 하였다. 그 이유로 "훌륭한 체구, 힘, 한창 춤
추기 좋은 연령 그리고 독특한 민족적 정서"를 들었다고 한다(高嶋雄三郎·鄭
昞浩, 1994: 146).

고전의 재발견

　데뷔작의 성공 이후 최승희는 계속해서 조선성을 자신의 예술적 모티

---

25) '제1회 동경 최승희 무용 발표회 프로그램' 1934년 9월 20일 제1부 「인도인의 비애」
「거친 들판을 가다」 「폐허의 흔적」 「체념」 「생명의 춤」 「로맨스의 전망」 「바르다
의 여자」 「위기의 세계」/제2부 「검무」 「에헤라 노아라」 「승무」 「영산춤」 「마을의
풍작」/제3부 「습작 A」 「습작 B」(안병주·김민이, 2005: 377).

브로 삼았으며, 이를 위해 이왕직 아악부에서 정재를 하던 사람들과 광대, 기생들을 찾아가 그 동작의 비법을 배우기도 하고 채록을 시작하였다. 그녀는 지방 공연을 나가서는 꼭 향토색이 농후한 춤들을 직접 찾아가 그 춤꾼들과 이야기하여 리듬이나 춤의 기본원리를 파악하였고, 의상과 가면과 장식품들도 기록했다. 최승희는 1933년 이후 일본에서 모던 댄서보다 조선성을 표현하는 무용가로 자리를 잡아가기 시작하였다. 그녀가 창조한 근대적인 조선무용의 내용을 보면, 서정적 정서가 풍기는 향토적 춤, 민족정신을 나타내는 고대적 춤, 광대나 기생들이 추어 왔던 전통적인 춤 그리고 민요에 맞춘 춤 등이 있다.

　최승희가 「에헤라 노아라」를 시작으로 하여 해방 이전까지 발표한 조선무용을 연도별로 정리하면 다음과 같다. 「에헤라 노아라」(1933), 「승무」 「검무」「마을의 풍작」(1934), 「왕의 춤」「조선풍의 듀엣」「가면의 춤」「세 가지의 코리안 멜로디」(1935), 「아리랑 스토리」「태고의 춤」「신라의 벽화에서」「가면에 의한 트리오」「마을의 군무」(1936), 「속무」「초립동」「신노심불노」「무녀의 춤」「즉흥무」「신라 궁녀의 춤」「금강산쌍곡」「고구려의 수인」「락랑의 벽화에서」「코리안 댄스」(1937), 「신혼여행」「도승의 유혹」「상별곡」「조선의 표박자」「고구려의 전무」「고려대장」「조선무희」「농가의 처녀」「관상가」「새신랑」(1938), 「고구려 프레스코」「백학」「꼬마신랑」「감옥에 갇힌 춘향」「기생춤」「가을걷이춤」「시골소년」「한량」「서울의 점쟁이」「민속장단」「조선의 유랑패거리」「부처에 대한 기도」「춘향전」(1939), 「화랑의 춤」(1941), 「화립의 춤」「칠석의 밤」「석왕사의 아침」「장고춤」「부벽루의 무녀」「산조」「백제 궁녀의 춤」「봉산탈춤」「춘향애사」「북의 리듬」(1942), 「석굴암의 벽조」(1943), 「묘정」「석굴암의 탁화」(1944) 등 총 60편이다.[26]

최승희는 기본적으로 서양무용의 양식 안에서 전통적 소재를 표현하는 것을 자신의 예술적 과제로 삼았다. 그녀는 어디까지나 양무의 기교를 깨뜨리지 않는 범위 안에서 향토적이고 민족적인 색채를 추구해 나가겠다는 의지를 밝히고 있다(최승희, 2006: 88~89). 이때 조선성은 내재적이거나 본래적인 세계의 반영이기보다 서양 고전발레와 일본적인 신무용, 전통적인 조선춤의 경계 속에서 만들어진 일종의 차이로서 조선 표상 혹은 외재적인 조선무용으로 볼 수 있을 것이다.

이 과정에서 최승희는 조선을 마치 낯선 타자들로 가득한 외국문화처럼 새로운 눈으로 보게 되면서, 과거의 조선무용을 체계적으로 정립하고자 하였다. 이는 서양의 문화 엘리트가 비서양의 땅과 사람들을 계속해서 원시화하는 것과 표리일체를 이루고 있는 모더니즘이라는 형식의 발명과 그 의미 체계가 타자를 원시화함으로써, 스스로가 근대화되는 과정의 일부인 것과 상응하는 맥락에서 이해될 수 있다.[27]

부정적인 의견이 전혀 없었다고 할 수는 없지만, 1930년대에 일본의 수많은 문화 엘리트들이 그녀의 로컬적인 조선무용에 대해 칭찬과 호평으로 가득한 감상평을 기록하였다. 당시 이들이 공통적으로 최승희의 장점으로 지적한 것들을 살펴보면 다음과 같다. 이는 빼어난 육체적 조건, 노력주의 예술가, 민족정신의 표현 그리고 일본에서 비교 대상의 부재 등으로 요약할 수 있다.

최승희의 육체성은 "어떤 일본인에게도 비견될 수 없는 진귀한 것"이면

---

26) 이는 정병호(2004)의 연보를 토대로 해서 정리하였다.

27) 레이 초우는 이와 같은 예술적 형식의 혁신과 원시주의 사이의 변증법이 '제3세계'의 문화 생산에 있어서도 서양과 비서양의 관계에서와 마찬가지의 방식으로 위계적인 관계를 특징짓고 있다는 사실에 대해, 중국의 지식인과 예술가들의 사례를 통해 지적하고 있다(초우, 2004: 40~46).

서, "그녀의 일거수일투족은 보통 인간(일본인―인용자)의 2배의 효과를 내는" 것으로 가장 큰 장점이었다. 이와 함께 "빛나는 노력주의"와 "정확한 판단력"이 최승희의 밝은 장래를 더욱 확신하게 해주고 있었기 때문에, 그녀는 "어느 시대의 어느 민족정신이든 무용을 통해 표현할 수 있는 고도의 예술가"가 될 것으로 보였다. 평론가 아오노 스에키치(靑野季吉)는 "전통에 고정되어 있는, 그래서 예술의 껍데기에 불과하다고 할 수 있는 일본무용"을 좋아하지 않는다고 하면서, "최승희 무용의 맛은 서양무용과 조선무용을 합친 독특성"에 있다고 하였다(高嶋雄三郞·鄭昞浩, 1994: 166, 163, 172~173).

무라야마 도모요시는 "최승희가 그의 타고난 육체와 오랫동안 근대무용에서의 기본적 훈련을 통해 조선무용을 살려내지" 않았다면, 다시 말해 "만일 생기 없는 형태로 기생에게 전해오는 무용만을 그대로 보여주었다면 우리들은(일본인은―인용자) 결코 이렇게 가슴이 뜨거워지지 않았을 것"이라고 하였다. 이는 당대의 일본무용가가 보여주지 못한 근대무용이었기 때문이다. 그에게 "현재 일본무용은 어느 것이나 일본적인 움직임, 형식, 리듬, 의상 등이 우리(일본인―인용자)로부터 멀리 떨어져 있"는 이러한 때에, "최승희의 출현은 대단한 환희"였던 것이다(高嶋雄三郞·鄭昞浩, 1994: 149).

제국의 문화 엘리트는 서양무용이 아닌 「에헤라 노아라」「검무」「승무」 같은 조선무용에 열광하였다. 이는 "내지에서 춤추는 조선무용으로는 처음"이었기 때문이다. 최승희의 조선무용은 민족적 정서와 민족애가 흐르는 전통에 기초하는 일종의 민족무용으로서, 이들은 그녀의 무용예술을 보고 공통적으로 민족적 감정을 느꼈다. 또한 이들은 조선 반도에서 오래전부터 전해 내려오는 다양한 춤을 새롭게 살려서 자신의 것으로 창작하는 최승희의 예술적 열정과 노력에 대해 찬사와 경의를 표현하였다(高嶋雄三郎・鄭昞浩, 1994: 146~148).

여기서 조선 혹은 민족은 실체가 있거나 고정되고 독자적인 대상은 아니었다. 그 이유는 조선무용을 통해 상상되었던 조선성이 일본성의 범주 내에서 유동적으로 거론되었기 때문이다. 일본에서 최승희를 수식하는 표현은 조선, 반도, 조선무용, 민족무용, 향토무용 등이었지만, 여기에는 "일본제일", "일본무용계의 왕좌", "일본적인 것의 어머니의 어머니", "어머니의 숨소리를 깨닫게 해주는 (무희—인용자)" 등이 혼용되어 있었다(高嶋雄三郎, 1959: 69~77).

1940년 12월 26일 '무용가 최승희 귀국환송회'와 1943년 8월 8일 '최승희 무용관상회'의 발기인이었던 야나기 무네요시는 최승희가 무한히 발전할 가능성이 있다고 격려하였다. 그는 최승희에게 "동양의 맛, 특히 조선의 맛"을 잘 살릴 것을 당부하고 있으며, "일본의 여성들과 견주어도 손색이 없는 최승희의 매력"에 관해서 언급하고 있다(高嶋雄三郎・鄭昞浩, 1994: 174). 이처럼 그녀는 언제나 일본, 일본인, 일본무용과의 연장선에서 외재적으로 평가되면서 담론화되었다.

최승희는 조선성을 수행하는 반도의 무희이면서 당대 일본에서 제일가는 무용가였다. 그러나 이들에게는 "(일본 안의—인용자) 특수한 오리엔탈리즘"을 창작하여 확인시켜주는 범위 내에서 그러한 의미였다(高嶋雄三郎, 1959: 87). 일본인에게 조선이 일본의 범주 안에서 논의된다는 것은 결코 동등한 입장에서가 아니었으며, 조선의 위치를 확인하고 나아가 식민자 일본의 자리를 확고히 하는 것이었다. 동시에 이는 조선이 일본의 원초적 과거 혹은 자아임을 확인하는 과정이기도 하였다.

제국의 입장에서 볼 때 조선과 대만, 만주국은 외국이 아닌 일본이라는

본국 혹은 내지에 종속된 지방이었다. 지방색에 대한 수요는 식민지의 독
자적인 문화를 존중하는 것처럼 보이지만, 본국과 대비되는 각 식민지의
차이와 다름을 강조하고 제국 중심의 문화적 지배 질서를 정립하기 위한
것이었다. 전근대적인 것으로 비춰지는 식민지의 모습은 조선의 현재를
내지의 과거로 바라보는 일본인의 시선이면서, 일선동조론(日鮮同祖論)을
주장하고 조선의 정체성(停滯性)을 구성하려는 제국의 전략과도 일치하
는 것이었다(남근우, 1998: 65).

　최승희의 조선무용에 나타난 민족 표상 역시 본래적인 세계로서 조선
그 자체이기보다 일본과의 관계성 안에서 변용되어 이해되었다. '일본=내
지(중심), 조선=지방(주변)'이라는 등식 속에서, 민족은 일본의 한 지방을
구성하는 향토색이자 조선성을 나타내는 것으로 수용되었던 것이다. 제
국의 문화 엘리트라는 수용자의 입장에서는, 그녀의 조선무용에 재현된
조선성이 조선의 고유성과 독자성을 표상하는 것이 아니라 내지와 지방
의 차이를 발견하고 강조하는 맥락에서 이해되었다. 이러한 문화적 구별
짓기는 일본의 식민 지배를 위한 논리와 근거를 제공해 준다는 점에서 이
들에게 필요한 것이었기 때문이다.

　한편으로, 조선과 함께 일본의 식민지였던 타이완에서도 최승희의 조
선무용을 통한 조선 붐이 일었다. 1936년 7월 '타이완문예연맹'이 주선하
여 그녀의 무용 공연을 성사시키면서, 최승희가 "일본무용계의 최고봉"으
로 선전되면서 타이완에 초청되었던 것이다. 당시 타이완의 지식인과 예
술가들은 일본의 지배체제에서 근대문화와 자신의 민족적 전통 사이에서
갈등하고 있었다. 그녀는 이들에게 예술을 통해 민족문화를 발전적으로
보존하는 가장 좋은 본보기를 보여주는 사례로서 평가받았다(장원쉰, 2007:
86~87).

최승희의 이러한 이미지는 대만문학에도 반영되었다. 당시 『타이완 신민보』에 연재된 쉬쿤취안(徐坤泉)의 「귀여운 원수」라는 소설은 출간되고 난 뒤 1만 부 이상 팔린 대만의 전전(戰前) 베스트셀러였다. 그녀를 초청했던 작가 장원환(張文環)은 이를 일본어로 번역하는 과정에서 소설의 주인공인 기미코(君子)에게 최승희의 이미지를 투영했다고 한다(강준식, 2012: 171). 같은 식민지의 입장에 있으면서도, 양쪽의 문화 표상에 진입하는 일이 거의 없었던 조선무용과 대만문학 간의 조우는 제국을 매개함으로써 비로소 가능했던 것이다.

그런 점에서 민족주의를 전제로 한 기존 연구들의 주장과 같이, 최승희의 조선무용을 순수한 민족혼의 발현 혹은 민족적 저항의식으로 만들어진 예술적 결과물로만 볼 수는 없다. 그보다는 식민지/제국의 예술장에서 중층적으로 구성된 역사적 대상으로 접근할 필요가 있다. 이는 조선예술을 둘러싼 예술장 안에서 이시이 바쿠와 최승희, 한성준 그리고 일본/조선의 문화 엘리트 등을 포함하는 다양한 행위자의 입장과 이해관계가 복합적으로 반영된 것이었기 때문이다.

05
_____

원시적 섹슈얼리티의 자기 전시

깊이의 결여

일본에서 최승희가 창안한 조선무용은 한성준 같은 전통무용가의 춤과는 맥락이 다른 지점이 있었다. 그녀는 조선의 전통을 무용의 소재로 하고 있지만, 정식으로 전통무용을 훈련하고 연마한 무용가는 아니었다는 점에서 그러하다. 최승희는 한성준을 통해서 속성으로 배운 전통무용을 깊이 있고 진지하게 연구하지 않았으며, 무엇보다 전통무용의 정확한 재현을 목표로 하지는 않았다. 그녀에게 전통은 한성준의 경우와 같이 과거가 아니었으며, 외부적 관찰자의 시선을 통한 토착적인 어떤 것이었다.

최승희의 조선무용이 가진 깊이의 결여 혹은 정체성의 혼돈에 대한 지적은 당대에도, 이후 한국무용계에서도 지속적으로 제기되었다. 오빠인 최승일은 그녀가 짧은 연습 시간이었지만, 조선적 전통을 계승하여 조선무용을 창안한 민족무용가로서 대표성과 정통성을 지닌다는 것에 대해, 1935년 12월 『삼천리』의 기고문을 통해 강조하였다. 또한 그는 "이제 우리 조선은 최승희라는 한 사람의 조선 민족을 세계무대에 내어놓게 되었다는 것"이라고 하면서, 최승희가 무용예술을 통해 "조선의 딸"이 되었다고 언급하였다.

　나아가 최승일은 "예술가로서 자기 민족적 유산을 정당하게 계승하고 이해하여 그것을 예술화하는 것이 예술가의 할 일이며, 그리하여 민족예술이 되는 동시에 또한 인터내셔널예술이 되는 것"이라고 최승희의 예술적 과제를 당부하였다.[28] 그러나 이는 반대로 그녀의 정통성 부족에서 오는 자신감의 부재를 반증하는 대목이라고도 볼 수 있다. 한성준에게 조선무용을 배운 일에 대해, 최승희의 제자 김백봉은 다음과 같은 증언을 한 바 있다.

> 김백봉: 후에 안제승 씨 얘기에 의하면, 최승희 선생님께서 한성준 씨 춤을
> 　　　　 두세 번 정도 연구소에 가서 봤데.
> 안병현: 봤다는 것이 배웠다는 것으로 전해진 것 아닌가요?
> 김백봉: 시간적인 문제지만 3일 정도. 그것도 시간 날 때 보고 왔다 하면은,
> 　　　　 그것이 깊이 있게 무용이 이뤄질 수 있느냐 하는 얘기야. 지금도
> 　　　　 전통무용을 10년 이상 뭐 돼야 춤을 추는데... 예전에는 장단 하나
> 　　　　 도 듣기 어려운데. 우리 음악을 모르니까 말이야. 사실 연구했다는
> 　　　　 것이 맞겠지(김말복 외, 2005: 256).

　이 구술증언을 통해 본다면, 최승희는 한성준에게 전통춤을 체계적으로 전수받은 것이라기보다, 단지 옆에서 보고 연구할 기회를 가졌다는 이야기이다. 이어서 한국무용가 이매방은 다음과 같은 내용을 언급한 바 있다. 직선 위주의 그녀의 조선무용이 한국의 전통춤의 기본 원리가 아닌 서양무용의 테크닉을 기본으로 하고 있다는 점을 지적한 것이다. 이에 따르면, 최승희는 전통춤의 정체성과 기법을 체계적으로 계승한 무용가로

---

28) 崔承一, 「누이 承喜에게 주는 편지」, 『三千里』 1935년 12월, 190~191쪽.

보기는 어렵다고 할 수 있다.

> "최승희가 만든 한국춤은 외국에 있을 때 고국이 그리워서, 향수병에 젖
> 어서 만든 것으로 자신의 상상으로 만든 그야말로 창작춤이지. …전통춤은
> 우리 고유의 곡선의 춤사위를 배우는 거야. 옛날 권번 출신들의 춤도 모두
> 곡선이야. 하지만 최승희의 춤은 직선이지. 최승희가 우리의 음악을 쓰고
> 전통 의상을 입었지만, 춤의 테크닉은 모두 발레야. 그래서 직선적이야. …
> 우리춤에는 정중동(靜中動)이 있는데, 발레는 온통 동(動)자 뿐이야. 그야
> 말로 직선이지. 우리춤은 올리고 내리는 양우선법으로, 뿌리면 시작이 있
> 고 끝이 있어. 꼬리가 있지. 그래서 수건을 던지면 수그리고 하면서 곡선이
> 나오는 것이지(이매방, 2004: 332~339)."

1930~40년대에 최승희의 조선무용을 직접 관람했던 예술평론가 박용구
는 "최승희가 왜 성공했느냐 하면은 소품"이었기 때문이라고 구술증언을
통해 밝힌 바 있다. 그에 따르면, 그녀의 거의 모든 작품이 "길어야 하나
에 10분"을 넘지 않았다는 것이다. 또한 그는 "그 시절의 무용 수준으로는
대작보다는 10분 정도의 소품이 딱 맞아서 멋을 풍기"는 것이었고, 따라서
최승희의 무용이 "문화 상품으로서의 효율성이 높았"다는 것을 강조했다
(민경찬·김채현·백현미 편, 2011: 155).

이처럼 최승희의 존재방식은 전통무용가 한성준이나 기생들처럼 전통
춤의 정확한 재현을 목표로 하는 것이 아니었다. 이는 다른 예술장르(예
를 들면, 영화 「춘향전」의 배우 문예봉이나 만영의 배우 리샹란)와 외국
의 무용가들(인도의 우다이 샹카르와 스페인의 라 아르헨티나, 프랑스의
조세핀 베이커)29)을 자신의 경쟁상대로 여기면서, 서양과 일본에서 관객

---

29) 우다이 샹카르(Uday Shankar, 1902~1977)는 인도 출신의 무용가, 라 아르헨티나(La

들을 강하게 의식하면서 해외 무대를 향하고 있었다고 볼 수 있다. 그러나 이러한 측면은 단지 깊이의 결여나 전통춤의 정체성 재현 그리고 서양/일본 관객의 취향에 전적으로 영합한다고 얘기할 문제만은 아니다.

조선 여성의 원시적 열정

무엇보다 최승희는 단순한 일방향적인 자기민족지가 아니라 무용을 통해 자아/타자, 보는 주체/보여지는 대상의 이항대립을 허물어뜨리는 양방향적인 자기민족지의 수행성을 보여준다는 점에서 독특성을 드러낸다. 이 부분은 당시 조선예술을 통해 월경하던 다른 예술가들과 가장 차별성을 보이는 지점이라는 점에서 매우 중요하다. 장혁주의 르포소설이나 이인성의 향토화, 조택원의 무용극은 넓은 의미에서 제국의 식민지 문화에 조응하면서 생성된 자기민족지라는 점에서 그녀와 비슷한 맥락에서 볼 수 있지만, 이들은 최승희처럼 양방향적인 민족지를 생성하지는 못했다. 이들의 조선예술은 일본인 관객을 향해 조선성을 일방적으로 타자화하는 자기민족지의 전형을 보여주었고, 이로 인해 피식민자 집단, 즉 조선의 평단으로부터 부정적인 평가를 면하기 어려웠다.

이는 예술장르의 특성으로 볼 때 하나의 작품으로 복수의 문화적 정체성을 구현한다는 것이 문학이나 영화, 미술에서는 시도하기 힘든 것이었기 때문이기도 하다. 최승희는 무용 내적인 유동성을 통해 일본과 조선 모두에서 인정받는 조선무용의 창작과 번역을 보여주었다. 그녀의 이러한 양방향적 수행성은 무용을 포함하여 장르적 월경과 젠더적 유동성까

Argentina, 1890~1936)는 아르헨티나 태생의 스페인 무용가, 조세핀 베이커(Josephine Baker, 1906~1975)는 미국 태생의 프랑스 가수이자 무용가이다.

지 포함하는 것이었다는 점에서 더욱 결정적인 차이점을 드러낸다.[30]

최승희는 외부의 시선을 향해 자신의 여성 신체를 시각적으로 전시하면서도, 이러한 끊임없는 유동성과 경계의 해체를 통해 차별성을 획득하고 자기 자신을 새롭게 주체화할 수 있었다. 이는 제국의 오리엔탈리스트들의 시선에 의해 페티시화된 그녀의 여성 신체가 다양한 변용을 가능하게 하는 능동성을 부여받으면서 권력 획득의 한 수단으로 다시 상상되었음을 의미한다. 조선 여성의 신체는 최승희를 통해 제국의 오리엔탈리즘의 수단에서 여성성의 전복적인 재전유로 전환되었고, 나아가 스스로 전시하고 보여주는 민족지로서 승화되었던 것이다.

다시 말하면, 최승희는 조선무용을 기준점으로 삼았지만 이 과정에서 조선무용은 타자화의 대상만이 아닌 주체화의 매개체로서 새롭게 기능했다. 그녀는 예술적 주체를 형성하기 위한 수단으로 조선무용을 창안하였으며, 그 자체가 목적이 아니었기 때문에 다양한 변형을 시도했던 것이다. 이는 당대의 다른 조선인 예술가들, 즉 장혁주나 이인성, 조택원이 조선예술의 창안 그 자체를 목표로 했던 것과는 뚜렷하게 구별되는 지점이다.

최승희의 민족/젠더 수행성은 자기민족지의 문법에서 일방향적인 것이 아니었다. 예를 들어, 1937년에 선보였던 「보현보살」, 즉 보살춤의 경우 대중적인 인지도가 가장 높은 춤이었는데, 반나체로 추는 스타일은 당시 상당히 파격적이었던 것으로 알려져 있다. 이 작품은 조선과 중국, 일본에서 공연될 때마다 10여 종으로 변형되어 여러 버전으로 공연되었다는 특징이 있다. 그녀는 제국 일본에서 남성 관객의 응시 앞에서 동양 여성

---

30) 최승희는 무용가 외에 영화배우와 광고모델에 이어 레코드 취입까지 하였고, 무용 내적으로도 남장을 통해 남성 무용가의 역할을 맡기도 하였다.

의 육체성을 스스로 전시하면서 조선무용을 선보였다.

보살춤을 포함한 최승희의 조선무용의 특징은 춤에 대한 설명적 묘사보다 움직임의 형태적 전환을 통한 이국취미의 이미지 전달에 집중하고 있었다. 이러한 테크닉을 통해 영적인 엄숙함과 감각적 관능성이 교차하는 가운데, 동양의 신비스러운 분위기를 전달할 수 있었다. 즉 그녀의 조선무용은 손과 팔, 어깨의 움직임과 시선을 이용한 상체 위주의 추상적 동작과 서정적 분위기에 치중하고 있었다. 최승희는 춤의 내용을 각각의 동작으로 묘사하기보다 주제와 의상, 움직임의 형태적 전환과 민족적 정서의 추상화를 통해서 동양적 분위기를 표현하였다(유미희, 2006: 135~138, 144).

최승희는 한성준의 민족의식에 계몽되어서 조선무용을 창안하였다기보다, 당시 문화 엘리트처럼 스스로를 근대화하고 세련화시키는 한 방법으로서 외부적 관찰자의 시선을 통해 자신의 무용예술을 만들어 냈다고 할 수 있다. 그녀에게 중요한 것은 자신의 조선 표상이 실제로 조선적인가 아닌가 혹은 한성준을 계승하고 있는가 아닌가 하는 데 있지 않았다. 그 이유는 보살춤에서 볼 수 있듯이, 최승희는 여성 신체와 무대 의상, 음악과 조명 등을 통해 서양과 일본의 관객들에게 '낯선 조선'의 이미지를 재구성하여 보여주는 일종의 자기민족지를 연출하고 있었기 때문이다. 그녀에게 중요한 것은 전통의 충실한 재현보다 시각적인 아름다움과 민족적 차이의 전시였다.

특히 최승희가 1938년에 특별출연한 영화 「대금강산보」(감독 미스에 류이치)는 그녀의 여성 신체를 매개체로 한 "자연과 육체·쌍미의 교착(自然と肉体·双美の交錯)"을 고스란히 보여주었다. 이는 금강산의 자연 풍경과 사찰에 얽힌 다양한 설화들을 춤으로 표현한 것인데, 감독은 최승희의 레퍼토리를 조선적 풍광과 함께 결합시켰다. 도쿄의 영화관 '대산관(大

山館)'이 1938년 2월 1일에 발행한 소식지는 최승희를 중심으로 특별편집된 것이다. 이를 살펴보면, 자연과 육체의 쌍미(금강산과 최승희의 미—인용자)를 비롯해 심미의 쌍곡선 반도의 기승과 금강산의 아름다움을 카메라가 여러 각도로 묘사하면서, 미지의 나라 조선을 자세히 소개하기 위한 영화라고 설명되어 있다. 여기서 "요염의 미희(妖艶の美姬) 최승희의 무용걸작집"이자 "천연미와 예술미를 혼연시킨 이채편(異彩篇)"으로 일본영화 「무법자 은평」과 동시에 공개된다고 광고되었다.[31]

「대금강산보」는 조선에서도 "우리가 가진 세계적 무희 최승희 여사를 주연으로 하여 조선의 풍토적 美麗色을 배경으로 최 여사의 독특한 예술성과 로맨스를 묘사한 작품"으로 소개되었다.[32] 이 영화는 닛카츠(日活)가 제작한 수출영화로서 금강산 외에 경주, 부여, 평양, 수원 등지에서 현지 촬영으로 진행되었으며, 철도국에서 1만 원의 지원을 받았다.[33] 철도국은 금강산을 포함한 조선의 아름다운 강산을 해외에 선전하여 철도 여객을 유치하기 위해 영화 제작에 적극적으로 투자한 것이었다.[34]

제국주의 문화권력의 입장에서, 최승희의 여성 신체를 통해 전시된 이러한 원시적인 이미지는 일종의 "공적인 에로티시즘(public eroticism)"이었다. 이는 식민지에 대해 제국이 가진 문명화 임무의 성공을 가시적으로 보여주는 것이었다. 식민지의 무희를 통해 표상된 타자성은 길들여지거나 문명화되어야 하는 인종적 차이를 드러내는 동시에 식민자가 포용하

---

31) '대산관(大山館)'의 제629호 소식지. 1938. 2. 1.
32) 「崔承喜女史의 主演인 大金剛山譜」, 『東亞日報』 1938. 1. 26.
33) 「崔承喜氏渡來 大金剛山譜撮影 二十四日着京卽時金剛山行 朝鮮옷으로만 世界舞踊行脚」, 『東亞日報』 1937. 10. 27.
34) 「鐵道局의 映畵宣傳」, 『東亞日報』 1938. 3. 11.

고 합병해야 하는 민족적 다양성과 지리적인 스펙트럼까지 함께 의미했기 때문이다(Atkins, 2010: 173). 이는 일본에서 최승희에게 서양발레가 아닌 조선무용이 요청되었던 이유를 잘 보여준다고 할 수 있다.

나르시시즘의 주체성

그렇다면 최승희가 선보인 조선무용이 제국의 로컬 컬러 혹은 서양의 이국취미에 단순하게 부응하면서 타자의 이미지를 전달하는 수준이었는지 아니면 정형적인 조선과 동양의 이미지 착취를 넘어서, 발레라는 서양 모더니즘을 극복하는 단계까지 주체적으로 도달했던 것인지에 대한 의문이 제기될 수밖에 없다. 이는 자료의 한계로 인해 여전히 세밀한 논증이 어려운 부분이지만, 이 책에서 주목하는 것은 최승희가 자신의 여성 신체를 수단으로 한 양방향적인 수행성과 주체 구성의 능동성이다. 이는 당시 다른 조선인 예술가와의 비교와 함께 다양한 장르에서 경계를 초월한 활동을 살펴봄으로써 충분하게 판단이 가능한 지점이기 때문이다.

만약 식민지적 상황이 아니었더라도, 이처럼 자유롭게 이동할 수 있었을까? 이는 역설적인 의미에서 '식민지적 자유'라고 할 수 있을까? 결과적으로 식민지라는 조건과 제국의 예술장은 최승희에게 유리한 기회 공간을 제공해 주었다고 할 수 있다. 최승희는 자신이 원하든 원하지 않았든, 디아스포라적인 삶을 살아갈 수밖에 없었기 때문이다. 현실은 고통이었지만, 이러한 역사적 조건은 최승희가 여러 경계를 넘어서 끊임없이 월경하도록 만들었다. 최승희의 타고난 천재성이나 신비적인 요소보다 외적인 조건이 그녀의 성공에 훨씬 중요하게 작동되었던 것이다.

최승희는 자기민족지로서 조선무용에서 출발하였지만, 고정된 경계와 표상에 갇히지 않고 스스로 외연을 넓히면서 유동성을 확보할 수 있었다. 그녀는 조선의 현실을 자각하고 문화권력에 대항하기 위해 조선성을 창안한 것이 아니라 나르시시즘적이고 자유로운 기회 공간 속에서 예술관을 형성한 것으로 보인다. 이는 민족이라는 상징과 결합됨으로써 더욱 공고해졌다. 즉 최승희의 조선 표상은 서양/일본에 대한 대항의식에서 비롯된 것이 아니라 자기 자신을 근대화했던 근대 예술가의 한 특징에서 비롯된 것이라고 할 수 있다.

레이 초우는 타자를 억압함으로써 혹은 원시적인 것—서벌턴(subaltern), 여성, 아동 등—을 포착함으로써, 자신을 근대화시키는 데 매혹된 근대 지식인의 역할에 주목하였다. 이들은 혜택 받지 못한 사람들을 미학의 대상으로 관찰하면서, 자신의 글쓰기를 통해 특정한 이미지로서 전시하는 특권적인 위치에 있는 것이 특징이었다. 이러한 나르시시즘적인 시선에는 자신보다 문화적으로 낮은 타자를 미적으로 관찰하는 심리가 포함되어 있다(초우, 2004: 43).

최승희는 전형적인 근대적 문화 엘리트의 특징을 보여준다. 왜냐하면 서양의 관점에서 볼 때 타자라고 할 수 있는 대상들—조선, 일본, 중국, 동양—을 추상적인 관념에서 특정한 무용적 이미지로 번역하였고, 나아가 서양의 관객들에게 전달하였기 때문이다. 그녀는 '조선성의 희화화'라고도 할 수 있는 조선무용을 통해 레이 초우가 말한 원시적인 것, 즉 조선의 농촌 풍경, 노인과 어린이, 원시종교 등의 소재를 포착하여 무용화함으로써 자기 자신을 외부적 관찰자의 위치에 둘 수 있었다.

최승희는 장혁주와의 대담에서, 유년시절에 본 인상과 기억을 토대로 한 "농촌의 젊은 남녀들의 심리며 동경(憧憬)이 잘 나타나 있는 「朝鮮風 듀엣도」"라든지 "늙은이와 어린이가 「女子」를 서로 빼앗는 춤인 「가면극」

「섬타령」「총각」, 즉 젊은 농군들이 멋지게 추는 춤 그리고 「巫女의 춤」" 등에 대한 무용관을 언급하기도 하였다.[35]

식민지 무희가 보여준 이러한 주체 구성의 열정은 원시적 기원을 찾아 내고자 하는 욕망이 투사된 것이지, 전통의 순수한 재현이나 저항 감정에 서 비롯된 것은 아니라고 할 수 있다. 이는 최승희에게 식민지 조선에서 자기 식민지화라는 논리를 피해갈 수 있는 기반이 되기도 했지만, 한편으 로 1940년대 이후 전시체제기를 겪으면서 스스로 자기모순에 빠질 수밖에 없는 결과를 가져오기도 했다. 이는 그녀의 구성된 정체성이 지니는 양가 적인 측면을 뚜렷하게 보여주는 것이다.

---

[35] 「藝術家의 雙曲奏, 文士 張赫宙氏와 舞踊家 崔承喜女史, 場所 東京에서」, 『三千里』 1936년 12월, 104쪽.

06

───

이중은막에서 춤추는 무희

제국의 후원자

최승희는 남성 조력자의 존재로 인해 자신의 입지를 더욱 공고히 할 수 있었다. 그녀가 만든 조선무용의 관객이자 수용자들이었던 일본의 문화인을 비롯한 지식인들은 제국주의 문화권력을 구성하는 행위 주체였기 때문이다. 무용 비평이 독자적인 영역으로 아직 성립하지 않았던 시기에, 이들이 생산한 예술 감상과 비평은 대중들에게 절대적인 권위와 힘을 지닐 수밖에 없었다. 이들이 신문이나 잡지에 기고한 수많은 최승희 관련평은 그녀를 고급무용가로 격상시키는 데 중요한 역할을 하였다. 이러한 문화 담론을 통해 최승희는 일본의 대표적인 무용가 '사이 쇼기(Sai Shoki)' 혹은 엘리트들에게 '우리들의 최승희(われわれの崔承喜)'로서 기억되었다.

최승희는 단순히 무용계의 인물이 아닌 근대의 초극을 제창하는 제국문화의 차원에서 중요하게 거론되었다. 그녀를 위한 문화인과 저명인사들의 모임과 후원은 1940년대에 조직적으로 구성되면서 정치적인 차원에서 네트워킹되었다. 결성 이후 지속적인 활동 여부에 관해서는 정확한 자료가 존재하지 않지만 최승희 귀국환영회, 동양발레위원회, 최승희무용관

상회, 최승희후원회, 다양한 예술가 그룹 등은 최승희에게 제국주의 문화
권력이 제창한 대안적 동양주의를 투영하는 매개체로서 작용하였다.

 '최승희 귀국환영회'는 그녀가 해외 순회공연을 마치고 돌아온 직후인
1940년 12월 26일에 일본의 오사카빌딩에서 열렸다. 각계각층의 인사들이
참여한 이 모임은 최승희의 폭넓은 교제 관계와 인기를 반영한 화려한 환
영회였다. 베를린올림픽의 마라톤 경기의 우승자이자 당시 메이지대학에
유학 중이던 손기정도 여기에 참석하였다. 손기정은 이때의 환영회를 다
음과 같이 회상하기도 하였다. "오사카빌딩에서 개최된 파티에서 그녀(최
승희—인용자)를 만났다. 당시에는 그녀와 나 두 사람이 조선인으로서 일
본인에게 가장 많은 인기를 얻고 있었다"(김찬정, 2003: 248~249; 高嶋雄三郎, 1959:
144~145).

 '최승희동양발레위원회'는 1942년 2월 최승희무용연구소에서 최승희의
독무 공연을 넘어 대규모의 동양발레를 기획하기 위해 결성되었다. 최승
희 동양발레의 레퍼토리는 일본에서 "내지의 각 향토무용, 조선무용, 지
나, 태국 등의 무용을 기초로 동양적 제재의 동양적 수법을 근대적으로
양식화한 예술발레"를 의미하였고, "제도(帝都)에서 수개월에 걸친 장기
공연"으로 기획되었다. 이 위원회의 위원으로는 야마모토 사네히코를 포
함하여 30여 명이었다.36) 그러나 전시정책에 따라 동양발레단은 끝내 실
현되지는 못한 것으로 보인다.

 '최승희무용관상회'는 1943년 최승희 무용을 집단적으로 감상하기 위해
만들어졌으며, 일종의 회원제라고 할 수 있는 이 모임은 일본 최고의 지
성인들로 구성되었다. 관상회의 명단에 있는 사람들은 다음과 같다. 가와

---

36) 「崔承喜女史의 東洋바레—團員을 募集」, 『每日新報』 1942. 2. 23.

바타 야스나리, 무샤노코지 사네아쓰(武者小路實篤), 사이토 모키치(齋藤茂吉), 마사무네 하쿠쵸(正宗白鳥), 사사키 노부쓰나(佐佐木信綱), 사토미 돈(里見弴), 시가 나오야(志賀直哉), 하세가와 뇨제칸(長谷川如是閑), 야마모토 사네히코, 도쿠토미 소호(德富蘇峰), 이시이 하쿠테이(石井柏亭), 야나기 무네요시, 우메하라 류사부로(梅原龍三郎), 마에다 세이손(前田靑邨), 우에무라 쇼엔(上村松園), 야스이 소타로(安井曾太郎) 등이다. 이들은 당시 최고의 작가, 언론인, 미술, 음악 등 문화예술 관계자들이며, 특히 외무부 장관인 도고 시게노리(東鄕茂德)가 포함되어 있어서 주목된다(高嶋雄三郎, 1959: 184~185).

관상회를 통해 최승희에 관한 이들의 관심과 애정이 어느 정도였는지 혹은 얼마나 오랫동안 지속되었는지에 대해 어느 정도 짐작할 수 있다. 이 모임은 "최승희가 공연할 때 언제나 사람들이 너무 많아서 조용히 볼 수 없었"기 때문에, "회원제도에 따른 품격 있는 감상을 원하는 문화인들을 발기인으로 하여 만들어진" 것이라고 한다(高嶋雄三郎, 1959: 184~185). 이러한 모임과 조직들은 일본에서 그녀를 인정하고 후원하는 중요한 기반이 되었다.

제1회 발표회의 성공 이후 일본에서는 "최승희 후원회"가 만들어졌다. 제2회 발표회 선전 유인물과 같이 소개된 후원인 발기인의 명단에는, 일본에서 일류로 손꼽히는 정치가, 예술가, 잡지사 사장, 문화인들이 들어 있는 것과 함께 조선의 유력자들도 이름이 포함되어 있다. 이 명단에 실린 사람들을 살펴보면 다음과 같다. 일본인으로는 이시이 바쿠, 하라 젠이치로(原善一郎), 가와바타 야스나리, 나가타 다쓰오(永田龍雄), 나카네 히로시(中根宏), 나카지마 쓰카사(中島司), 무라야마 도모요시, 우시야마 미쓰루(牛山充), 야마모토 사네히코, 야마다 고사쿠(山田耕筰), 마쓰오카

마사오(松岡正雄), 후루사와 다케오(古澤武夫), 고노에 히데마로(近衛秀麿), 사토 이와오(佐藤巖), 기쿠치 간, 모리야 노리오(守屋德夫), 스기야마 헤이스케 등이 있었다. 그리고 조선인으로는 방응모, 임남산, 이기동, 여운형, 송진우, 마해송, 김영환, 김동진, 강석천, 신호균 등이 있었다. 이 후원회의 사무실은 최승희가 살던 곳인 도쿄 메구로에 있는 지유가오카 218번지에 둔다고 되어 있다(高嶋雄三郎·鄭昞浩, 1994: 167).

당시 일본의 여류 신진무용가 중에서 최승희가 최고라고 격찬하면서 그녀를 모티브로 한 무용소설 『무희』37)를 쓴 가와바타 야스나리를 비롯하여 미시마 유키오(三島由紀夫), 스기야마 헤이스케(杉山平助), 무라야마 도모요시, 도쿠토미 소호, 미즈카사 쇼켄(上司小劍), 다나베 히사오(田邊尙雄), 유아사 가츠에(湯淺克衛) 등 수많은 작가와 평론가, 음악가 등이 그녀의 무용에 관한 글을 남겼다. 최승희의 남편 안막의 친구이기도 한 평론가 다카시마 유사부로(高嶋雄三郎)는 1959년 일본에서 처음으로 최승희 평전을 출판하였다.

시인 기쿠오카 구리(菊岡久利)는 1935년에 「무대의 최승희」라는 시를 썼다. 사이토 모키치는 1941년 2월 도쿄의 가부키좌에서 열렸던 그녀의 '귀일 신작 무용 발표회'를 보고서 「무용」이라는 단카(短歌)를 지었다. 화가 아리시마 이쿠마(有島生馬)는 직녀가 된 최승희가 구름에 싸여 하늘을 날고 있는 모습을 「직녀 최승희」라는 그림으로 남겼다(정응수, 2005: 86~95, 82). 조선의 시인 백석과 문학적인 교감을 나눈 것으로 알려져 있는 일본의 시인 노리다케 가즈오(則武三雄)도 1940년대 조선의 잡지를 통해 그녀에 관

---

37) 이 소설은 1950년 12월부터 1951년 3월까지 총 109회에 걸쳐서 아사히신문사의 연재소설로 발표되었다. 그리고 이는 1952년 일본에서 단행본으로 출판되었으며, 한국어로도 번역된 바 있다(이진아 옮김, 2012, 『무희』, 서울: 문학과 지성사).

한 시 「최승희의 춤을 보고」와 에세이 「최승희의 이후」라는 글을 남겼다.[38] 이처럼 식민지 시기 최승희 만큼 많은 일본인들의 문화적 관심을 한 몸에 받았던 조선인 예술가는 전무후무하다.

최승희는 이처럼 식민지/제국에 있는 수많은 남성 엘리트들로 구성된 인적 자원과 문화자본을 보유한 인물이다. 또한 그녀는 당대의 다른 신여성처럼 가부장제에 저항하거나 이탈했던 인물이 아니었다는 점에서도 독특한 면모를 보인다. 남성 조력자들의 존재로 인해, 최승희는 예술 활동 전반에 걸쳐 남성 권력의 의지와 뜻에 반(反)하거나 거스르는 행보를 한 적이 거의 없었다. 그녀는 언제나 남성과의 협력관계 속에서 그리고 가부장제 안에서 순응하는 신여성의 모습으로 일관하였기 때문이다.

최승희는 전시체제기에 '국제적이고 급진적인' 예술가이면서도 자신의 이미지를 '최승일의 동생이자 안막의 아내'로서 규정하는 생존방식을 선택하였다. 이를 통해 당시 신여성에 대한 이데올로기의 부정적인 전환의 순간에도 희생양이 되지 않고 구제될 수 있었던 거의 유일한 경우였다. 당시 그녀는 '승희'라고 호명되면서, 남성 엘리트들에게 일종의 '누이'로서 기능하였다. 또한 최승희는 독립적이고 주체적인 예술가의 면모보다는, 오빠와 남편이라는 울타리 안에 있는 존재로서 수행성을 집요하게 반복하였다.

최승희는 당시 신여성들이 봉건적 가치관 속에서 성장하였을지라도, 이러한 환경과 완벽하게 결별하지 않으면 신식문물을 수용할 수 없었던 경우와는 대비된다. 여성이라는 이유로 남성들보다 훨씬 많은 주목의 대상이 되었던 "신여성들은 어정쩡한 위치에서 오는 비난을 피하기 위해서

---

38) 이 글들은 각기 『三千里』에 실려 있다(1941년 6월, 58~59쪽; 1942년 7월, 80~81쪽).

라도, 어느 한쪽을 분명히 선택함으로써 자신의 입장을 드러내야 하는 당찬 여성"이 되어야 했다(김진송, 1999: 206). 그런데 그녀는 가부장적 보호와 세례 속에서 마치 남성들처럼 신구의 양면, 즉 근대적 가치와 봉건적 가치를 절충하면서 경계선의 중간자 정체성을 수행하고 있었던 것이다. 이는 최승희가 자신의 조선무용을 위해 전략적으로 선택한 존재방식이었다.

식민지의 순수성 논쟁

최승희의 로컬적인 조선무용이 일본에서 어필하던 1930년대 중후반, 최승희가 주체적이고 본래적인 조선을 표상하고 있는가에 대한 비판이 조선의 평론가들에 의해 제기되지 않을 수 없었을 것이다. 예를 들어, 음악평론가 김관은 그녀의 "조선춤은 민족무용으로 인정할 수 없고, 단지 조선의 전통춤을 서양무용으로 옮겨 놓았다는 정도에 지나지 않는다"라고 평가했다. 소설가 한설야 역시 최승희의 조선무용이 "옛조선사람의 희화화에 지나지 않는다, 「승무」도 그렇고 「검무」도 그렇다, 거기서는 조선인의 특성도 찾을 수 없고 조선인의 핏줄은 더욱 찾을 길이 없다, 마치 외국인이 조선옷을 입고 조선인을 흉내 내는 것"이 있을 뿐이라고 혹평했다.[39]

『조광』의 편집장 함대훈 역시 "조선무용을 재구성하려면 그 이상 좋은 것이 얼마든지 있는데, 왜 하필이면 일반화되고 속된 「승무」나 「검무」만 다루었을까? 더구나 「에헤라 노아라」 같은 것은 저속한 취미에 영합했다"라고 지적하였다. 나아가 오병년은 "조선춤 그대로라면 오늘 기생춤이 더

---

[39] 「最近舞踊界漫評」, 『東亞日報』 1937. 7. 25; 한설야, 「舞踊使節 崔承喜에게 보내는 書」, 『四海公論』 1938년 7월, 152쪽.

한층 기술적으로 훌륭한 것이 있다"라고 언급하면서, "당초부터 최승희는 양무에 정진한 사람이고 그것에 자기의 본령을 찾으려 했지만, 결혼 후에 취한 길은 대체로 보아서 양무보다 기술적으로 쉬운 조선무용을 전문으로 한 것"이라고 가장 강하게 비판한 바 있었다.[40]

　이러한 분위기 안에서 최승희는 자신의 조선무용에 대해 일종의 "희화화(戲畫化)"라고 평가되는 것을 인정하면서, 한편으로 "늘 향토의 사람들에게서 욕이나 얻어먹지 않는가 걱정"하기도 했다. 더구나 그녀는 스스로도 "조선무용 그냥 그대로 한다면 차라리 조선 기생 편이 오히려 나을 것"이라고도 언급했다.[41] 당시 장혁주와 최승희가 나눈 다음의 대화를 살펴보면, 이들은 자신들이 관찰자의 위치에 있다는 것과 함께 자기민족지로서 조선예술이 일본인 관객에게 조선의 풍속을 보여주고 전시하는 기능을 한다는 것에 대해 분명히 인식하고 있었던 것이다.

> 장혁주: 가령 당신의 「에헤라 노아라」라거나 나의 「權哥라는 작자」라든지는 기뻐하지 않아요. 마침 대구에서 당신 공연이 있었을 때에, 나의 옆에 사범학교 敎諭(원문에는 諭—인용자)가 있다가 「에헤라 노아라」를 좋지 못하다, 조선 민족의 결점을 폭로해 주는 것이라고 이렇게 말하더군요. 결국 그 춤 속에 있는 「유모아」가 알려지지 않는 모양이여요. 어쩐지 자기네들의 약점이 폭로되어지는 듯한 생각이 들어 그런 거지요. 나의 「갈보」도 폭로적인 것이기에 장혁주를 죽여버려라 하는 소리까지 있었어요.
> 최승희: 나도 그 점을 통감해요. 문단에서 무용에 가장 깊은 이해를 가진 사람 중의 하나인 村山知義 씨조차 「에헤라 노아라」에 표현되어

40) 함대훈, 「崔承喜 씨의 인상」(최승희, 2006: 161~166); 「藝苑人 「언파레드」 舞踊界 (三)」, 『東亞日報』 1937. 9. 9.
41) 「世界的 舞姬 崔承喜女史의 對答은 이러합니다」, 『三千里』 1936년 4월, 205쪽.

있는 조선의 순 풍속이며, 「칼이카추아」를 보면 어쩐지 우리들의
모양을 제 자신이 폭로하는 듯해서 덜 좋다고 말해요. 대체로 문사
양반들조차 너무 순 조선적인 것은 좋아하지 않았어요. 결국 내가
가지고 있는 「유모-어」의 본질이 포착되지 않는듯 해요.

장혁주: 당신이 「조선 사람」이란 것을 부끄러워 한다는 소문이 있는데, 정
　　　 말인가요.
최승희: 아녀요, 아녀요. 그것은 오해입니다. 결단코 부끄러워하지 않아요.
　　　 조선 사람이니까 조선의 춤을 하는 것이어요. 그러나 최승희는 조
　　　 선의 춤을 「팔닐감」으로 하여 인기를 얻는다고 하는 데는, 정말 화
　　　 가 나요. 그래서 서양무용도 하지요. 예술적으로 인정하려 들지 않
　　　 고, 「조선 것이 되어 희귀하니까」 하는 핸디캡을 붙여가지고 말하
　　　 는 것이 제일 싫어요.[42]

　　당시 오빠인 최승일은 그녀에게 보낸 편지를 통해 "최승희가 조선을 팔
아먹는다"라는 "데마(デマ)"가 돌고 있으니 겸손하라는 당부를 거듭하였
다.[43] 또한 그는 1939년 6월 『여성』의 기고문을 통해 한설야의 비판을 적
극적으로 반박하기도 하였다. 최승일은 최승희를 인도의 우다이 샹카르
혹은 스페인의 라 아르헨티나 같은 무용가에게 비교하면서 그녀의 조선
무용이 '순수한 조선무용'이라고는 할 수 없겠지만, 서양무용의 기본기와
조선의 리듬을 결합하여 새로운 형식과 계승을 창조하여 무대예술로서
승화시키면서 국제화시켰다고 평가하였다.[44] 즉 그는 최승희가 무용을
통해 조선의 존재를 세계무대에 알린다는 당위성을 토대로 민족 감정에

---

42) 「藝術家의 雙曲奏, 文士 張赫宙氏와 舞踊家 崔承喜女史, 場所 東京에서」, 『三千里』
　　1936년 12월, 204~206쪽.
43) 崔承一, 「누이 承喜에게 주는 편지」, 『三千里』 1935년 12월, 191쪽.
44) 崔承一, 「承喜 이야기」, 『女性』 1939년 6월, 67~68쪽.

호소하며 합리화하였던 것이다.

최승희가 창안한 무용이 '본래적인 조선'을 표상하고 있는 것인가 아닌가 하는 대중매체의 논쟁은 최승일 같은 진보적인 지식인에게 상당히 중요한 문제였다. 그는 비판자들이 말하는 '본래', '순수' 등의 의미에 대해 다음과 같이 질문하고 있다. "…대체 순수라는 의미가, 가령 조선춤 하면 「봉래의」나 「항장무」 같은 것을 그대로 억천만대(億千萬代)를 두고 그대로 전하여 내려가는 것을 가리켜 '순수'라 말하고, 그것을 춤가락이나 춤의 내용을 근대적 리듬이나 형식으로 해석하고 구성하여 표현한다면 그것은 '비순수'가 되는 것인가?"라고 하였다.

최승일은 이어서 당시 세계적으로 이름을 날리고 있던 스페인의 무용가 라 아르헨티나에 대한 무용비평을 인용하면서, '순수─불순수' 논쟁에 대한 자신의 의견을 대신하였다. 그녀의 춤 역시 스페인 무용으로서 순수하거나 진정한 대상은 아니었지만, 스페인 무용을 소재로 창작한 무용을 선보여서 외국인에게는 환영받았지만 본국에서는 거의 환영받지 못했다는 점에서 최승희와 비슷한 주체 위치에 있었기 때문이다.

> "순수─불순수를 논하는 것은 상당히 곤란한 일이지만, 불가능한 일은 아니다. 이론적으로 그 전부를 해결하기는 어려운 일이지만, 본능적으로 또는 직관적으로 그 순수와 불순수를 느낄 수 있는 일이다. 그러나 그 무용의 순수─불순수를 명료하게 할 수는 있는 일이지만, 그것을 가지고 곧 순수하기 때문에 좋고 불순하기 때문에 나쁘다고 할 수는 없는 일이다. 왜 그런가 하면, 좋고 나쁜 것의 판단은 그 순수─불순수에 있지 않고, 그 무용이 가진 예술적 가치 판단에 있기 때문이다. 여기서 비로소 다시금 그 순수─불순수가 문제가 되는 것이다. 또한 그와 반대로 그 무용이 훌륭하다는 상찬(賞讚)을 받았다고 해서 순수무용이 되는 것도 아니고, 나쁘다고 해서 순수무용이 되지 못하는 것도 아니다(최승희, 2006: 175)."

최승일은 전통무용의 재창조를 역사적 진화의 자연스런 과정으로 이해
하면서, 이 과정이 조선무용을 국제적인 수준으로 끌어올리는 것이라고
해석하였다. 그에 따르면, 조선무용의 재창조는 조선을 팔아먹는 것이 아
니라 이를 '민족예술'로 만드는 동시에 '인터내셔널예술'이 되는 하나의 방
법이었다. 이를 위해 최승일은 그녀에게 "우리 조선이 최승희라고 하는
조선 민족의 한 일원을 세계무대에 내보내는 의미를 깊이 인식"하면서 독
특한 무용 스타일을 계속해 나갈 것을 당부하였다. 최승일과 최승희가 강
조하는 민족 표상은 동일한 것이 아니었으며, 조선인 관객에게는 '내셔널'
의 의미이자 일본인 관객에게는 '에스닉'의 의미로서 일종의 '이중발화'라
고 할 수 있었다.[45]

오리엔탈리즘과 민족주의의 중첩

최승희에게 투영된 문화권력의 시선과 담론은 제국에서는 페티시즘과
이국취미, 오리엔탈리즘적인 것이었던 한편 식민지에서는 민족적 전통과
결합된 순수성이라고 요약할 수 있다. 만약 식민지/제국의 예술장의 하부
구조가 제대로 분화되었다면, 그녀는 남성 엘리트의 시각적 응시로부터
자유로웠을 것이다. 자기민족지의 구조 안에서 양방향적인 수행성을 내
세우며 조선성을 창안한 최승희의 경우, 예술장 안에서 완벽한 자율성을
획득하지는 못했다. 나중에 다시 살펴보겠지만, 조선예술과 문화권력의
결합으로 인해, 제국으로 월경한 조선 예술가들이 1940년대 이후 국가주
의로 포섭되거나 완전히 이탈되는 결과가 초래되었기 때문이다.

---

45) 崔承一, 「누이 承喜에게 주는 편지」, 『三千里』 1935년 12월, 191쪽.

당시 무용이 조선에서 차지하는 예술적 위상을 고려할 때 조선무용이 '보여지는 조선' 표상을 통해서라도 계승되지 않으면, 조만간 고사할 위기에 있다는 것은 중요한 문제였다. 한성준 역시 바로 이러한 점을 걱정하였던 것으로 보인다. 그는 "무용에 대한 이해가 없이 무용하는 사람을 천한 예인으로 인식"해 왔던 "조선 민중이 최승희를 통해 조선무용을 재인식하게 되어 그 기쁨이 말할 수 없을 정도"라고 하였다. 한성준은 이어서 그녀에게 본인이 연구해 온 "조선무용 50여 종을 영원히 살려줄" 것을 당부하였다. 그는 그렇지 않으면 64세인 자신의 죽음과 함께 조선무용은 완전히 소멸될 것이라고 염려하였다. 최승희와 한성준 두 사람은 조선무용에 관한 좌담회와 무용의 상호공개 이후 서로 의견이 합의되어서, '조선음악무용연구회'를 함께 조직하기도 하였다.46) 예술적 정체성 논쟁에도 불구하고, 이들에게 조선무용이라는 존재방식은 불가피한 포지셔닝이었다.

'보여지는 조선'을 통한 자기민족지에서 출발한 최승희는 자신의 무용에 대해 스스로 '민족무용'이라는 명칭을 부여하였다. 이를 통해 그녀는 예술적 정당성을 확보하면서 '민족의 꽃', '조선의 딸'로서 존재방식을 수행하였고, '조선을 팔아먹었다'라는 비난에 대해 일종의 빚을 갚고자 했다. 식민지 예술계의 입장에서도, 최승희를 통한 조선무용의 생성은 순수성 논쟁을 떠나 조선의 문화적 민족주의를 지탱해 주는 역할을 하였다. 그런 점에서 그녀가 당대에 스스로 부여했던 '민족무용'이라는 명칭은 자기민족지로서 한계와 비판을 효과적으로 차단하는 수단이 되었다고 생각된다.

---

46) 「古典「舞踊」과「音樂」을 부흥식히고저, 崔承喜・韓成俊 兩巨匠 會見」, 『三千里』 1938년 1월, 42쪽.

　이 책에서 지칭하는 일반적인 민족무용은 자민족의 고유한 전통을 소재로 창조한 것으로서 전통무용, 고전무용, 향토무용, 토착무용 등으로도 이해할 수 있는 개념인 동시에 서양무용과는 대립되는 대상이다. 민족무용은 민족 그 자체와 마찬가지로 역사적으로 본질화된 정체성과 의미를 획득하였다. 이는 각 민족의 전통과 자연이 무용을 통해 전승되는 것으로서 민족에 따라 특수하고 자연적인, 내적인 실체나 구조 혹은 원리가 있는 개념이라고 할 수 있다. 즉 그 민족 특유의 움직임과 리듬, 정서를 바탕으로 한 무용을 의미한다.

　이러한 민족무용의 문화적 과제는 민족적 전통과 유산에 대해 무용을 통해 현대적으로 전승하고 지켜나가는 데 가장 큰 의미가 있다고 볼 수 있을 것이다. 따라서 일반적인 민족무용은 조선무용 혹은 한국무용으로 한정된다. 이에 비해 최승희식 민족무용은 민족 간 문화적 차이를 강조하는 것이 가장 큰 특징이다. 이는 근대무용 혹은 서양무용과 전통무용을 융합한 것으로서 표현되는 내용에 따라 조선무용, 일본무용, 중국무용 그리고 동양무용으로 다시 재구성되었다.

　민족무용이라는 용어는 당시 최승희가 스스로 언급하고 있기는 하지만, 1930~40년대에 일반적으로 보편화된 개념으로는 볼 수 없다. 이 시기 신문과 잡지 등의 담론장에서 전통무용, 고전무용, 향토무용 등으로 표현되었던 대상이 해방 이후 무용사 서술, 무용 용어의 통일 등의 제도화 과정에서 민족무용으로 수렴되면서 무용학적 개념 정의가 이루어졌다. 식민지 시기의 민족무용은 최승희의 무용예술을 지칭하는 고유명사이기도 하면서 일반적인 의미의 민족무용으로도 통용되었으며, 이 과정에서 혼종적으로 구성된 측면이 존재한다. 즉 최승희식 민족무용은 오리엔탈리즘과 민족주의가 중첩된 예술적 결과물이라고 볼 수 있을 것이다.

최승희는 이시이 바쿠나 한성준에게 계몽되어서 혹은 제국에 대항하기 위해서, 조선적 현실에 주목하고 조선무용의 근대화와 재구성을 시도한 것이 아니었다. 오히려 그녀는 서양과 일본의 지식인이나 예술가와 마찬가지로, 자신의 문화 생산물을 주제와 형식 두 측면에서 근대화하는 한 방법 혹은 제국의 예술장에 진입하여 모던을 지향하기 위한 전략으로서 선택한 것이었다. 따라서 기생들이 주체화하는 데 실패한 전통춤을 최승희가 내재적으로 계승하였다고 보기는 어려울 것이다. 이는 그보다 당시 예술가들이 다양한 문화형식들 사이에서 마이너 장르이자 문화계의 후발주자였던 무용의 자기 영역을 확보하기 위한 노력과 연관되어 있었다.

1930년대 중반 무렵 제국의 예술장에서 최승희는 이미 "일본 여성이 가진 최고의 육체를 보유한, 현대 일본을 대표할 만한 무희"[47]였으며, "일본의 서양무용계에 있어서 일본일(日本一)"[48]이라는 입지를 구축하고 있었다. 당시 일본 내에서 최승희에게 비견될 만한 무용가는 부재하였다고 한다.

최승희의 조선무용은 1930년대 당시 일본 문화계의 흐름과 정확하게 편승하였다. "시대의 행운인이자 시대적 조류를 유영하는 데에 있어서도 총명한 최승희가 도쿄에서 엑조티브한 조선무용"을 선보였을 때는 "일본 내지에 있어서 문예계 전반에 르네상스운동이 고조되는 시기"였다. 그리고 "한번 지나간 고전을 한층 더 재심(再審)하자는 르네상스의 구극적 단결(究極的 團結)은 필연적으로 민족예술"로 전환되고 있었다. 따라서 "최승희의 조선무용이 절찬을 받은 것은 결코 우연한 일이 아니었고, 그러한

---

47) 崔承喜, 「그리운 故土를 차저서」, 『三千里』 1935년 10월, 165쪽.
48) 白海南, 「東京舞踊界의 展望」, 『三千里』 1934년 6월, 172~173쪽.

르네상스운동이 이러한 시대에 영합되었던 것"을 반영하는 것이었다고 할 수 있다.[49]

---

49) 「藝苑人 「언파레드」 舞踊界(三)」, 『東亞日報』 1937. 9. 9.

3장

순회하는 조선무용과
유동하는 민족/젠더 표상

07

세계 순유의 네이션 상상력

미국과 유럽의 순회공연

일본에서의 인기가 절정을 이루었던 1937년, 최승희는 그 성공을 발판
으로 하여 이번에는 국제적인 도약을 하게 된다. 그녀는 그해 12월 일본
을 떠나 1940년 말까지 3년 동안 장기적인 해외 순회공연을 시작하였다.
최승희가 세계 순유에서 선보인 작품들은 주로 조선무용이었다. 공연의
레퍼토리 대부분이 조선 민족의 정서와 아름다운 풍속을 표현하는 춤이
었으며, 반주음악에서도 바이올린과 피아노, 레코드와 더불어 조선 악기
인 장구와 피리를 사용하였다. 조선의 전통 의상을 입고 있는 모습의 공
연 포스터나 팸플릿에서도 자신의 이름을 한자로는 '崔承喜', 영어로는 일
본어 발음인 'Sai Shoki'라고 하였다. 또한 국적을 나타내는 민족명에 있어
서는 'Japanese'가 아닌 'Korean'이라고 하였다(정병호, 2004: 157~158).

서양인 관객들은 최승희가 순회하면서 보여주는 "조선의 춤"에서 "동양
예술 특유의 유연성"을 보았으며, "조선무용을 망각에서 구하여 세계의 무
용 애호가들에게 선보인 공로자"라는 환호와 열광을 보냈다. 또한 이들은
그녀를 "자국의 전통에 전념하면서도 능히 인종적 제한을 초월하는 기술

을 발휘하는 예술가"이자, "조선예술의 완전한 르네상스를 가져온 유명한
딸"이라고 표현하였다(김찬정, 2003: 203, 230; 정병호, 2004: 147, 149).

최승희는 1930년대 말에 이미 서양 무용계에서 최고였던 스페인의 라
아르헨티나에 비견되는 무용가로 인정되었다. 그녀는 "동양의 정신을 표
현한" 춤을 선보인, "인도의 우다이 샹카르와 중국의 메이란팡 이후 동양
최고의 무희"로서 서양 언론을 통해 거명될 정도로 세계적인 스타 반열에
올랐다(Van Zile, 2001: 211). 또한 최승희는 미국 근대무용의 선구자인 마사 그
레이엄과 함께 공연을 하여 주목을 받았다. 그녀는 1939년 12월 뉴욕 세인
트제임스극장에서 개최된 홀리데이 댄스 페스티벌에서 마사 그레이엄과
함께 합동 형식의 공연을 하였다. 이는 "1939년 최후를 장식하는 일종의
무용적 데몬스트레온"이자 "젊은 아메리카 무용계에 많은 반향과 자극을
준" 공연이라는 평가를 받았다.[1] 최승희는 세계적인 무용비평가 존 마틴
에게도 뉴욕타임스를 통해서도 특별한 호평을 받았다(정병호, 2004: 177).

서양인 관객들의 인정과 호평을 받은 최승희의 귀일 공연을 본 일본의
평론가들도 최승희가 "향토적 조선무용을 무대예술로서 한 단계 높였"으
며, "3년간의 외유를 통해 확실하게 자기 춤을 만들"었다고 극찬하였다.
이들은 그녀가 "구미의 무대에서 세계일류 무용가들과 같이 활동하고 돌
아왔기 때문에 관록이 붙어서인지 예술이 세련되어졌고, 표정도 훨씬 매
력적으로 되었으며, 몸의 움직임도 한층 자유로워졌다"라고 표현하기도
했다. 아사히, 요미우리, 미야코, 고쿠민, 도쿄니치니치 등 수많은 신문에
서 최승희 무용에 관한 비평 기사를 게재하였다. 당시 미디어는 공통적으

---

1) 崔承喜, 「米國에서 보낸 崔承喜 便紙, 紐育에서 故國 姉妹에게」, 『三千里』 1940년
   5월, 159~161쪽.

로 최승희가 '서양으로 건너가기 전과 비교할 때 한층 세련되고 성숙해진 세계의 무희'라고 극찬하였다(高嶋雄三郎, 1959: 145~148).

'반도의 무희' 최승희는 1930년대 중반 '일본을 대표하는 무희'로, 나아가 세계 순유를 통해 '세계의 무희'로, 이후 일본과 조선을 넘어 '동양의 무희'로서 주체 위치를 전유하면서 변모를 거듭하였다. 그녀는 조선무용을 통해 일본에서는 식민지의 로컬 컬러 혹은 향토문화를 표상하는 무용가로 성공할 수 있었으며, 1930년대 후반 서양에서는 동양문화를 표현하는 예술가로서 어필할 수 있었던 것이다.

'서양─동양'의 쌍형상화 도식

특히 세계 공연을 마치고 일본으로 돌아온 1941년은 최승희가 무용가로서 최고의 호평을 받은 해이자 대중스타로서 존재감이 최고 수준에 이른 정점이었다. 일본이 패전할 때까지 그녀는 독보적인 '제국의 댄서'이자 '동양의 무희'였다. 그러나 이 시기 조선무용이라는 최승희의 고유한 정체성은 일본의 시대적 담론이었던 '서양에 대한 대안적 동양주의'의 투영 안에서 이른바 동양무용을 통해 새롭게 굴절되고 변용되었다. 제국주의 문화권력이 상상한 '대동아' 혹은 '반서양적 공간으로서의 동양'은 어떤 방식으로 최승희의 조선무용에 투영되었으며, 역으로 그녀는 그들의 대안적 동양 상상을 어떻게 재구성해 갔을까?

1930년대 이후 시대의 에피스테메가 된 동양론은 새로운 질서와 원리에 대해 시간적으로는 근대가 아닌 전근대 혹은 현대에서, 공간적으로는 서양이 아닌 동양에서 찾아야 한다는 논리를 배경으로 한다. 서양의 근대 문명이 파생시킨 다양한 폐해를 비판하는 논의는 '근대적 원리'에 대한 비판으로 수렴되었고, 비합리주의적 철학 담론에 대한 긍정으로 발전하였다. 이러한 담론은 시간 범주를 공간적으로 환원하여 '근대=서양'이라는 논리를 개발하였고, '동양적' 가치를 제고(提高)하면서 '서양적 근대'를 비판하는 논의와 교차했다. 동양론은 서양의 보편을 상대화하며 일본/동양이라는 동일성을 새로운 보편으로 격상시키는 담론적 실천의 여러 형태로 제시되었다(정종현, 2011: 23~25, 45).

일본의 지식인들은 1930년대의 세계 대공황을 보면서 서양을 롤모델로 하는 근대화에 대한 회의를 품게 되었고, 일본에서는 서양의 물질문명에 대응하고 이를 초극할 수 있는 동양의 정신을 추구하는, 이른바 근대의 초극론이 제기되었다. 이에 따라 서양 근대를 보편으로 상정하는 일원론적 세계관을 비판하면서 다원적인 세계와 동양적인 것을 대안으로 상정하는 다양한 근대 극복에 관한 논의들이 이 시기의 주류 담론으로 등장하였다. 그러나 태평양전쟁 발발을 전후해 다양한 형태로 이루어진 근대 극복의 사상적 논의들은 대동아공영권으로 수렴되어 전쟁 수행을 위한 동원 이데올로기로서 고착되었다(정종현, 2011: 15~16).

1930년대에서 1940년대에 걸친, 이른바 '15년 전쟁'이라 불리는 시기 일본에서 동양 혹은 아시아는 지식인들의 언설적 주제이자 정치적 화두였다(고야스, 2005: 6). 서양 자체에서 비롯된 위기론과 열강의 대열에 합류했다는 일본의 자부심 등이 결부되면서, 1930년대 후반 일본에서는 '일본(동양) 회귀'를 통해 '일본성(동양성)'이라는 전통을 창안하였다. 그리고 일본(동양)을 서양의 근대 일반에 대항하는 동일자로서 구축하는 다양한 형태의 반서양적 담론이 전면화되었다. 이에 따라 1940년대에 들어서면 조선은 일본의 한 지방으로 통합되어가고, 식민지 문화는 제국 문화의 부분이 될 것을 요청받게 되었다(정종현, 2011: 43~44, 67).

　　제국의 예술장 안에서 최승희는 자신의 독자적인 조선무용을 통해 보편적 주체가 되는 방향을 모색했지만, 이러한 노력은 제국주의 문화권력과 긴밀하게 연관된 것이었다. 즉 그녀와 일본의 수용자들은 그 어느 때보다 1940년대의 문화적이고 정치적인 영역에서 가장 상호교착적인 지점을 보여주고 있었다. 일본은 반서양적 담론인 대안적 동양주의를 구축하고 확장해 갔으며, 이는 문화 엘리트에 의해 최승희에게 근대초극적인, 서양무용의 대안으로서의 동양무용을 통해 투영되었다. 이러한 담론 안에서 그녀는 이들의 기대에 부응하는 동시에 길항하면서 예술적 정체성까지 혼종적으로 재구성되었다.

08

순회하는 조선무용, 제국 문화의 전파

무용의 대동아공영권

최승희는 세계 공연을 마치고 돌아온 다음 해인 1941년 2월 22일부터 25일까지 일본의 도쿄 가부키좌(歌舞伎座)에서 귀일 신작 무용 공연을 할 때까지도, 조선무용을 중심에 두면서 자신의 공연을 구성하였다. 이때 그녀가 선보인 작품들은 주로 유럽 공연 때에 새로 창작한 조선무용이었으며, 귀일 공연에 맞추어 특별히 조선 악사들을 초빙하였다. 여기에 공연 선전물이나 신문 기사에서 '세계적 무희 최승희'라는 타이틀이 더해졌다 (高嶋雄三郎, 1959: 145~146).

세계 순유를 통해 시야를 넓힌 최승희는 향토적인 조선무용에 국한된 것이 아닌 동양적 차원에서의 동양무용을 독자적으로 추구해 보고자 하는 생각을 이미 갖고 있었다. 이는 그녀가 서양 공연을 통한 동양무용에 대한 자각과 함께 서양 관객들이 현지에서 해외 언론을 통해 자신에게 보여준 관심과 반향들을 의식하여 동양이라는 컨셉을 전략적으로 선택한 결과였다.

오랜 해외 공연을 마치고 1940년 12월 일본으로 귀국한 최승희는 자신

의 해외 공연 경험에 관해서 쓴 「無事히 도라왔습니다―東京 帝國호텔에
서」라는 글을 조선의 『삼천리』에 기고하였다. 여기서 그녀는 공연을 마친
소감과 자신의 무용에 대한 서양에서의 평가와 기대 등을 밝히고 있다.

> "…춤으로 評別이 좋은 것은 동양적인 것들이었습니다. 웬일인지 비평가
> 들 중에는 순 서양춤 추는 것을 좋아하지 않고 동양의 문화, 동양의 색채,
> 냄새를 띤 동양춤을 췄으면 좋겠다고 주의시켜주는 분도 있었습니다. 동양
> 정서를 많이 발견한 것 같습니다. 대개 무용가들이 구미 공연을 하고 돌아
> 오면 서양춤을 수입해 오는 것이 보통인데, 저는 아마 그 반대가 되었나 봅
> 니다. 동양적 춤을 수입해 왔으니까요. 어쨌든 이번 공연이 여러 가지로 제
> 게 배워준 것이 많습니다…"2)

　동양무용에 대한 독자적인 구상을 갖고 있던 최승희는 조선무용을 중
심으로 구성한 1941년의 가부키좌 공연 이후 경시청으로부터 조선무용과
일본무용을 반반씩 공연하라는 지시와 함께 그렇게 하지 않으면 공연을
허가하지 않겠다는 경고를 받았다. 이때부터 그녀는 본격적으로 일본무
용을 시도하게 되었다. 최승희가 일본의 전통예능인 노(能)의 고전적 형
식을 바탕으로 새로운 기법을 도입한 작품이 「무혼」이며, 일본 신사(神社)
에서 연희한 '부가쿠'에서 힌트를 얻은 「신전의 춤」「천하대장군」 같은 작
품도 일본성을 소재로 한 춤이다. 그녀는 9월부터 두 달 동안 금강류의 구
스가와 마사노리에게서 노를 배우는 등 일본적인 춤을 단시간에 연구한
이후, 11월 28일부터 30일까지 도쿄 다카라스카극장에서 신작 무용 공연
을 개최하였다. 또한 최승희는 공연 첫날의 입장료 전액을 군부에 헌금하

---

2) 최승희, 「無事히 도라왔습니다―東京 帝國호텔에서」, 『三千里』 1941년 1월, 213~
　214쪽.

기도 하였다(정병호, 2004: 207).[3]

최승희의 일본무용에 관한 시도는 평론가들로부터 호평을 받았다. 이에 대해 곤도 고타로(近藤孝太郎)는 『요미우리신문』에 다음과 같은 평을 남겼다. 그는 "이번 발표회에서 특히 감명을 받은 것은 최승희 씨의 무용에서 섬세한 아름다움이 더욱 돋보이게 되었다는 것이다. …하지만 금년에 주목할 것은 그녀가 '새로운 일본'의 무용 건설을 지향하여 만들기 시작한 「신전무」 「칠석의 밤」 「무혼」 「천하대장군」 등의 작품이다. 의상에서 화양조선(和洋朝鮮)을 혼연일체로 하여 '새로운 동양풍'을 만드는 데 성공한 것이다. 그녀는 이러한 작업을 반주음악에서도 시도"하였다고 전했다(高嶋雄三郎, 1959: 153~157).

전면적인 전시체제기에 최승희에게 요구된 것은 이전의 '이질적이고 낯선 외지의' 조선무용이 아닌 '완전하게 동화된 내지의' 일본무용이었다. 제국주의 문화권력의 입장에서 볼 때, 식민지의 로컬 컬러 혹은 향토문화는 결국 소거하기 위해서 요구되었던 것이 아닐까? 중일전쟁 이후 식민지의 예술가들에게 더 이상 로컬을 소환하지 않음으로써, 일본성을 창출하고 나아가 '동화의 효과'를 가시적으로 드러내고자 했던 것이 아닐까?

식민자에 의해 외부적으로 촉발되고 생성되었던 피식민자의 문화는 제국이 식민지를 향해 호명하지 않으면, 이제 소멸될 위치에 놓여 있었다. 이는 제국에서 유행했던 식민지 문화가 특정한 실체를 지니고 고정된 자리에 있는 것이 아니라, 문화권력에 의해 유동적으로 변화한다는 것을 보여주는 대목이다.

나카네 타카유키는 근대 일본인의 문화적 기억 속에서 조선 표상에 대

---

3) 「崔承喜女史 軍에 六千圓 獻金」, 『每日新報』 1941. 12. 4.

해 "타자로 존재했던 조선이 내부에 존재하는 것으로 인식되는 과정"으로 파악하면서, 식민주의 사고를 은폐하는 결과로 이어졌다고 지적한다(나카네, 2011: 25). 그의 논의를 요약하면, 식민자의 이국취미 시선으로 로컬 컬러를 요구했던 제국이 1930년대 후반 이후 이러한 식민지적 차이의 소멸을 다시 요청한 이유는 총력전체제의 강화와 함께 식민주의의 은폐라고 볼 수 있다.

제국주의 문화권력이 식민지 무희를 세계무대에 내세운 것은 식민지적 차이 혹은 저항예술로도 읽을 수 있는 조선무용을 제국의 문화적 다양성으로 받아들임으로써 식민지를 지방으로 포섭하려던 것을 의미한다. 이에 반해 최승희의 입장에서는, 비록 저항적인 것은 아니었다고 해도 조선무용을 통해 조선이라는 고국의 존재를 해외에 알리면서 모던 지향을 획득하기 위한 전략으로도 읽을 수 있다. 동시에 이 과정은 그녀가 식민지 여성 주체로서 제국 문화의 중심인 도쿄에서 조선의 고전을 무용적으로 번역함으로써, 지식인들이 문자문화를 통해 생산한 대안적 동양주의에 조응하는 여성 신체를 전시한 것이기도 하다.

『매일신보』 1941년 12월 3일자에서 「일본고전과 동양무용 발표」라는 기사를 보면, 도쿄에서 열린 최승희신작무용발표회에 대해 "조선의 '로컬'을 현대적으로 해석해 춤추던 최승희 여사가 무용의 신체제를 솔선 구현하자는 뜻에서 순 일본고전을 공부하고 나아가 전 동양적인 무용형식을 무용화했다"라고 평가되어 있다.[4] 최승희의 동양무용은 "우리(일본—인용자) 국민이 대동아적인 일본문화를 건설하려는 이때 무용을 통해 일본적이고, 나아가 대동아적인 무용을 창조하려는 최 여사의 예술의 발전에는

---

4) 「崔承喜女史 日本古典과 東洋舞踊 發表」, 『每日新報』 1941. 12. 3.

끝없는 감격과 희망과 기대를 갖는" 것이었다.[5]

이러한 기대에 대해 최승희는 "수십년 동안 국제 음악·무용의 중심지였던 구미로부터 그 중심지가 금후로는 당연히 도쿄로 옮겨오리라고 생각하며, 그리하여 구미 무희의 일방적인 무인(舞人)의 시대로부터 우리 '국내무용'의 세계 범출(帆出) 시대가 오리라고 생각"한다고 밝히는 것과 함께 자신이 이러한 "동양무용의 르네상스"를 이끌겠다는 자신감과 포부를 보여주었다.[6] 또한 여기서 "일본의 예술가들은 오랫동안 서구의 것을 무비판적이라고 할 만큼 추종하기에 바빴다"라고 지적되면서, "오늘에 와서는 지금까지 추종하였던 것을 자기비판하고 (일본—인용자)선조들의 유산을 통해 일본적인 것, 나아가 아시아적인 것을 발전시킬 시기가 왔다"라고 강조되었다.

덧붙여서, 기사에서는 "고전발레나 현대무용, 서반아무용만이 우수한 것이 아니고 부가쿠(舞樂)와 노가쿠(能樂), 가부키(歌舞伎)를 비롯한 각 지방에 중요한 獅子舞踊을 가진 일본"이 이와 "비슷한 문화적 전통을 가진 만주, 지나, 몽골, 인도 등을 포함한 아시아에 파묻혀 있는 우수한 재료"들을 가지고 "옛것을 새것으로 만드는 노력"이 필요함에 대해 역설하였다.[7] 이는 바로 대동아공영권의 무용적 정체성의 발현을 강조하는 대목이라고 할 수 있다.

최승희는 단순한 무용가가 아닌 시대를 대표하는 문화적 아이콘으로 변모하고 있었다. 그녀는 이 시기 '반서양적 공간으로서의 동양'을 무용을 통해 표현하는 예술가로서 받아들여지는 것과 함께 최승희 무용 활동의

---

5) 「崔承喜의 華麗한 新出發—軍事普及協會 爲해 京城에」, 『每日新報』 1942. 2. 4.

6) 「나의 舞踊記—東洋舞踊 樹立을 爲해(下)」, 『每日新報』 1942. 2. 13.

7) 「나의 舞踊記—東洋舞踊 樹立을 爲해(上)」, 『每日新報』 1942. 2. 11.

거점인 일본은 "국제무용계와 세계예술문화에 있어서 새로운 중심적인 지도력"이 될 것으로 기대되고 있었다.[8] 최승희는 제국의 보편 담론을 내면화하면서 자신의 새로운 입지를 모색해 나갔는데, 이 과정에서 동양무용은 그녀가 보편적인 주체가 되기 위한 중요한 매개체였다.

최승희의 동양무용을 이론적으로 뒷받침하기 위해 안막이 쓴 논문「동양무용의 창조를 위하여」가 남아 있었다면, 그녀가 구상했던 동양무용의 개념과 내용을 보다 명확하게 알 수 있었을 것이다. 다카시마 유사부로의 권유로『부인공론』1943년 3월호에 싣기로 했던 안막의 이 논문은 결국 누락되었다. 제국주의 문화권력은 물자 절약의 차원에서 잡지사의 용지 공급을 축소시켰고, 이에 따라 지면이 줄어드는 바람에 논문이 편집되었다고 한다(高嶋雄三郎, 1959: 182~183).

그러나 근대초극적인 동양주의의 입장에서 최승희에게 기대되었던 것은 바로 '일본적인 동양무용'이었다. 이 구조 안에서 조선무용, 일본무용, 중국무용은 서로 동등한 관계가 아닌 문화적 위계질서를 그대로 반영하게 되는 것이다. 이 과정에서 조선무용이 지닌 본래의 고유하고 독자적인 정체성은 굴절되고 소외되었다. 즉 그녀의 동양무용은 제국의 대안적 동양주의 안에서 위계적 재구성을 겪게 되었던 것이다. 1942년부터 시작된 황군 위문공연과 중국무용의 창조, 장기 독무 공연의 구성과 적극적인 친일 행적을 통해 이러한 동양무용 안에서의 내적 모순과 위계화를 더욱 구체적으로 살펴볼 수 있다.

8)「나의 舞踊記—東洋舞踊 樹立을 爲해(下)」,『每日新聞』1942. 2. 13;「나의 舞踊記—東洋舞踊 樹立을 爲해(上)」,『每日新報』1942. 2. 11.

내선일체의 아이콘

1940년대 위문공연을 둘러싼 최승희의 친일 행적은 명확하다고 할 수 있다. 그녀는 1937년부터 1944년까지 "국방헌금, 황군위문금, 기부금, 후원금, 사업기금, 문화장려비" 같은 명목으로, 총 7만 5000원이 넘는 금액을 일본군에게 헌납했다. 이는 모두 공연 수익금이었다(친일인명사전편찬위원회 편, 2009: 736). 최승희는 일본 궁성과 메이지신궁, 야스쿠니 신사를 참배하면서, "무용으로 총후보국"을 굳게 맹세하였다. 이는 "대동아전쟁 총후로부터 제일전방군 장병에게로 바치는 무용보국", 즉 황군의 수고에 감격하여 보답이 되는 무용 공연을 하고서 수익금 전부를 조선군사보급협회에 헌납하는 것이었다.[9)]

최승희는 1940년 10월에 결성된 '대정익찬회(大政翼贊會)'에도 가입하였다. 당시 대정익찬회는 "침략전쟁을 추진하는 일본의 체제를 국민들이 하나가 되어 지원한다는 의미에서 결성된 단체"였다. 이는 정치, 경제, 문화, 교육 등 국민생활의 모든 분야를 네이션의 차원에서 통제했던 조직이라고 할 수 있다(김찬정, 2003: 243~244).

1940년대의 적극적인 친일 행적 역시 최승희가 예술 내적인 자기모순을 보완하고자 했던, 일종의 정치적 합리화로서 표출된 것으로 볼 수 있다. 그녀는 1941년 2월 일본에 대해 자신의 고국으로 표현하는, 가장 친일적인 발언의 글을 『부인아사히』에 직접 싣기도 했다. 여기서 이를 번역한 내용을 간략하게 요약해 보기로 한다. 그렇지만 최승희는 남성 무용가 조택원과는 다르게, 제국주의 문화권력의 일부를 직접 구성하는 주체 위치

---

9) 「舞踊으로 銃後報國 二月中旬 崔承喜女史 京城서 發表會」, 『每日新報』 1942. 1. 30.

를 수행하지는 않았다.

> "꼭 3년 만에 외국의 무용 행락에서 돌아온 나는 새로운 감격으로 고국 일본의 땅을 밟았습니다. 그리운 산하를 보는 순간, 뭉클하게 북받쳐오는 감격으로 외유 3년이 아아 이렇게도 고국의 존재감과 소중함을 느끼게 하는 것인가 하는 것과 민족의 핏줄이란 것을 절실히 느꼈습니다. 일중전쟁의 진전과 국민이 모두 한마음이 되어 대시국(大時局)을 극복하여 동아공영권 수립에 매진하고 있는 모습에 무한히 마음 든든함을 느꼈던 것입니다. 단시일이기는 해도 독일과 이탈리아의 정세를 보고 들은 나는 정신적으로 모두 충분히 준비가 되어 있었습니다.
>
> …드디어 현실로 볼 수 있는 고국 일본, 그곳에는 사랑하는 내 아이가 기다리고 있다고 생각하자 10여 일의 항해 중 잠시도 침착하게 있을 수 없었고, 선중의 내 마음은 일본과 사랑하는 내 아이 위를 날고 있었습니다. 돌아와 보니, 과연 수년 전보다는 물자를 자유로이 구할 수 없게 되었으나 일본 국민 누구나가 극복해야 하는 현재의 당연한 사정이고, 그것은 전란의 유럽 각국과 전선의 군인들을 생각하면 지나칠 정도로 혜택 받고 있다고 말해야 할 것입니다. 우리나라(일본—인용자)가 동아 맹주로서의 실력과 관록을 드러내는 것은 지금부터라고, 외국에서 돌아와 우선 느낀 것이 이 감격입니다."[10]

일본인들에게 '우리들의 최승희'로 수식되었던 그녀는 이들에게 자신의 고국 혹은 우리나라가 역시 일본임을 확인시켜주는 것으로 화답한 듯하다. 왜냐하면 최승희는 "동아 맹주로서의 실력과 관록을 지닌 고국"이 있어서 든든하고, 전시체제기에도 무용을 할 수 있다고 하였기 때문이다. 그녀는 자신의 무용예술이 제국으로부터 "지나칠 정도로 혜택 받"은 것임

10) 崔承喜, 「幾山河故國を思う」, 『婦人朝日』 1941년 2월, 112~114쪽.

을 스스로 인식하고 있었다. 최승희에게 "고국, 민족, 핏줄, 국민"은 일본
을 의미했다.

내선일체와 지원병 선전을 목적으로 하면서 조선군보도부(朝鮮軍報道
部)가 제작한 영화「그대와 나」(감독 허영)의 시사회가 1941년 11월 12일
도쿄극장에서 각계 명사들과 영화계 사람들의 주최로서 성대하게 열렸다.
최승희는 이 시사회에서「화랑의 춤」등 다섯 가지 조선무용을 공연하면
서, 그들에게 독특한 "조선의 정서"를 선보이기도 했다.[11]

이처럼 최승희에게 1940년대라는 시간은 양면적이었다. 그녀가 한편으
로는 당대 최고의 평가와 찬사를 받았지만, 내면적으로는 스스로 자기 기
반을 상실하면서 내적 갈등을 경험하였다. 이 시기 최승희의 조선무용은
일본적인 동양무용이라는 프레임 안에서 혼종적으로 재구성되었기 때문
이다. 이는 그녀가 무용 내적인 차원으로 보면 나르시시즘과 민족적 열망
의 자기 발현이었지만, 외부적으로는 '로컬(local)—오리엔트(orient)—대안
(alternative)'이라는 주체 위치의 전도를 통해 중층적으로 변용되는 과정이
었다.

최승희는 서양발레의 실패 이후 조선무용을 현대적으로 창안하여 동양
무용으로 확장하는 과정에서 이른바 조선성을 예술적 정체성으로 내세웠
다. 그녀가 조선무용을 통해 표현한 조선의 전통과 역사는 '태고적인' 어
떤 것으로서 긍정의 대상이자 원시적 열정이 투영된 것이었으며, 부끄럽
거나 부정적인 것이 아니었다. 그러나 일본에서 최승희의 무용은 제국의
하위 범주로서 조선을 표현하는 것으로 성립함으로써 '전근대적이고 후진

11)「李王妃鍵公妃殿下台臨 '그대와 나' 試寫會—東都 數千名士가 絕讚」,『毎日新報』
    1941. 11. 14.

적인' 것이자 극복의 대상으로 전도되었다.

　서양에서 최승희의 동양무용은 이들에 의해 타자화된 이국적인 동양을 표현하는 것으로 인정됨으로써, 결국 서양과 일본 관객 양쪽으로부터 소외되는 결과를 가져왔다. 이러한 이중의 소외는 그녀가 '서양/미국—제국 일본—식민지 조선'의 틈바구니 속에서 취했던 '조선 무희'라는 포지셔닝이 가져다준 성공의 대가이기도 했다. 최승희의 조선 표상은 제국주의 문화권력을 구축하는 엘리트들에게 문화적 위계질서를 구성하는 예술적 근거로서 제공되었던 동시에 식민지에서는 조선무용이 가지는 민족적 순수성에 관한 논쟁이 촉발되는 계기가 되었다.

　최승희는 한국무용사라는 제도적 범주 안에서만 포착될 수 없는, 트랜스내셔널한 예술가였다. 그녀는 제국주의와 식민주의, 민족주의가 겹쳐진 중층적인 역사적 맥락을 통해 이해할 수 있는 인물이었다. 최승희를 둘러싼 일본에서의 평가와 담론은 순수예술과 문화정치의 상호교착 속에서 혼용되어 있었기 때문이다. 그녀는 어느 한쪽의 순수성을 간직한 존재가 아니었으며, 주체성과 모순을 함께 가지고 있었다. 최승희는 '민족의 꽃' 혹은 '조선의 딸'이면서도, '대동아의 아이콘'이나 '친일무용가'로서 자신의 정체성을 보여주고 있었다. 이러한 중층적인 존재방식의 매개체는 바로 네이션 그 자체였던 것이다.

"전선의 요화(妖花)"

　최승희는 서양 공연에서 가는 곳마다 일류급 극장에서 공연을 하며 주요 일간지를 비롯한 대중매체의 스포트라이트를 받는 고급무용가가 되어 일본에 돌아왔다. 그러나 그녀는 전선 위문공연을 통해 제국의 신민들에게 다가가는 일종의 '순회 무용가(roaming dancer)'로서 다시 춤을 추게 되었다. 최승희는 1941년 이후 확장되는 제국의 경계를 따라다니면서 본격적으로 위문공연을 하였다. 이 위문공연들은 관객으로 하여금 대동아라는 심상지리를 상상하게 하였고, 제국의 전장(戰場)은 최승희 무용의 노천무대가 되었다.

최승희는 1942년 10월 28~29일 오사카 조일회관에서 "위로무용회(慰勞舞踊會)"를 열고, "낮과 밤에 걸쳐 대판협화회의 관계자와 반도의 유력자 오십여 명을 초대하여 협화사업에 종사하고 있는 사람들의 노고를 위로"하였다. 이 무용회에는 "오사카에 도착한 성지참배유람단 일행도 초대되어 여로를 풀었다"라고 한다.[12] 최승희는 일본의 싱가폴 함락을 눈앞에 두고서 축하 행사의 일환으로 개최된 무용 발표회에서는 "전승의 새봄을 현란한 춤으로 장식"하였다. 또한 그녀는 "우리(일본―인용자) 무적 황군이 싱가폴 공략에 성공하고 있는" 시기에, "무용으로 그 기쁨을 축하하게 된 것을 참으로 영광으로 생각"한다고 밝혔다. 당시 신작무용은 "대동아공영권 안의 온갖 예술무용 양식을 망라"했는데, 이는 "무악과 능악을 주로 한 일본무용의 새로운 해석"을 한 것으로 주목받았다.[13]

위문공연의 의미는 최승희의 동양무용을 통해 일본의 이데올로기를 과시하면서 일본, 조선, 중국, 만주국에 대한 제국의 공간적 통합을 문화적으로 상징하는 것이었다. 이는 내지를 넘어 전장까지 다다름으로써 전장에 있는 병사들을 직접 찾아가서 위안하는 순회공연이었다. 따라서 조선인의 입장에서는 민족 감정과 노스탤지어, 일본인의 입장에서는 애국심과

---

12) 「崔承喜女史 大阪에서 慰勞舞踊會」, 『每日新報』 1941. 10. 31.
13) 「舞姬崔承喜一行―發表會 앞두고 昨日 入城」, 『每日新報』 1942. 2. 13.

위안 등이 복합적으로 상상되었을 것이다.

최승희의 위문공연은 무용가 개인의 사적인 행사가 아니라 국민 전체가 관련되는 제국적 친교의 기회이기도 하였다. 베네딕트 앤더슨은 근대 내셔널리즘에 관한 영향력 있는 책을 통해, 공통의 국민 공동체에 행위자가 속해 있다고 상상할 수 있는 중요한 전제조건으로 '시간을 공유하고 있다는 의식'을 들었다. 즉 광대한 지리적 공간을 가로지르는, 이러한 '균질적이고 비어 있는 시간(homogeneous empty time)'이 일면식도 없는 국민 공동체의 구성원들에게 동시성(同時性)을 공유하고 있다는 상상을 부여했다는 것이다. 그는 이 과정에서 출판 자본주의의 발전을 통한 신문과 소설 같은 미디어가 이러한 동시성을 구성하는 데 결정적인 역할을 하였음을 지적한 바 있다(앤더슨, 2018: 31~67).

1942년부터 시작된 최승희의 위문공연은 제국의 신민들이 어디에 있든 관계없이 이러한 동시성에 의해 결부되어 있다는 상상을 가능하게 해주었다. 식민지에서부터 도쿄의 제국극장에 이르기까지 사람들은 최승희라는 제국 문화의 상징을 집단적으로 인식하는 경험을 할 수 있었다. 그런 점에서 일본, 조선, 중국, 만주국 등지에 걸친 최승희의 무용 위문공연은 그녀의 여성 신체가 제국 문화의 상징이자 내선일체의 아이콘으로서 시각적으로 전시되는 과정이기도 했다.

전선 위문공연은 일본의 구성원들을 제국의 국민으로 동질화시키기 위한 문화 장치의 일부로서 볼 수 있다. 위문공연의 무용가와 관객의 배치 속에서 공연을 감상하는 군중(즉 국민)은 시선의 주체이면서 무용가와 그의 공연은 관찰 대상이 되지만, 일본성을 환기시키는 춤을 통해 군중들은 이들을 응시하고 있는 천황이라는 시선의 주체를 상상하게 된다. 이들이 일본 내지나 수도인 도쿄에 실제로 있지 않더라도, 순회하는 무용을 통해 이러한 경험이 가능한 것이다. 이를 통해 최승희 같은 행위자는 황거(皇居)에 있는 천황을 대신하여 국민에게 다가가는 순회 무용가가 된다고 할 수 있다.

　위문공연을 마친 최승희는 도쿄에 있는 제국극장에서 1942년 24회(12월 6~22일), 1944년 23회(1월 27일~2월 15일)에 걸쳐서 세계적으로 유례가 없는 장기적인 개인 독무 공연을 수행하였다. 이는 식민지의 순행 이후 다시 제국의 중심으로 돌아와서 정점을 찍는, 무용 용어로 표현하자면 '푸에테'[14]이다. 이는 발레리나가 보여줄 수 있는 최고의 테크닉을 상징적으로 보여준 것이다. 이처럼 제국주의 문화권력은 강압이나 폭력의 형식보다 '드라마틱하고 감성적인 외양'을 한 채 무용예술 등을 통해 오락과 위안, 매혹과 동경의 대상으로서 제국의 국민에게 다가갔다.

　모던의 시대에 무용가 최승희는 "모더니즘의 타자"가 아닌 표현의 주체로서 근대예술가로 출발할 수 있었지만, 전시체제기로 이행하면서 제국의 은막에서 춤추는 스트리퍼로 변모하였다(요시미 외, 2007: 53). 이는 모더니즘이 파시즘으로 변모하는 지점을 상징적으로 보여주고 있는 것이며, 이러한 변화는 별개의 맥락에서 이루어진 것이 아니라 같은 인물을 통해 각기 다른 방법으로 결합되었던 것이다. 이는 식민지/제국의 예술장의 구조 변동 안에서 주체의 존재방식이 함께 변화한 것인데, 예술가는 고정되고 단일한 정체성이 아닌 유동적이고 불안정한 주체 위치를 경험하고 있었다.

　비유하자면, 최승희는 식민지 조선과 제국 일본이라는 두 개의 민족이

---

14) 푸에테(Fouette)는 원래 '채찍질하다'라는 뜻이다. 이 동작은 발레리나가 한쪽 다리의 발끝으로 몸을 지탱하고서, 다른 쪽 다리로 마치 말채찍을 휘두르듯이 총 32회 회전하는 것을 말한다. 이는 발레리나가 보여줄 수 있는 최고의 테크닉을 의미한다.

각기 다른 방향에서 이들의 욕망을 동시에 투영하는 '이중은막 위의 무희'
였다. 조선에서는 그녀의 조선무용을 매개체로 해서 문화적 민족주의를
지탱해 주는 역할을 기대하였으며, 동일한 인물을 두고서 일본의 제국주의
도 같은 기대와 상상을 하고 있었기 때문이다. 또한 무용 내적으로도 전통
무용과 근대무용이 결합되어 이중성을 획득하였다. 전통의 내재적 계승이
아닌 외부자의 시선이 투영된 조선무용이 역사적 연속성을 지닌 것으로
전도되면서 신무용으로 성립되었기 때문이다. 결국 두 개의 네이션과 함
께 또 다른 두 개의 문화적 아이덴티티가 최승희라는 무희를 통해서 겹쳐
지고 있었다.

09

제국의 오리엔탈리스트와 조선무용의 촉구

식민주의의 호명

　한국무용사에서 이시이 바쿠는 조선에 신무용을 전파한 일본의 근대무용가 혹은 최승희와 조택원의 무용 스승으로만 널리 알려져 있지만, 그보다는 제국주의 문화권력에 깊이 관여한 인물이다. 왜냐하면 그는 1920년대부터 조선과 만주국 등지를 순회하면서 식민지의 무용가들과 함께 무용 보급의 전개, 향토무용의 발굴 그리고 무용에 있어서의 내선일체 수립 등을 적극적으로 표방했기 때문이다. 이 책에서는 단순히 근대무용가 이시이 바쿠가 아닌 식민지/제국의 예술장을 연결하면서 무용의 대동아공영권을 구현하는 오리엔탈리스트로서 그의 존재방식에 주목하였다.

　이시이 바쿠는 도쿄 지유가오카에 '이시이바쿠무용연구소'를 세우고 제자를 양성하다가(초기 연구생은 40여 명가량), 1926년 봄부터 순회공연을 시작하였다. 그의 무용단 일행 16명은 중국을 순회하면서 만주일일신문사(滿洲日日新聞社)의 후원을 통해 대련공회당에서의 창단 공연을 시작으로 하여 여순, 봉천, 장춘, 길림 등을 2개월 정도 '순업(巡業)'하였다. 당시의 만주국에는 일본인이 다수 이주해 있던 상황이어서 이 공연들은 꽤 성공을

거두었으며, 만주국에서 조선까지 다시 순회하게 되었다고 전해진다.[15]
그가 최승희와 처음 조우한 것도 이 순회공연의 경성 방문 때였다.

　이시이 바쿠는 같은 해 문부성이 주최한 '전국소학교무용강습회'의 강
사로도 발탁되었다. 도쿄에 있는 유시마소학교에서, 전국에서 200여 명이
넘는 교원이 참가하여 1주일 간 개최된 이 무용 강습회에서 그는 다음과
같이 말했다. "저는 학교에 있는 전통적인 동요(童謠)무용에 불만이 있습
니다. 시와 그림이 개성을 존중시키듯이, 무용도 기본에서부터 몸을 길들
인 후에 각자의 천분(天分)을 펼칠 수 있도록 나아가야 합니다." 이는 그
가 생각하는 새로운 무용 운동의 지향점이었다. 그해 가을과 겨울 동안
나가노와 마쓰모토, 다카마쓰 등지에서 공연하면서도, 순회 중에 오사카
아사히신문사 주최로 '전 관서부인연합대회'를 비롯한 학교와 부인회, 직
장 등에서 개최되는 무용 강습회에 빈번하게 초청되었다. 이 당시 코나미
(小浪) 등의 단원들이 함께 다니면서 이야기로 먼저 설명한 후에 시범을
보였기 때문인지 모르지만, 이들은 어디서나 환영받았다고 한다.

　순회공연에서 높은 평가를 받았던 이시이 바쿠의 창작무용은 학교와
직장 등에서부터 주목을 받기 시작하였으며, 각지의 흥행사로부터 공연
의뢰를 무수히 받게 되었다(綠川潤, 2006: 74~75, 78). 그는 이러한 여세를 몰아
서, 1930년대에 만주국 공연을 비롯한 '무용보급사업'을 계속 진행하였던
것으로 보인다. 1932년 7월 1일자의 『간도신보』에서는 "만주국에서는 국
내 각 학교 학생들에게 체조교육을 실시할 목적으로, 목하 만철연선 순회
공연 중에 있는 이시이 바쿠 등의 순회공연이 끝나면 그를 초청하여 각
학교에 이시이식 무용체조를 교수시키기로 계획하고 있다"라고 밝혔다.

15) 「滿洲國リズム(1-3)」, 『朝日新聞』 1933. 7. 22~24.

『만주예문통신』 1942년 6~7월호 예문 시평란에는 "5월 22일 오후 1시 신경 제1호텔 지하실에서 이시이 바쿠를 둘러싸고 그의 무용생활 30돌 좌담회가 있었다"라고 되어 있다. 지방소식 연예란에는 "이시이바쿠무용단 11명이 5월 14일부터 25일까지 하얼빈, 목단강, 봉천(심양), 본계, 무순, 신경(장춘), 대련 등지에서 순회공연을 하였다"라고 밝혀져 있다(북경대학 조선문화연구소 편, 1994: 251). 이 당시 만영의 여배우로 유명했던 이향란이 이시이 바쿠에게 댄스를 배우러 올 정도로, 이들의 인기는 대단하였다(綠川潤, 2006: 82).

1933년에는 이시이 바쿠가 감수한, 타블로이드판으로 된 10페이지 분량의 계간지 『무용일본』이 창간되었다. 이는 아동무용 강습을 연재하고, 서양의 무용 동향 등을 소개하는 잡지였다. 이시이 바쿠는 1938년 4월에 자신의 스튜디오에 '이시이바쿠무용학교'를 개교하였다. 유치부부터 고등부까지 있는 이 무용학교는 학생이 70명이었고, 이론보다는 실기를 중요시하였으며, 무대 경험이 있는 전문가를 강사로 두었다. 소학교와 중학교의 여름방학과 겨울방학 때면 여기서 개설하는 특별 강좌에 전국 각지에서 몰려든 선생들이 학생을 데리고 참가하려고 만원을 이룰 정도였다(綠川潤, 2006: 81~82).

이시이 바쿠는 무용가로서는 드물게 신문지면을 통해 자신의 순회공연과 무용 활동에 대해 상세하게 소개할 수 있는 문화자본을 보유하고 있었다. 『아사히신문』에 실린 연재칼럼인 1933년 7월 22~24일의 「만주국리듬(1-3)」, 1939년 1월 25~27일의 「무용위문행(1-3)」 그리고 같은 해 7월 26~28일의 「소만국경을 가다(1-3)」 등이 그 예이다. 이 글들을 살펴보면, 이시이 바쿠무용단의 무용 창작 및 순회공연이 가진 기본적인 목적이 예술장의 자율성을 확보하면서 내적 규칙을 창안하는 것이 아니라, 황군에게 충성하고 정신적인 위안을 제공하는 매개체로서 기능하는 데 있었다는 것을

알 수 있다.16)

조선무용의 트라이앵글

이시이 바쿠는 여러 번 찾아온 실명 위기 등 개인적인 악조건에도 불구하고, 태평양전쟁이 발발되었던 1941년부터 다시 만주국과 조선으로 순회공연을 시작한다. 영하 30도의 만주국에서 고생하던 끝에 1943년 그의 무용단이 히비야공회당에서 공연한 발레조곡 「파도소리」는 문부대신상을 받았다. 미군의 도쿄 공습으로 무용연구소가 소실되고, 전 재산을 다 잃고도 황군 위문공연을 지속하던 그는 하나마키(化券)의 한 여관에서 일본 패전의 뉴스를 듣게 되었다. 이때 60살이던 이시이 바쿠는 "지금부터 어떻게 되는 것인가(これからどうなるのか)" 하고 혼자 비탄에 잠겼다고 한다(綠川潤, 2006: 84).

이시이 바쿠의 이러한 활동들은 순수예술의 진흥보다 처음부터 국책무용의 추구와 보급에 노력한 것으로 볼 수 있으며, 이 과정은 식민지의 무용가들과 함께 조직적으로 전개되었다. 1930년 결성되었던 일본무용협회는 1940년 10월부터 시작된 대동아전쟁의 문화적 일환으로 볼 수 있는 '대일본무용연맹'으로 재구성되었다. 그는 바로 이 무용연맹의 현대무용부 이사장이었다.17) 도쿄에서 삼목수인(三木秀人)무용학원을 운영하던 아동무용가 함귀봉은 연맹 산하의 평의원 비상시 "무용정신대 제8부대장"이었

---

16) 「滿洲國リズム(1-3)」, 『朝日新聞』 1933. 7. 22~24; 「舞踊慰問行(1-3)」, 1939. 1. 25~27; 「ソ滿国境を行く(1-3)」, 1939. 7. 26~28.

17) 「石井漠國民舞踊 大和塾主催, 軍報導部 後援으로 二三日부터 三日間, 府民舘서」, 『每日新報』 1942. 7. 18.

다.[18] 특히 함귀봉은 1942년에 일본문화연맹에서 대동아공영권의 지도적역할을 할 예술문화인을 지도하고 장려하기 위해 주최한 무용콩쿠르에서최우수상을 받은 인물이다. 이때 출품한 작품의 내용은 "소년소녀 15명이등장하여 건각(健脚)의 율동을 통하여 웅비하는 일본을 상징하는 교육무용"으로 전해진다.[19]

조택원은 1941년 6월부터 조선연극협회가 동양극장에서 개최한 이동극단 제1반 강습회에서 무용 강사로 위촉되었다. 이동극단은 5월에 조선연극협회가 "농산어촌에 건전 명랑한 연극을 주고, 이를 통하여 지방문화의확립과 아울러 애국사상의 함양, 시국인식의 철저화를 기하"기 위해 조직한 것이었다(친일인명사전편찬위원회 편, 2009: 607).

그는 1941년 「부여회상곡」이라는 내선일체 무용을 공연한 것으로 유명한데, 국민총력조선연맹과 조선총독부의 후원으로 기획된 이 작품은 일본과 조선의 대표적인 예술인이 총동원된 대규모 공연이었다. 당시 조선연극협회 회장이던 이서구가 공연 대본을 집필하였고, 조택원이 안무와 무용을 담당하였다. 「부여회상곡」은 조선인에게 제국의 국민으로서 정체성과 사명감을 함양하기 위해 '새로운 국민문화'를 창출하고자 했던 일본의문화정책 하에서 '국민문학', '국민연극' 등과 더불어 시도된 새로운 무용,즉 '국민무용'으로서 상연되었다.[20]

1942년 7월에는 "협동무용 제1회 발표회"가 부민관에서 개최되었는데,이는 "대동아전쟁 문화 건설에 매진하는 일환으로 동양무용 수립과 국민

---

18) 「三木(咸貴奉)氏 舞踊콩쿨 入選」, 『每日新報』 1942. 1. 13.

19) 「三木(咸貴奉)氏 舞踊콩쿨 入選」, 『每日新報』 1942. 1. 13.

20) 국책무용 「부여회상곡」의 서사 구조와 공연 상황에 대해 자세한 것은 문경연(2011)을 참조할 수 있다.

후생무용 보급"을 위한 것이었다. 당시 "무용의 예술성과 기량을 확보"하고자, 이시이 바쿠와 최승희 문하의 신진들이 출연하여 일본무용과 현대무용으로 구성된 「무적황군」「辻藝人」「刀魂」「신사의 봄」「무심」등을 선보였다.[21]

한성준 역시 1935년부터 중국과 만주국, 일본 등지에서 순회공연을 하였다. 『만주연감』 1937년 3월호에서 "하얼빈 교향악단이 대련협화회관에서 베토벤, 슈베르트, 차이코프스키의 곡을 연주하였는데 본사(만주연감사)의 후원으로 조선의 아악과 무용도 대련에서 공개 공연을 했다"라고 언급된 것을 보면, 대련에서의 무용 공연은 한성준이 했던 것으로 생각된다. 왜냐하면 이러한 후원으로 조선 아악과 무용을 요청 받을 만한 사람으로는 당시 사회적 명망과 예술적 영향력이 큰 한성준이 선택될 가능성이 크고, 이 시기에 한성준이 중국에 와서 순회공연을 했다는 사실과도 잘 맞아떨어지기 때문이다(북경대학 조선문화연구소 편, 1994: 252).

특히 한성준이 이끈 '조선음악무용연구회'의 순회공연은 위문공연의 성격이 강한 것으로서, 무용단뿐 아니라 성악과 기악을 합쳐 50여 명의 대규모 공연단이 이동하는 것이었다(김영희, 2002: 11). 이 연구회는 최승희가 창립준비금 600원을 내고 지속적으로 후원하는 것과 함께 제일선에서 활동하기로 약속하면서 만든 것이기도 했다. 최승희의 장기 해외 공연이 끝나는 대로, 그녀가 여기에 합류하여 연구회의 중심을 도쿄에 두면서 극장 공연을 계획했기 때문이다.[22] 한성준이 지닌 정통적인 민족예술가라는 이미지에 비해, 그동안 제국의 예술장과의 교류는 별로 알려지지 않았다.

---

21) 「「協同舞踊」十一日 府民舘서」, 『每日新報』 1942. 7. 10.
22) 「古典「舞踊」과「音樂」을 부흥식히고저, 崔承喜·韓成俊 兩巨匠 會見」, 『三千里』 1938년 1월, 42쪽.

그러나 그는 일본인 관객을 염두에 두면서 조선무용을 적극적으로 알린 인물이며, 1941년 5월 모던일본사에서 받은 제2회 조선예술상도 이러한 공로를 인정받은 의미였다고 할 수 있다.[23]

식민지/제국의 무용가들은 각기 자율적인 예술장이 아닌 이시이 바쿠와의 교류 속에서 집단적이고 조직적인 위문/순회공연, 국민무용 발표회와 강습, 무용협회와 신문을 통한 무용 보급의 강조 등에 참여하고 있었다. 즉 이들은 이시이 바쿠를 정점으로 하는, 무용의 대동아공영권 수립을 위해 스스로 향토무용을 촉구하는 양상을 보여주었다.

조택원은『매일신보』를 통해 내선일체와 국민총력전에 대한 논설을 총 2회 기고한 바 있다. 여기서 무용을 매개체로 한 식민주의적 호명과 응답이라는 이시이 바쿠와 최승희, 조택원의 삼각관계를 스스로 밝히고 있어서 흥미롭다. 그는 1942년 7월 19일과 20일에 연재한「석정막 선생의 예술 30주년 공연에 제(際)하여」에서 "…석정막 선생의 많은 문하생 가운데는 내지인(일본인—인용자)은 물론 조선인, 만주인, 대만인, 지나인 등이 있지만 그중에서도 선생은 반도 출신의 문하생을 특별히 애호해 준 분으로서 선생이야말로 무용예술을 통하여 내선일체를 벌써부터 실행해 온 분"이라고 하였다.

또한 조택원은 "반도 출신인 석정 선생의 高弟子로서 최승희 여사가 있거니와 역시 최 여사와 같이 아니 그 이상으로 선생의 특별한 애호를 받아온 사람으로서, 나는 그간 16년 동안 석정 선생과는 親父子처럼 지내온 것"이라고 밝혔다. 이어서 그는 "그런 의미에서 지금 대동아공영권의 건설에 있어서 순 일본적인 신문화의 수립이 급무가 되어 있는 이때에 실로

23)「모던日本' 藝術賞 昨日 三氏에 授與式」,『每日新報』1941. 5. 7.

국보적인 존재"인 이시이 바쿠에게서 "君等은 타인 흉내를 내지 말고 각각 자기의 특징과 개성을 살려서 감정을 풍부히 연구하지 않으면 안 된다"라는 가르침을 받아오면서, 자기 자신을 향상시킬 수 있었다고 언급하였다.[24]

나아가 1943년 1월 7일자에 실린 「반성과 신출발―무용협회 결성의 제창」에서 조택원은 국민총력전에 참가할 '조선무용협회' 결성을 촉구하면서, "조선무용도 국민총력전에 참가"할 수가 있는 동시에 "무용가도 총력의사(義士)"가 될 수 있다고 강조하였다. 또한 그는 "무용은 노는 때에나 즐거운 때에만 하는 것이 아니다, 가장 아름답고도 씩씩한 것이 무용이니 국민에게 사기를 돕고 총후국민에게 아름다운 전통을 나누어주는 고귀한 정성을 가진 예술"이라고 하였다. 그런 의미에서 조택원은 "조선 내에도 강력적인 무용협회가 절실히 필요하다고 생각한다, 금년에는 기어이 무용협회를 조직하여 문화선전에 다른 예술 부문과 종횡으로 연결을 취하여 국민총력전에 참가하는 것"이 중요하다고 주장한 바 있다.[25]

향토무용가

식민지 조선에서 근대무용가의 계보는 기존의 논의와 같이 단순하게 '신무용의 이식'이라는 근대적 예술 개념의 수용 혹은 예술적 인맥관계의 확장만을 의미하는 것이 아니었다. 그보다는 이시이 바쿠가 최승희와 조택원 등을 다각적으로 연결하는 구도를 통해, 나아가 제국의 오리엔탈리스

---

24) 「石井漠先生의 藝術 三十周年公演에 際하야(上, 下)」, 『每日新報』 1942. 7. 19, 20.
25) 「反省과 新出發―舞踊協會結成의 提唱」, 『每日新報』 1943. 1. 7.

트가 식민지의 모던 댄서들을 무용이라는 매개체를 통하여 내선일체를 구현하는 구성원으로서 적극적으로 호명하고 있었다. 이는 조선예술과 문화권력이라는 거시적인 맥락에서 살펴볼 필요가 있는 것이다.

조선의 무용계는 조선의 전통춤과 서양의 모던댄스, 일본식 신무용이 경합하면서 새롭게 등장한 신무용가들―한성준, 배구자, 최승희, 조택원―을 중심으로 재편되면서 본격적으로 근대무용이 성립되어 가는 양상을 보여주었다. 한성준을 제외한 이들의 공통점은 초기에는 서양식 현대무용을 연마하였으나, 결국에는 조선무용을 통해 자신의 존재방식을 획득하였다는 데 있었다. 당시 무용계는 일본을 경유한 독일의 신무용이 이식되면서 근대무용계가 재편되었기 때문에 근대교육을 받은 예술가들이 중심이었다.

따라서 권번에서 전통예능을 학습한 기생들이 자신의 이름을 걸고 신무용을 선보일 수 있는 사설 무대와 예술적 기회는 크게 제한적이었다. 기생들은 권번에서 음악과 무용을 함께 수련하였지만, 기생 출신으로 자신의 이름을 내세우며 여성 신체를 문화자본으로 하여 신무용가로 성공한 이는 거의 존재하지 않았다. 이들은 무용계로 진출하여 최승희나 조택원 같은 엘리트와 경쟁하는 대신 가창력과 목소리를 통해 대중적인 인기를 바탕으로 하는 대중가수라는 존재방식을 다수 선택하였다.

권번 기생이 선보인 춤과 예술은 미미한 움직임에도 불구하고, 전통춤이 창조적으로 수렴된 자생적인 근대화를 이루지는 못했다. 이들은 근대무용계의 새로운 주인공으로서 완전히 갱신하지는 못하였기 때문이다. 1920년대 이후 조선의 무용계는 근대무용가 한성준, 배구자, 최승희, 조택원 등에 의해 주도되었다. 이들은 저마다 자신의 근대무용을 통한 모던 표상을 둘러싸고 서로 경쟁하면서도 무용을 모던예술의 한 장르로 성립시키기 위해 함께 노력하였다. 그러나 근대무용계 역시 문학이나 영화와 같은 예술장르에 비해 뚜렷한 경계와 정체성 그리고 일정한 예술시장과 관객층을 획득하지 못하고 가장 열세의 위치에 있었다.

식민지 조선에서 이식된 모던댄스를 통해 독자적인 무용장르를 성립시키는 데 한계를 겪은 신무용가들의 입장에서는, 일본이라는 외부와 조우하면서 일본인 관객을 의식한 조선무용을 적극적으로 모색하지 않을 수 없었을 것이다. 동시에 이들은 식민지 이외의 예술시장을 상정해야 했고, 제국의 시선을 염두에 두면서 조선성이라는 정체성에 대해 민감하게 대응하고 있었다.

1920년대 이후 1945년까지 이들이 일본 예술장과 교류하고 창안하여 공연한 조선무용은 이시이 바쿠와의 관계성 안에서 자기민족지의 문법을 고스란히 드러내고 있었다. 자기민족지라는 예술장의 구조는 최승희와 조택원을 포함하여 가장 정통적인 향토무용가였던 한성준과 친일무용가로 알려진 배구자에게까지 영향을 주었다고 할 수 있다. 한성준뿐 아니라 서양 모던댄스를 연마하여 일본의 예술장으로 진입하는 경우에도, 이들이 일본에서 수용되는 문화적 위치는 모던이 아닌 로컬이었기 때문이다.

10

동양발레론 혹은 오리엔탈리즘의 틈새

중국무용을 통한 아시아의 전유

최승희는 1937년 말부터 3년간 세계 순유를 하였는데, 1940년대 이후 "조선이 낳은 세계적 무희"라는 수식어로 소개되면서 조선에 이어 중국과 만주국 순회공연을 시작하였다.[26] 1940년 9월 30일 『만선일보』 기사에서는, "그동안 프랑스, 독일, 이탈리아 등 문명국에서 조선무용을 소개하여 절찬을 받고서 브뤼셀에서 세계무용 심사위원까지 맡게 되어 만장의 기염을 토하게 되었다"라면서 서양에서 인정받은 '조선의 무희'인 그녀의 존재와 등장을 예고하였다.[27] 또한 최승희는 1942년 4월 신경에 와서 만주국 건국 10주년을 기념하기 위해 조선무용을 선보이기도 했다.[28]

최승희는 1940년부터 중국과 만주국에서 조선인 관객과 처음 조우하였다고 할 수 있다. 그녀는 1940년 목단강에서 「천하대장군」「보현보살」「명

---

26) 「世紀의 舞姬 우리 崔承喜 女史 南米까지 風靡! 聖林에서 舞踊映畫도 計畫」, 『滿鮮日報』 1940. 1. 30.
27) 「最近의 崔承喜」, 『滿鮮日報』 1940. 9. 30.
28) 「崔承喜來演」, 『滿鮮日報』 1942. 4. 8.

절놀이」「신노심불노」「목동과 소녀」등의 작품들을 공연하면서, 당시 만주국으로 이주하여 살고 있던 조선인에게 커다란 호응과 인기를 얻었기 때문이다. 이들에게 최승희의 무용과 연기는 그야말로 "동방무용예술의 극치"이면서 "조선무용의 긍지와 자랑"을 보여준 최초의 경험이었다고 기억되었다. 또한 일본인 관객들도 "사이 쇼키(Sai shoki)"라는 일본 이름으로 그녀를 부르면서 매우 좋아하였다(북경대학 조선문화연구소 편, 1994: 264~266).

최승희는 1942년 4월 남양극장에서 함경북도의 종성·은성과 간도의 연길·도문에서 모여든 조선인 관객을 대상으로 위문공연을 하였다(친일인명사전편찬위원회 편, 2009: 736). 그리고 1942년 6월 이후 그녀는 북경, 천진, 청도, 태원, 대동 등지에서 전선 위문공연을 하였다(북경대학 조선문화연구소 편, 1994: 266). 최승희는 그때의 상황을 다음과 같이 직접 설명한 바 있다. 즉 그녀는 전선을 찾아다니면서 춤을 추었던 자신과 함께 척박한 환경에서 위문공연을 감상했던 황군 장병들이 저절로 하나가 되는 것 같은 마음의 교류를 느꼈다는 것이었다.

> "제가 위문공연을 위해 북지에 도착한 것은 6월 중순으로 광활한 북지의 평원은 130도나 되는 타는 듯한 태양 아래로 끝없이 이어져 있었고, 몽골의 바람 때문에 생긴 것으로 보이는 황사는 문자 그대로 온 천지를 모두 뒤덮고 있었어요. 푸른 하늘은 전혀 보이지 않는 모래투성이의 길을 매일 트럭을 타고서 부대에서 부대를 향해 돌아다녔는데, 찌는 듯한 무더위였음에도 불구하고 장병들이 제 공연을 감상하는 태도에는 일반 공연에서는 볼 수 없었던 긴장감과 정숙함이 느껴졌어요. 춤추는 사람과 보는 사람 양쪽이 저절로 하나가 되는 듯한 마음의 교류를 강하게 느꼈기 때문이에요. 어떤 병원을 위문했을 때 제가 「칠석의 밤」 등 애수가 깃든 작품을 선보였는데, 무대 위의 저는 어두운 객석에서 흐느끼는 소리를 듣고 가슴이 메어오면서 눈물을 흘리며 계속 춤을 추었지요. 전장에서 그렇게 용감한 황군 장병들

의 눈물을 보고서, 저는 인간의 강한 용기는 대체 어디서 나오는 것인가 하
고 깊은 감명에 빠지게 되었어요…"[29]

　　제국주의 문화권력에 의해 순회했던 위문공연의 일정이었지만, 최승희
는 "상상 이상의 수많은 중국인 관객"을 직접 만나면서 이들의 문화적 수
준이 매우 높다는 것을 실감하였다. 이어서 그녀는 이를 통해 예술적 의
욕을 느끼면서 동양무용이라는 이상 혹은 다양한 무용 소재를 새롭게 구
상하는 계기가 되었다고 했다. 당시 최승희는 전시체제기의 위문공연에
서 중국인에 대해 "같은 동양인으로서 예술적 공감"을 깊이 느꼈다고 밝
혔다.[30] 이는 위문공연을 허락하고 후원했던 제국주의 문화권력의 의도
와는 어긋나는 지점이라고 할 수 있다. 즉 대동아공영권 혹은 일본성을
표방하기 위한 일본군 위문공연에서 의도치 않게 조선인과 중국인이 서
로 조우하면서 유동적인 네이션 감각을 공유했기 때문이다.

　　1942년에 최승희는 중국의 예술가 및 문화인과 만나서 중국 문화와 예
술에 대한 의견과 아이디어 등을 공유하기도 했다. 그녀는 중국 북경에서
무용 공연을 전후로 해서 "김소산, 이만춘, 상소운, 해소백" 등의 남자 배
우와 "오소아, 이옥추, 량소형, 황옥화" 등의 여자 배우와 직접 교류할 수
있었다. 이들은 "같은 동양예술가"로서 무용과 연극을 함께 이야기하면서
서양에 조응할 수 있는 예술적 방법론을 모색하였다. 이는 어디까지나
"새로운 중국무용"을 구상하는 것으로 귀결되는 논의였다고 할 수 있다(高
嶋雄三郎, 1959: 163~164).

　　1942년 9월 15일 만주국의 신경에서 "만주건국십주년경축식전"이 열렸

---

29) 崔承喜, 「興亡一千年の神秘―北支慰問行より歸りて」, 『婦人公論』 1942년 10월, 123쪽.
30) 崔承喜, 「興亡一千年の神秘―北支慰問行より歸りて」, 『婦人公論』 1942년 10월, 124쪽.

는데, 당시 일본 우에노의 '제실박물관(帝室博物館)'에서도 "만주국국보전
람회"가 개최되었다. 최승희는 9월 21일에 이 전람회에 직접 참석하였고,
다카시마 유사부로와 함께 "문연각본사고전서(文淵閣本四庫全書)"를 열람
하면서 중국 문화에 대해 연구하는 시간을 가졌다. 이들은 중국이라는
"위대한 문화국가"와 제국 일본이 오랜 시간 전쟁을 하는 것의 의미를 숙
고하기도 했다. 10월까지 전람회를 관람했던 그녀는 "양귀비, 향비, 서시,
왕소군, 우미인" 같은 중국 여성의 형상에 대해 전람회를 통해 적극적으
로 구상했다고 알려진다. 이는 1942년 12월 도쿄에서 있었던 장기 공연의
레퍼토리를 중국무용 중심으로 하기 위한 것이었다(高嶋雄三郞, 1959: 169~170).

　이듬해인 1943년 8월 최승희는 안동(단동), 무순, 봉천(심양), 대련, 길
림, 신경(장춘), 하얼빈, 치치하얼, 북안, 가목사, 림구, 목단강, 도문 등지
를 지나 9월 14일 남경에 이르러 공연을 계속하였다. 그녀는 9월 27일부터
10월 15일까지는 상해 부근에서, 10월 19일부터 26일까지는 상해에서 무
용 공연을 개최하였다. 당시 중국 언론에서는 "동양이 낳은 세계적인 무
용가가 온다"라는 제목을 통해 최승희의 공연 소식을 크게 전했다고 한다
(북경대학 조선문화연구소 편, 1994: 267). 이는 3개월에 걸쳐 만주와 중지(中支) 그리
고 북지(北支) 지방을 순회한 것이었다. 이어서 그녀는 1943년 12월에 상
해와 남경을 거쳐 북경까지 다시 순회하면서 위문공연을 계속하였고, 중
국인 관객까지 조우하면서 커다란 호평을 받았다고 한다.31)

　당시 입장료가 "최고 80원"까지 했던 공연 티켓은 연일 매진되었고, 중
국의 문화인뿐 아니라 정치인까지 주요 관객으로 참석하였다. 최승희는
중국 순회공연에서 중국인들에게 "황색인종의 자랑"으로서 최대의 호평과

---

31) 「崔承喜北京公演―中國人側에 大好評」, 『每日新報』 1943. 12. 4.

찬사를 받았다. 또한 "매란방, 상소운, 순혜생" 등 경극계의 일류 명인들은 그녀의 공연을 반복해서 관람하였다. 이들은 중국에서 기존의 연극이나 경극과 뚜렷하게 구별되고 독자적인 무용장르를 구축하는 데 있어서, 최승희의 예술론을 중요하게 참조하고자 하였다(高嶋雄三郎, 1959: 189~190).

최승희는 1944년 5월부터 6개월에 걸쳐 중국과 만주국의 전선 각지를 순회하면서 "백의용사와 산업전사"를 위문하거나 일반 공연을 수행하였다. 그녀는 특히 같은 해 12월에 화북 지방에서 "현지 각 부대 위문" 혹은 "대륙 공연 행각"을 계속 하였다. 최승희는 화북과 몽골을 거쳐 남경을 방문해서 친일 국민정부 주석이었던 왕정위(汪精衛)의 영전에 바치는 신작 무용회를 개최하기도 했다.[32] 그녀는 이때의 공연을 통해 "화려하면서 엄숙하고 오묘하면서 청명하다"라는 의미인 "화엄묘정(華嚴妙淨)"이라는 네 글자의 휘호를 받았던 것으로 알려진다(高嶋雄三郎, 1959: 191).

최승희가 창안한 중국무용은 중국과 만주국의 현지에서만 공연된 것이 아니라 제국의 중심부 도쿄에서도 1942년과 1944년에 걸쳐 장기 독무공연을 통해 재현되었다. 그녀는 1942년 12월 6~22일 동안 도쿄의 제국극장에서 중국무용을 선보였다. 이는 「향비」「명비곡」「옥적의 곡」「염양춘」 등이다(高嶋雄三郎, 1959: 171~182). 그리고 최승희는 1944년 1월 27일~2월 15일 같은 장소에서 중국무용을 다시 공연하였다. 이는 「한궁추월」「연보」「길상천녀」「정아의 이야기」「고전형식에 의한 세 가지 변형」「묘정」「월궁행」「패왕별희」「자금성의 옥불」「노생」 등이다(高嶋雄三郎, 1959: 194~196). 즉 1940년대에 그녀가 중국 고전을 바탕으로 창작한 중국무용이 일반 공연의 전체

---

32) 「現地各部隊慰問―故汪主席靈前에 바치는 新作도 公演―崔承喜女史의 大陸公演 行脚」, 『每日新報』 1944. 12. 5.

구성에서 상당 부분을 차지하게 되었는데, 이는 조선무용이나 일본무용에 가까운 비중으로 높아진 것을 의미한다.

1945년 2월에 최승희는 몽골에서도 무용 공연을 하였다. 몽골신문에 따르면, 당시 후생회관 및 대동극장에서 최승희와 그녀의 연구생 20명 정도가 출연했던 것으로 알려진다. 이들은 「미와 음과 빛」이라는 작품을 선보였는데, 이는 신형 투광기 6대를 사용했던 대형의 무대 공연이었다(高嶋雄三郎 · 鄭昞浩, 1994: 216). 그리고 같은 해 8월 그녀는 중국에 있으면서 일본으로부터 식민지 조선의 해방을 맞이했다. 1946년 7월 최승희는 남편 안막과 함께 평양으로 월북했다가, 1950년 6월 한국전쟁의 발발 때문에 1950년대 초기 북한에서 다시 중국으로 일시적인 피난을 갔던 것으로 알려진다.

최승희는 1949년 12월 북경에서 '아시아부인대회'에 딸 안성희와 함께 참가하였고, 이어서 상해, 천진, 남경 등지에서 공연하였다. 여기서 그녀는 「반야월성곡」「춘향전」「북춤」「화관무」「검무」「농악무」「석굴암의 보살」 등을 선보였다(윤혜미, 2009: 157). 그리고 최승희는 1951년 3월에 북경의 중앙희극학원에서 '최승희무용훈련반'을 설립하였다. 이후 그녀는 중국 각지에서 순회공연을 하면서 「조선의 어머니」 등을 선보였다(高嶋雄三郎 · 鄭昞浩, 1959: 215). 또한 이듬해까지 최승희는 중국을 계속 순회하였는데, 특히 1952년 6월에는 상해의 미기대희원(美琪大戲院)에서 공연하기도 했다(정수웅, 2004: 380).

최승희는 전선 위문공연을 위해 중국과 만주국을 방문한 것을 계기로 본격적으로 중국무용을 창안하였다. 그녀는 동양문화의 근원이 일본성보다 중국성에 있다고 보았고, 중국과 만주국에서 폭넓은 교류와 훈련을 하면서, 1950년대까지 오랫동안 중국무용을 연구했던 것으로 생각된다. 이를 위해 최승희는 중국 고전을 바탕으로 다양한 무용 작품들을 만들면서,

매란방이나 한세창 등과 함께 작업하기도 하였다(이애순, 2002: 146). 나아가 그녀는 중국과 만주국에서 1944년과 1951년에 걸쳐 각각 '동방무용연구소'와 '최승희무용연구반'을 만들어서 조선인 및 중국인 무용가의 양성까지 노력하였다(북경대학 조선문화연구소 편, 1994: 262).

최승희가 1935년 이후 창안하여 공연했던 일본무용, 중국무용, 동양무용을 연도별로 정리하면 다음과 같다. 일본무용은 「오보로요루의 곡」 「유랑예인」(1935), 「일본의 환상」(1936), 「소년 히도히메」 「신전의 춤」 「칠석의 밤」 「무혼」(1941) 「추심」 「상사곡」(1942), 「시스고잰」 「무사시」(1944) 등총 11편이다. 중국무용은 「옥적의 곡」 「염양춘」(1937), 「당궁의 무희」(1941), 「향비」 「양귀비염무지도」 「명비곡」(1942), 「연보」 「길상천녀」 「정아의 이야기」 「월궁행」 「패왕별희」 「자금성의 옥불」 「노생」(1944) 등 총 13편이다. 동양무용은 「보현보살」 「천하대장군」(1937), 「불교의 요부」 「용왕의 희생」 「동양의 리듬」(1939), 「장수의 형식」 「관음보살」 「동양적 선율」 「보살도」(1941), 「동양적 리듬」 「인도의 춤」 「보살화신」 「장한가」 「두 가지의 비파조」 「옥루의 꿈」 「시녀의 자식」(1942), 「아미타여래영지도」(1943), 「고전 형식에 의한 세 가지 변형」 「기원」 「만궁추월」 「선무」 「아잔타벽화」 「마호메턴의 아가씨와 시녀」 「공양하는 청녀」(1944) 등 총 24편이다.[33]

최승희에 의해 여러 네이션 표상과 젠더 정체성이 무용예술에 투영된 것이라고 할 수 있다. 이는 사카이 나오키가 지적하는 일종의 "쌍형상화 도식"을 통해 동일성에 대한 욕망이 작동된 것으로도 볼 수 있다. 즉 "형상에 대한 욕망은 하나의 형상을 향해 단선적으로 전개되는 것이 아니라 다른 형상과 대비를 이루면서 공간적으로 전개되는 것이며, 따라서 비교

---

33) 이는 정병호(2004)의 연보를 토대로 해서 정리하였다.

가 가능한 정체성들"이다(사카이, 2005: 37, 64~65, 119). 최승희에게 조선 여성이라는 정체성은 이미 주어진 본질적이고 자연적인 것이 아니라 항상 외재적이면서 구성적인 것이었다. 이는 그녀가 자신의 주체 위치를 새롭게 전유하는 수단이자 도구가 되었던 것이다.

메이란팡이라는 정신적 지주

최승희는 전시체제기 중국과 만주국 순회공연을 통해 조선무용을 넘어 중국무용, 나아가 동양무용의 재구성을 통해 일정한 중국 표상과 젠더 수행을 보여주었다. 이는 그녀에게 1940~50년대 전선 위문공연의 경험이 전시되는 타자의 시간이 아니라 새로운 주체 위치로서 전유되었던 지점을 드러낸다는 점에서 중요한 대목이라고 할 수 있다. 왜냐하면 최승희는 무언어 예술인 무용을 통해 여러 네이션을 수행함으로써 동아시아에서 독보적인 존재방식을 획득할 수 있었기 때문이다. 동시에 그녀는 제국주의보다 유구하고 오래된 중국 문화를 통해 "동양예술의 어머니의 어머니와 같은 존재"를 발견하면서 여성성의 우월적 위치를 스스로 자각하게 되었다.[34]

최승희는 중국무용을 창안하는 과정에서 중국의 고전이나 유산 등에 많은 관심을 기울이면서 무용 창작을 하였고, 특히 중국의 경극(京劇) 혹은 곤곡(崑曲)에서 예술적 영감을 얻었다. 그리고 그녀는 이를 통해 남성과 여성의 인물 유형을 연구하였다. 최승희에 따르면, 남성은 "소생(小生), 무생(武生), 화렴(花瀲), 무추(武丑)"로 나누고, 여성은 "청의(靑衣), 화단(花旦), 무단(武旦)"으로 나눌 수 있다. 또한 그녀는 각종 인물 유형의 동

---

34) 崔承喜, 「興亡一千年の神秘—北支慰問行より歸りて」, 『婦人公論』 1942년 10월, 125쪽.

작을 분석하는 데 있어서 "얕은 데로부터 깊이 있게 하고 쉬운 것으로부터 어렵게 하며 간단한 것으로부터 복잡하게 하여야" 한다고 강조하였다. 즉 수많은 인물 형상을 관찰함으로써 다양한 표정과 동작을 무용화하는 기초를 구축할 수 있다는 것이다.[35]

최승희는 중국과 만주국에 체류하면서 "영원한 역사의 전통"을 가진 "지나대륙(支那大陸)"에 출현했던 여성 형상들, 즉 "양귀비(楊貴妃), 왕소군(王昭君), 향비(香妃)" 등을 상상하면서 이들을 무용화했던 것으로 알려진다. 이는 1942년 12월에 발표된 「양귀비염무지도」「명비곡」「향비」 같은 작품이다. 이를 위해 그녀는 "중국 의상의 참고서와 음악, 중국 시문" 등을 적극적으로 조사하면서 "중국 여성의 많은 전형"을 세밀하게 관찰하고자 노력하였다. 또한 최승희는 중국의 국보 및 유적에 새겨진 형상을 통해 "선과 움직임과 느낌"을 추출해 내면서, 자신의 여성 신체에 투영하여 독특한 "육체미"를 표현하고자 했다(高嶋雄三郎, 1959: 160~167).

최승희는 무용이 하나의 독립적인 예술장르로서 성립되지 않은 중국 예술계를 향해 무용이 따로 분리되어야 한다는 것을 거듭해서 강조하였다. 1945년 3월 31일 '화무판점'에서, 최승희와 매란방이 나눈 다음의 대화를 통해 이를 알 수 있다. 그녀는 무용예술을 매개체로 한 중국성을 조선성과 대립되는 것으로 파악하지 않았으며, 서로 공명하면서 서양에 대한 대안을 제시할 수 있는 동양의 정체성으로 새롭게 인식하고 있었다. 이러한 생각은 매란방 역시 마찬가지였다. 당시 그는 최승희에 대해 "진정한 동방발레무용의 창조자" 혹은 "아세아 예술의 전통"의 담지자라고 호명하

35) 최승희, 「중국무용예술의 장래」, 『人民日報』 1951. 2. 18(이애순 편, 2002: 151에서 재인용).

였기 때문이다. 이는 무용을 통해 조선인 여성과 중국인 남성이 지배적 정체성으로서 일본성을 이탈하는 네이션 감각을 보여주는 대목이라고 할 수 있다.

> 최승희: 중국무용은 경극과 곤곡 가운데 일부분이 존재하고 있다고 봅니다. 그러나 아직 하나의 독립된 예술영역으로 되지 못하고 있다고 저는 보는데, 매 선생은 어떻게 보시는지요? 저는 중국 고전극에는 매우 많은 풍부하고 우아한 무용 소재가 존재한다고 봅니다. 만약 그것을 토대로 새로운 중국무용예술을 창조한다면 기필코 서양발레 무용예술보다 더 훌륭하리라고 봅니다. 그러나 매 선생과 같은 분들이 노력하여야지 다른 사람은 아마 성취를 따내기 어려울 것이라고 보는 바입니다.

> 매란방: 저에게도 이전에 여러 가지를 시험해 보려는 의욕이 있었는데 전통에 집착하다 나니 창(노래)을 위주로 하는 경극 속에서 무용은 지금까지 독립을 이루지 못한 상황입니다. 그러나 지금까지는 이렇더라도 독립은 불가능한 일이 아니라고 봅니다. 물론 어려운 점이 많다고 생각합니다. 최 여사께서는 동방무용의 창조를 자신의 의무로 보고 있는데, 희망컨대 중국무용의 소재로서 창작한다면 기필코 성공할 수 있을 것입니다(이애순 편, 2002: 350~351).

1950년대 초기 최승희는 중국에서 조선무용, 중국무용 등을 종합하여 동양무용으로서 제시하고자 했다. 이는 "중국 고전무용 기본, 조선 민족무용 기본, 남방 무용 기본(일명 동양무용), 신흥무용기본" 등이었다. 이어서 이를 토대로 한 "새로운 시대, 새로운 생활을 소재로 하여 창작된 작품들"을 공연하였다. 그녀는 중국의 예술가들이 무용장르를 전면적으로 자각하게 하고 이들을 계몽하는 역할을 수행하였다. 특히 1951년에 중국의 북경,

상해, 심양 같은 대도시에서 최승희가 공연한 무용극「반야월성곡」「옥중
춘향」등의 작품은 중국의 무용계에 많은 영향과 자극을 주었다고 할 수
있다(이애순, 2002: 226). 또한 1950년대에 그녀가 창안한 중국무용은「중국춤」
(1950),「쌍칼춤」「행당」「청의」「화단」「무생」「당마」「검무」「양걸춤」
「소생」(1951),「백담기」(1952) 등 총 11편이다.[36]

제국주의 문화권력의 입장에서 조선, 지나, 만주, 대만 등의 기표는 독
자적이고 자율적인 네이션을 표상하는 대상이 아니었으며, 이는 일본이라
는 제국의 하위범주로서 로컬이나 향토를 의미하는 것이었다. 이에 대해
최승희는 서양에 조응하는 동양으로서 중국을 대리하여 표상하고자 했다.
이러한 수행성은 1940년대에 이어서 해방 이후인 1950년대에 가서 비로소
완성되었다고 할 수 있는 것이다. 동시에 그녀는 이시이 바쿠의 식민주의
적 호명을 오랜 시간에 걸쳐 넘어서고자 했다. 왜냐하면 최승희가 제국의
한 지방이었던 만주와 지나를 중국이라는 하나의 네이션으로 인식하면서
재현하고자 했기 때문이다.

스테판 다나카에 따르면, 동양이라는 범주는 제국 일본이 지배적 정체
성을 구축하기 위해 만들어진 기표/담론이었다. 즉 일본적 시선이 서로
상이하고 이질적인 시공간이었던 지나와 다른 아시아 지역을 "원시적 과
거(primitive past)"로서 새롭게 응시하면서, 근대화되고 문명화된 동양이라
는 인식이 생성되었다는 것이다. 이를 통해 이들은 일본의 과거로서 동양
의 일부분이 될 수 있었는데, 이 구조 안에서 동양을 둘러싼 지식이나 표
상은 일본성을 공통 감각으로 하여 상상되거나 발명되었던 것이다(다나카,
2004: 381~383).

---

36) 이는 정병호(2004)의 연보를 토대로 해서 정리하였다.

"보살춤"

　제국 일본에서는 최승희가 창안하고 표상한 중국성에 대해서 조선성과 마찬가지로 하나의 향토 혹은 로컬이라는 기표로서 간주하고자 했다. 이들에게 그녀의 수행성은 대동아공영권의 이데올로기를 이탈하는 것이 아니었기 때문이다. 최승희의 동양무용은 "일본기관 내지의 각 향토무용인 조선무용, 지나, 태국 등의 무용을 기초로 동양적 제재와 동양적 수법을 근대적으로 양식화"한 것으로 지칭되었다.[37] 따라서 1940년대의 최승희 순회공연에 대한 문화권력의 후원과 지지는 어디까지나 "대동아전쟁 문화건설에 매진하는 일환" 혹은 "협동무용"의 의미로서 이루어지는 것이었다.[38]

　1940~50년대 순회공연을 통해 본 최승희의 존재방식은 오래된 가부장의 언어인 문자문화가 아니라 여성 신체를 통한 여성성의 재현을 통해 수행되는 것이었다. 그녀에 의해 표상되었던 중국성은 문학이나 연극이 아닌 무용을 매개체로 하여 시각적으로 보여지는 것이었다. 이는 보살춤 같은 동양적 판타지에 기초한 페티시즘이나 이국취미, 오리엔탈리즘에 경도되었던 서양/일본 관객들에게, 최승희가 식민지의 무희를 넘어 동양이라는 기표를 되받아쳐서 응시하는 주체 위치를 만들어낸 지점으로 볼 수 있을 것이다. 그녀에게 중국/동양이라는 기표는 자명하고 본질적인 원본이기보다 외부적 대립항과의 관계성 안에서 유동적으로 구성되는 질문의 대상이었다.

---

37)「崔承喜女史의 東洋'바레'一團員을 募集」,『每日新報』1942. 2. 23.
38)「協同舞踊'十一日 府民舘서」,『每日新報』1942. 7. 10.

1937년에 발표한 「보현보살」 이후 최승희가 보살 이미지를 현지화해서 만든 작품으로 「관음보살」 「보살도」(1941), 「보살화신」(1942) 등이 존재한다. 그녀는 중국 화북에서 거대한 불상 조각들을 수없이 관찰하면서 보살 이미지를 형상화하였다. 최승희는 1930년대 말기 서양 공연에서 경험했던 유럽의 유산보다 중국의 유적지에서 더욱 깊은 "인간의 창조력" 혹은 예술의 생명력을 실감하였다. 이는 "아시아 대륙의 흥망 일천년의 신비"가 새겨진, 일종의 "움직이기 시작하는 석불의 환상" 같은 것이었다. 그녀에게 이러한 동양적 판타지가 생명 없는 조각에서 여성 신체의 움직임으로 변환되는 과정은 스스로 만든 "동양발레"를 통해 "세계무용사의 중심세력"이 되는 것이었다. 이는 기존에 있던 "서양무용사보다 뛰어나고 새로운 세계무용사"를 구축하는 주체 위치를 의미하였다(高嶋雄三郎, 1959: 166~168).

제국주의 문화권력은 최승희에게 일본성을 지배적 정체성으로 하는 동양주의를 기대하였고, 이를 상징하는 '조선의 무희'로서 호명하면서 3년간의 세계 순유를 후원하고 지지하였다. 1940년대의 최승희는 이러한 기대와 호명에 긴밀하게 교착하면서도, 1930년대 이후 그녀가 수행했던 조선성은 굴절되면서 자기모순에 직면하고 있었다. 그런 점에서 최승희가 창안하여 여러 버전으로 변형한 「보현보살」은 조선성에 중국성을 투영함으로써 시각 권력에 의해 보여지는 여성 신체의 페티시즘을 넘어 "동양미의 원천"을 상징하는 것으로 전도되었다. 이는 그녀가 서양/일본 혹은 남성성의 정형화된 타자가 아닌 우월적인 주체 위치에서 '동양 여성'이라는 수행성을 새롭게 보여준 지점이라고 할 수 있다.[39]

---

39) 崔承喜, 「興亡一千年の神秘―北支慰問行より歸りて」, 『婦人公論』 1942년 10월, 125쪽.

　　전시체제기 순회공연을 통해 최승희는 일본성과 남성성을 중심으로 한 이시이 바쿠의 동양 표상에서 이탈하면서 중국과 만주국에서 중국성과 여성성을 재발견하였다. 이는 1949년 중화인민공화국의 수립과 역사적으로 공명하면서, 무언어 예술인 중국무용을 통해 중국인과 동질성을 획득할 수 있었다. 나아가 그녀는 제국 일본의 하위범주가 아닌 새로운 네이션으로서 조선성의 가능성을 북한에서 찾고자 했던 것으로 생각된다. 1946년 남편 안막과 함께 월북한 최승희는 북한 평양에서 18년이라는 긴 시간 동안 '조선민족무용'을 독자적으로 정립하면서 예술 활동을 하였기 때문이다.

자기민족지의 내재적 계승과
네이션의 딜레마

11

식민주의 유산의 극복

보는 주체의 무용 생산

해방 이전 1930~40년대 시기에 조선(인)이라는 네이션은 식민지 조선과 제국 일본 그리고 만주국에서 다양한 이름으로 호명되었다. 이는 해방 이후 '남한=대한민국(Republic of Korea)'과 '북한=조선민주주의인민공화국 (Democratic People's Republic of Korea)'이라는 두 개의 네이션을 통해 각각 새롭게 재구성되었다. 즉 네이션이라는 대상 자체는 선험적이거나 고정된 것이기보다 유동적이고 역사적인 구성체로서 존재해 왔던 것이다. 나아가 이는 다양한 문화 장치를 통해 상상되고 재현되면서 일상적인 차원에서 개인의 정체성 형성까지 중요한 영향을 주었다고 할 수 있다. 그렇다면 북한이라는 네이션 혹은 "역사적 사회주의"가 만들어지는 과정에서 1930~40년대 조선예술이 표상했던 민족은 어떠한 방식으로 식민주의라는 역사와 기억을 극복할 수 있었을까 하는 질문을 던져볼 수 있다(슈미드, 2019: 179).

1930~40년대에 외재적인 차원에서 조선무용을 창안했다면, 1950~60년대 북한에서 최승희는 이른바 '조선민족무용'이라는 독특한 무용장르를 통

해 혹은 민족과 예술을 동시적으로 새롭게 호명함으로써 역사, 민족, 전통 등을 내재적으로 계승하고자 하였다. 이를 통해 그녀는 사회주의 문화권력이 제시하는 이데올로기에 공명하는 네이션을 여성 신체로서 표상하고자 했던 것이다. 이는 최승희의 입장에서, 문화권력에 자발적으로 순응하거나 종속하는 것이기보다 1930년대에 창안했던 자기민족지로서 조선무용을 스스로 완결하는 예술적 실험이라고 할 수 있다. 즉 그녀는 북한에서 네이션의 내재적 계승을 통해 식민주의 유산을 극복하는 동시에 사회주의 문화권력 안에서 어떤 틈새를 만들어내고자 했다.

윤혜미에 따르면, 최승희의 월북 이유는 크게 두 가지로 나누어 볼 수 있다. 이는 ①조선에서 친일파 논란으로 인한 무용 활동의 제약 ②새로운 국가 건설에서 예술가의 필요성을 느낀 김일성의 지시이다. 여기에 남편 안막의 설득과 제안이 더해져서 그녀의 북한행이 더욱 순조롭게 이루어졌다고 한다. 무엇보다 최승희는 당시 "자본주의 사회보다 사회주의 사회가 문화예술을 더 높이 평가한다"라는 안막의 주장에 적극적으로 동의했던 것으로 보인다(윤혜미, 2009: 143~144). 그녀는 『민주일보』 1946년 7월 21일자에서, 「해방민족의 기수로 무용창조」라는 글을 통해 조선무용에 대한 자신의 생각을 다음과 같이 밝혔다.

> "…일제가 우리 민족의 정신과 전통을 우리 민족어를, 우리 민족의 형과 선과 색과 음의 최후의 일편까지 빼앗으려 하였을 때 우리는 조선옷 조선 의상을 입고 조선음악을 쓰고, 조선의 형과 선과 색을 창조하여 그 속에서 우리 민족의 정신과 한줄기 영광을 담으려 애써 왔습니다. 이것이 국내에서나 외국에서나 내가 조선이 낳은 딸로서 걸어왔던 유일한 길이었습니다. 오늘날 일제는 이미 파멸되었고 우리 민족의 빛나는 발전의 대로는 열려졌습니다. 따라서 우리는 해방된 조선예술의 기수의 한 사람으로서 세계예술

사에 찬란한 한 페이지를 차지하도록 노력하여야 할 것입니다. 이것은 우리 민족이 우리들에게 주는 엄숙한 사명이라고 생각합니다. 이것이 나의 금후의 무용 활동 방침을 결정하는 출발점이 될 것이라 생각합니다…"[1]

최승희는 1946년 9월 평양에서 '최승희무용연구소'를 만들었다. 이는 북한에서 개인의 이름을 내건 유일무이한 예술 단체였다. 이후 그녀는 연구소를 통해 북한과 중국, 소련 등지를 집단적으로 순회하면서 작품 창작 및 무용 공연을 활발하게 하였다. 그리고 최승희는 연구소에서 수많은 무용가들을 교육하면서, 무용과 관련된 글과 저서를 다수 집필하기도 했다. 그녀는 1947년과 1957년에 최고인민회의 대의원에 두 번이나 당선되었고, 1957년에는 국가훈장 제1급을 받았다. 이후 이데올로기 비판을 강하게 받았던 최승희는 1969년 김일성에 의해 숙청된 것으로 알려진다(정병호, 2004: 437~447).

북한에서 최승희는 '최승희무용연구소'와 '최승희무용극장' 등의 설립을 통해 활동 기반을 확고하게 마련할 수 있었다. 당시 그녀는 조선민주주의인민공화국의 인민배우이자 최고인민회의 대의원이었으며, "조선인민의 자랑이며 보배" 같은 존재로서 북한의 미디어를 통해 반복적으로 호명되었다. 최승희는 "새로운 조선 사회의 발전을 촉진시키는 새로운 조선 사람"의 아이콘이었다. 그녀는 사회주의 문화권력의 후원과 지지를 통해 무용 인생 30년을 북한에서 맞이하였으며, 이 시간은 "가장 왕성하고도 원숙한 무용 창작"의 시간이자 "자유롭고 빛나는 영광에 찬 시기"였다.[2]

---

1) 최승희, 「해방민족의 기수로 무용창조」, 『민주일보』 1946. 7. 21.
2) 「민족무용의 찬란한 발전에 바친 30년―인민배우 최승희의 무용 활동」, 『문학신문』 1957. 11. 28; 최승희, 「조선민주주의인민공화국 최고인민회의 제2차 회의 회의록」, 1949. 1. 28(이영란 편, 2017: 99~104에서 재인용).

당시 최승희는 "조선인민이 유구한 세월을 두고 연마하여 내려온 민족무용예술의 유산을 발굴하며 소련을 비롯한 세계 선진 무용예술을 연구 섭취함으로써 우리의 민족무용예술의 보물고를 풍부화시킴에 기여하는 우수한 창작품들"을 선보였다. 이는 "조선민족무용의 고전유산과 전통적인 율동을 옳게 보존 발전시킨 것으로서 조국건설에 나선 조선인민의 백절불굴의 애국주의 사상을 고상한 무용기법으로 형상화하여 인민들로부터 지극한 사랑"을 오랫동안 받을 수 있었다.[3]

"유구한 전통을 가진 우리 민족무용예술은 우리 시대에 와서 가장 아름답고 위력한 예술의 하나로 인류 예술의 보물고를 풍부"하게 만들면서 완성되었기 때문이었다.[4] 월북 이후 최승희가 만든 조선무용의 관객은 서양인이나 일본인이 아니라 북한 인민이었다. 또한 이 과정에서 그녀는 미국/일본 제국주의를 적극적으로 부정하고 배제하면서, 남한의 무용가들에게 "통일적인 민족무용"을 함께 만들어 가자고 주장하였다.[5]

월북 이후 최승희의 공연 활동은 1947~1962년에 걸쳐 "극장무대공연과 순회공연, 외국방문공연" 등으로 집단적으로 수행되었다. 여기서 순회공연은 공장과 농촌, 어촌과 산간마을 등을 다니면서 공연하는 것을 의미했고, 외국방문공연은 주로 사회주의 국가들을 방문하여 공연하는 것이었다(윤혜미, 2009: 156~158). 특히 최승희 무용단의 소련 순회공연은 1950~1957년에 꾸준하게 개최되었다. 1956년 12월~1957년 1월 소련 공연에서는 무용극 「사도성의 이야기」 「맑은 하늘 아래」 「조선의 어머니」 등이 재현되었던 것으로 알려진다(배은경, 2020: 218~219, 243). 1960년 1월 일본의 기자단이 평양

3) 「인민배우 최승희」, 『문학신문』 1957. 7. 25.
4) 최승희, 「남조선 무용가들에게」, 『문학신문』 1962. 7. 20.
5) 최승희, 「통일적인 민족무용을 발전시키자」, 『문학신문』 1961. 1. 10.

을 방문했을 때 최승희와 가졌던 간담회에서, 그녀는 다음과 같이 자신의
생각을 밝혔다. 당시 최승희는 거의 50세에 가까운 나이였다.

> "일본어, 잊어버렸어요. …(북한에서 활발하게 활동할 수 있는 것은—인
> 용자)김일성 주석의 예술에 대한 넓은 이해와 양질의 대우가 있었기 때문
> 이에요. 저도 무용극 등을 창작할 수 있을 뿐 아니라 백여 명이 넘는 무용
> 가들을 외국으로 보낼 수 있었어요. 정말 너무 기뻐서 눈물이 나올 정도예
> 요. 조국(북한—인용자)의 고마움을 뼈저리게 느끼고 있어요(김찬정, 2003:
> 405~406)."

최승희가 해방 이후 1960년대까지 창안한 조선무용을 연도별로 살펴보
면 다음과 같다. 「비 내리는 밤」(1946), 「경복궁 타령」「농촌풍경」(1947),
「해방의 노래」(무용극) 「반야월성곡」(무용극) 「춘향전」(무용극) 「북춤」
「화관무」「농악무」「노사공」「석굴암 보살」「병랑」「처녀총각」「남방무
용」「꼭두각시」「봄처녀」「양산도」(1949), 「목동과 처녀」「부채춤」「화변
악」「장검무」「너는 북으로 나는 남으로」「해방된 고향」「봄의 노래」「추
석 전날」(1950), 「어머니」「수건춤」「굿거리춤」「옹해야」「승풍파란」「무
지개춤」「동심」(1951), 「조선의 어머니」「아름다운 나의 향토」(1952), 「사
도성의 이야기」(무용극)(1954), 「맑은 하늘 아래」(무용극), 「약수터」「샘터
에서」「행복스러운 청년」「즉흥무」「폭풍우를 뚫고」「저녁노을」「진주의
무희」「나르는 선녀」「운림과 옥란」(무용극)(1956), 「옥련못의 이야기」(무
용극)(1964), 「행복한 젊은이」「피물은 흐른다」「물동이춤」「연꽃이 필 때」
「환희」「어부의 노래」「바다는 좋다」「해녀와 어부」「도라지꽃」「향발무」
(연도미상) 등 총 56편이다.[6]

---

6) 이는 정병호(2004)의 연보를 토대로 해서 정리하였다.

"1920년대와 1930년대는 왜색왜풍의 탁류 속에서 시들어가는 민족성을 고수하고 민족적인 것을 발전시키려는 강렬한 모대김이 문학예술의 여러 분야에서 분수처럼 솟구쳐 오르던 때였다. 바로 이 시기에 최승희는 조선의 민족무용을 현대화하는데 성공하였으며 민간무용, 승무, 무당춤, 궁중무용, 기생무 등을 깊이 파고들어 거기서 민족적 정서가 강하고 우아한 춤가락들을 하나하나 찾아내어 현대 조선 민족무용 발전에 기틀을 마련하는데 기여하였다. 그 당시까지만 해도 우리민족의 무용은 두 대화의 단계에 도달하지 못하고 있었다. 그런데 최승희가 춤가락들을 완성하고 그에 기초하여 현대인들의 감정에 맞는 무용작품들을 창작하면서부터 상황이 달라졌다. 무용도 다른 장르예술과 함께 무대에 당당하게 등장하게 된 것이다. 최승희의 무용은 국내에서뿐만 아니라 문명을 자랑하는 프랑스, 독일 등에서도 열렬한 환영을 받았다(김일성, 1994: 55~56)."

김일성이라는 사회주의 문화권력은 최승희의 조선무용에 대해 북한이라는 네이션을 대표하는 민족무용으로서 인정하면서 담론화하였다. 이는 1920~30년대와 1950~60년대를 연결하는 "현대조선민족무용"으로 지칭되었는데, 특히 외부적으로는 항일을 표상하고 내부적으로는 조선을 계승하면서 "문명을 자랑하는 프랑스, 독일" 무대에서 다른 예술장르와 함께 견줄 수 있는 것이었다. 최승희는 월북 이후 자신의 무용예술을 통해 무엇보다 "민족성을 고수하고 민족적인 것을 발전"시키면서 "민족적 정서"를 발현하는 무용가로서 존재방식을 획득할 수 있었다(김일성, 1994: 55~56).

1950년대 중반은 최승희가 무용가로 데뷔한지 30주년이 되었고, 그녀가 북한에서 가장 안정적으로 예술 활동을 했던 시기였다. 1956년 2월에 모스크바에서 유학중이던 그녀의 딸 안성희가 국제무용콩쿠르대회에서「집시춤」으로 그랑프리를 수상했다는 소식이 전해졌고, 5월에는 최승희가 평양국립극장에서「맑은 하늘 아래」를 공연하며 이를 관람하고 있던 김일

성에게 극찬을 받았다. 또한 1956년은 남편 안막이 평양음악대학 학장에
이어서 문화선전성 부상이 되던 해였다. 유학에서 돌아온 안성희가 모란봉
극장에서 귀국 공연을 했을 때, 최승희 부부가 감격의 눈물을 흘렸다는 공
연 현장에 대해 한 귀순인사는 다음과 같이 회상한 바 있다(강준식, 2012: 398).

> "특히 1956년 6월 그들의 무남독녀인 안성희가 모스크바 유학으로부터
> 귀국하여 귀국공연을 모란봉극장에서 가졌을 때가 그들의 최고 행복의 시
> 절이었다. …안성희는 모스크바 볼쇼이극장 무용학교에서 4년간 연마한 실
> 력을 유감없이 발휘하여 박수갈채를 받았다. 안성희의 용모는 모친인 최승
> 희를 따라잡을 수 없을 정도로 아름답지 못했으나 얼굴에 굴곡이 있어 조
> 명을 잘 받았다. 안성희는 한국 고전무용은 어려서부터 김백봉 씨와 함께
> 추며 자랐으니 잘한 것만은 틀림이 없었으나 모스크바에서는 주로 발레를
> 했고, 특히 스페인춤을 익혔다고 했다.
> 　이날 안성희는 자작 안무인 춤을 10여 종목 공개하였는데, 가장 열렬한
> 환영을 받은 것은 집시의 춤이었다. 정열적인 집시의 춤이 공개된 것은 해
> 방 후 안성희가 최초였으나, 이 춤은 안성희가 볼쇼이무용학교 졸업시험으
> 로서 최고점수를 땄다고 서만일이 공개했던 뒤였던 관계로 관객들은 더
> 욱 매혹 당했다.
> 　이 춤이 끝났을 때 김일성은 직접 무대에 올라가 꽃다발을 안성희에게
> 안겨주는 광경이 있었다. 이를 지켜보던 안막과 최승희는 감격의 눈물을
> 씻지 못하고 있었다. 안막은 나의 앞석에서 금테안경을 벗어들고 박수가
> 끝날 때까지 눈에서 손수건을 떼지 못했다(이철주, 1966: 294~295)."

　1956년 10월에는 이시이 바쿠가 "북조선 건국 9주년 기념식"에 참석하
기 위해 평양에서 50일간 체류하였다. 그러나 당시 최승희는 "동구권 순
회공연"을 떠났기 때문에 스승인 이시이 바쿠와 재회하지는 못했다. 이시
이 바쿠는 북한에서 월북 무용가 및 비평가와 좌담회를 가지고 "민족 고

전의 고유한 전통에 입각한 예술창작과 젊은 무용가들의 수준 높은 기량"
을 높이 평가하면서, 이들에게 향후 "일본과 북한과의 상호 무용예술의
교류"의 활성화를 강조했다고 한다. 이 좌담회에는 "함귀봉, 정지수, 이석
예, 조성찬, 유영근 등"이 참석하였다(성기숙, 2002: 118~119).

1950~60년대 북한에서 조선무용을 둘러싼 예술장은 1930~40년대와 유
사하게 독립적인 경계나 일정한 자율성을 획득하지 못하고 있었다. 이는
유력한 정치인 혹은 문화 엘리트가 무용예술의 수용자이자 비평가, 후원
자였기 때문이다. 사회주의 문화권력은 예술장의 하부 구조 안에 침투하
여 예술장의 규칙을 생성하는 중요한 행위 주체였다. 사회주의 예술가의
입장에서, 이 구조 안으로 진입하기 위해서는 애국주의와 인민주의, 평등
주의 같은 기표를 전유할 수밖에 없었을 것이다.

『문학신문』이나 『로동신문』 『문학예술』 『조선예술』 같은 미디어에 실
리는 예술비평은 예술가와 문화권력을 중층적으로 연결하는 매개체로서
기능하였다. 나아가 문화권력은 외부의 사회주의 국가와 상호연관 속에
서 존재하고 있었다. 이를 통해 자기민족지로서 조선예술이 가지는 기능,
즉 외국의 관객에게 민족과 전통을 보여주고 전시하는 다양한 텍스트가
반복적으로 생산되고 있었던 것이다.

"혁명전통"의 자명성

1946년 3월 이후 북한의 모든 문화예술은 사실상 정치에 완전하게 종속
되었던 동시에 사회주의 이데올로기를 재생산하는 수단으로 전도되었다
고 할 수 있다. 조선성이라는 정체성이 우월하고 자명하다는 것을 강조하
면서 항일과 반미, 민족이 결합된 전통을 재구성하는 것이 예술가의 역할

이었기 때문이다. 북한에서 1956년 9월에 창간된 『조선예술』은 예술장의 규칙 및 문화담론을 생산하고 확장하는 중요한 미디어였다. 이는 사회주의 문화권력이 호명하는 전통, 민족, 예술의 여러 범주와 문화적 의미를 북한 사회의 인민들에게 잘 보여주고 있었다. 즉 1950~60년대 북한 사회에서 혁명과 전통, 민족이 결합된 판타지가 본질화된 정체성으로 전유되면서 다양한 예술장르와 문화형식을 관통하는 예술장의 규칙으로서 생성되고 있었다.

조선무용의 경우, "항일혁명무용유산"과 "민족무용유산"을 발굴하여 현대적으로 계승한 것이었는데, 이는 일종의 "혁명전통"이라고도 할 수 있다. 이러한 전통은 더 구체적으로 "1930년대 김일성을 선두로 건실한 공산주의자들이 이룩하여 놓은 빛나는 사상체계, 사업작풍, 사업전통 등이 모든 것을 관통하고 있는 김일성의 숭고한 정치—사상적 정신—도덕적 풍미"였다. 여기에 "주체사상에 기초한 민족성", "조선민족제일주의", "사회주의 조선의 고유한 성질" 등이 더해져서 새롭게 창조된 것이 조선무용이었다(김채원, 2017: 130~133).

1930~40년대 "선전영화의 꽃" 혹은 "삼천만의 연인"이었던 배우 문예봉 역시 월북 이후 식민지 말기 친일 행적을 스스로 부정하면서 "최초의 인민배우", 나아가 공훈배우로서 거듭났던 바 있다. 영화 「춘향전」 「미몽」 등으로 유명했던 그녀는 「내 고향」 「용광로」 「소년 빨치산」 등에 출연하면서 사회주의 체제에 순응하는 여성 배우로서 주체 위치를 전도하였다. 문예봉은 식민지 조선에서 "자신의 욕망에 충실한 타락한 신여성"을 연기했지만, 월북 이후 "혁명군의 연인, 조강지처, 현명한 어머니, 여전사" 등을 사회주의적으로 형상화하는 데 성공하였다. 그녀는 작품 외적으로도 반제국주의와 반봉건주의를 적극적으로 표명하는 발언을 하였다(전지니, 2018: 279~305).

김일성은 문예봉이 영화에 출연하는 과정에서 "인물 형상화"를 포함한 영화 연출 전반에 대해 직접 지시하면서 개입하였다. 그는 배우들에게 북한의 현실에 적합한 인물을 생동감 있게 연기할 것을 계속해서 요청하였다. 김일성은 「소년 빨치산」을 보면서 문예봉에게 "인민의 생활을 잘 포착"할 것과 연기의 진실성 등을 언급하였는데, 이는 "사상의 투철함을 주문하는 동시에 감정적인 자연스러움을 요구"하는 것이었다. 이에 문예봉은 "철저한 자아비판"을 하는 동시에 "정치성과 예술성의 결합이 얼마나 중요한지"에 대해 깨달았다고 고백하였다고 한다(전지니, 2018: 297, 303~304).

문예봉은 "미제를 몰아내고 남녘땅을 해방하자"라고 외치면서, "삼천만의 연인"에서 "빨찌산의 처녀"가 되었다. 그녀는 다양한 조선영화를 통해 "미제의 무력침공을 반대하여 영웅적으로 싸우고 있는 조선 인민"의 아이콘으로 전시되었던 것이다. 항일에 이어서 반미는 북한 사회에서 "조국해방전쟁"을 완성하는 사회적 기제였기 때문에, 문예봉에게 이러한 정치적인 수행성이 요청되었던 것이다(한상언, 2019: 92, 160~163). 사회주의 문화권력은 예술장에 개입하여 혁명하는 인민의 형상을 무한하게 재생산하면서, 일본/미국 제국주의에 저항하고 남한 인민을 해방시키는 일종의 혁명전통을 자명한 것으로 만들어서 북한 관객들에게 주입하고자 했다.

임소향은 기생 출신으로 조선권번에서 판소리와 창극, 무용을 두루 익혔다고 한다. 본명은 임유원인데, 그녀는 한성준의 수양딸이기도 했다. 임소향은 1930~40년대에 음반을 취입하고, 라디오방송에 출연하면서 다양한 전통예술을 선보이면서 여류명창으로 식민지 조선에서 자신의 이름을 널리 알렸다. 그녀는 악기 연주뿐 아니라 창극조와 단가, 남도잡가와 민요, 시조 등에 걸쳐 다양한 음악 활동을 하였다. 또한 임소향은 「배비장전」「흥부전」「춘향전」 등에 출연하면서 배우로도 활동하였다. 특이한 것은 그녀의 여성 신체는 "선이 굵은 남자의 모습이었지만 동작이 크고 활달한 연기로 무대에서 큰 인기"를 얻었으며, "성격 또한 호방한 남자의 성격"을 지니고 있었다. 그리고 임소향의 목소리는 "여성이면서도 오랜 연마를 통해 우러나오는 남성적인 엄격함도 지니고 있었던 개성 있는 소리"로 독특하게 평가되었다(동경원, 2018: 155~177).

임소향은 한국전쟁 시기에 월북하였고, 1950~60년대 북한에서도 창극과 판소리, 무용에 걸쳐 조선예술의 내재적 계승자로서 활발하게 활동하였다. 1952년 12월에 공훈배우가 되었던 그녀는 창극 「이순신 장군(출진)」 「춘향전」 「심청전」 등에 출연하였다. 나아가 임소향은 북한에서 판소리 전통을 가진 작품을 선별하여 창극화하는 작업을 하였다. 그런데 이 과정에서 중요했던 것이 그녀가 해방 이전 남성적인 목소리로 주목을 받았던 일종의 "쐑소리(탁성) 제거"였다. 이는 당시 북한 사회에서 "민족적 선율과 감정에 맞는 맑고 부드러운 소리와 그 발성법을 확립"하기 위한 조직적이고 집단적인 과제이기도 했다. 김일성은 직접 「춘향전」의 개작이라든가 배우들의 발성 훈련 등에 대해 지속적으로 지적하면서, 로동당 간부들과 함께 공연을 관람하였다(동경원, 2017: 167~172).

한설야는 1946년 2월 평양에서 김일성을 만난 이후 김일성의 항일무장투쟁에 대해 창작 활동을 하면서 '조선문학예술총동맹', 즉 문예총을 결성하여 중심적인 역할을 하였다. 1940~50년대에 그가 창작했던 작품들은 "김일성을 중심으로 한 항일무장투쟁의 모든 과정"을 형상화한 것이었다. 이는 한설야가 1930~40년대에 소외되었던 김일성의 활동을 "중심부의 역사, 성스러운 역사"로서 전유하면서, "항일무장투쟁사를 중심으로 한 북조선 역사의 전체적 지형도"를 복원하기 위한 의도를 담고 있었다. 당시 한설야의 거의 모든 작품들은 김일성의 항일무장투쟁, 영웅으로서의 면모

그리고 사회주의 교시와 지침 등을 소설화한 것이었다(남원진, 2014: 337~377; 강진호, 2004: 270~274). 월북 이후 한설야의 문학 활동은 순수한 예술성의 발현이 아니라 정치성을 수행하는 하나의 도구로서 창작되고 있었다.

나아가 한설야는 사회주의 문화권력을 직접 구성하는 주체 위치에 존재하고 있었다. 1950년대에 그는 북한 문예계에서 숙청을 주도하면서 실권을 장악하였기 때문이다. 한설야는 북한에서 중요한 시기마다 "문화예술의 총화 및 방향을 제시하는 보고"를 통해 문예계를 실제적으로 이끌고 있었다. 그는 문예총을 개편하면서 주요 요직을 자신의 인사들로 구성해 나갔다. 당시 한설야의 네트워크 안에 있던 인물들로는 "리기영, 박팔양, 안막, 안함광, 한재덕, 홍순철, 김남천, 김사량, 정현웅, 서만일, 조령출" 등이 있었다(김명훈, 2018: 52; 남원진, 2014: 347).

정현웅은 1950년대 초기에 월북한 이후 조선미술가동맹에 가입하여 활발하게 활동하였다. 그가 1952년에 제작했던 목판화「고지점령」「포로」그리고 수채화「미제의 인민학살」같은 작품은 전쟁에 대한 승리를 확신하면서 반제국주의와 반미 감정 등을 미술화한 것이었다. 무엇보다 그는 1952년부터 1963년까지 총 10년 동안 고구려 고분벽화 모사작업을 하면서 자신의 조선미술을 완성할 수 있었다. 이 작업은 "전쟁으로 인해 파괴된 역사유물들의 복구에 주력하며 미군의 파괴행위에 대한 비판을 획득함과 동시에 평양 인근의 고구려 유적을 집중적으로 발굴하여 북한 정권의 역사적 정통성을 강화"하기 위한 것이었다(김명훈, 2018: 41~43).

그리고 정현웅은 고구려 고분벽화의 모사도를 제작하는 것과 함께「토끼전」「친한 동무」「리순신」「1893년 농민군의 고부해방」「남연군묘 도굴」등의 회화를 그리면서 그의 이름을 널리 알리고 있었다. 특히 고분벽화 모사작업이 마무리되었던 1963년에는 평양의 조선미술박물관에서는 모사본을 전시하였다. 당시 정현웅은 김일성에게 이에 대한 업적을 치하 받았던 동시에 로동당의 문예정책에 적극적으로 조응하는 예술가로서 인정받았다(김명훈, 2018: 46~54).

대중가요 작사가로 활동했던 조령출은 월북 이후 북한에서 음악극 완성에 커다란 기여를 하였다. 그의 예명은 조명암이다. 조령출은 1964년에 창극 「춘향전」을 직접 썼는데, 이는 조선의 고전이 일종의 사회주의 혁명가극으로 새롭게 구성된 것이었다. 여기서 중요했던 것은 "민족 고유의 민요와 대중가요의 익숙한 형식인 절가"와 "해설자의 역할을 하면서 극의 이해를 돕는 방창"을 함께 도입한 것이었다. 음악극의 핵심은 노래였고, 절가와 방창은 인민에 대한 음악의 전달성과 파급력, 결속력을 극대화한 것이었기 때문에, 조령출의 존재방식은 북한의 예술장에서 독보적인 역할을 하였다(김정환, 2015: 104~117).

북한에서 음악극은 판소리를 발전시킨 창극과 서양 오페라의 가극 두 종류로 발전되다가 "가극 혁명을 통해 창극의 남도소리를 제거하고 오페라의 레치타티브를 제거하여 절가와 방창을 만들어내며 북한식의 독특한 음악극 양식"으로 만들어졌다. 이에 따라 음악극은 '창극—혁명가극—민족가극'으로 발전되었다. 이는 "조선민족제일주의"와 사회주의 이데올로기를 대중에게 감각적으로 각성시키면서 체득시키는 것을 목적으로 한 것이었다(김정환, 2015: 93~100). 즉 사회주의 음악극의 완성은 예술장 내부의 자율성이나 독자성을 반영하는 것이 아니라, 어디까지나 김일성의 교시를 따르는 것이면서 북한에서 새로운 민족문화를 건설하는 하나의 방법이었다.

1951년에 김일성은 북한의 모든 예술가들에게 "숭고한 애국심, 민족에 대한 높은 자부심, 인민군대의 영웅성과 완강성의 묘사, 인민과 군대의 승리에 대한 신심의 고무, 적에 대한 증오심"을 조선예술을 통해 강하게 표현할 것을 요청한 바 있다. 이는 1956년에 출판된『해방후 조선음악』에 매우 중요한 영향을 미쳤으며, 이 담화 내용에 따라 음악창작 상황 및 장르가 결정되었다. 당시 북한에서는 사회주의 이데올로기와 주체사상이 반영된「김일성장군의 노래」「인민공화국 선포의 노래」「인민 항쟁가」같은 "인민가요"와 "군중가요"가 다양하게 창작되었다. 이는 인민군 군대와 북한 인민들에게 일상적인 차원에서 광범위하게 보급되었다(배인교, 2018: 175~186).

또한 1957~1961년 사이 간행되었던 "현대조선문학선집"은 "북조선에서 공적인 가치나 규범을 창출할 수 있는 정전으로 호출되면서 유포된 작품집"이다. 이는 "700여 명의 작가와 5,000여 편의 작품이 수록된 80여 권 규모"였다. 이 선집의 대대적인 간행은 해방 이전/이후에 생산된 조선예술의 선별 및 정리를 통해 북한이라는 네이션의 정통성과 연속성을 확인하기 위한 목적이었다고 할 수 있다. 왜냐하면 당시 현대조선문학선집은 "일제의 가혹한 탄압과 검열로 인하여 복자로 된 부분을 복원"하는 것을 중요하게 포함하면서 "조선문단 전체의 지도를 그린 야심찬 문화정치적 기획"이었기 때문이다. 나아가 이는 "인민교양서" 혹은 "인민을 호명하고 인민을 기획하려는 계몽서"의 역할을 하였다(남원진, 2018: 261~279).

1950~60년대에 혁명전통의 자명성이 북한의 조선예술의 전형이 된 것은 다음의 세 가지를 의미한다고 요약할 수 있다. 전영선에 따르면, 이는 ①북한 정권의 정통성을 주장하는 항일혁명투쟁시기에 창조된 혁명적 문학예술이라는 점 ②김일성이 혁명투쟁기간 동안 문학예술의 큰 역할이 되었음을 알고 이를 발전시켰다는 것 ③항일문학예술은 당성, 노동계급성 원칙을 옹호하고 구현한 문학예술로서 큰 의미가 있다는 것이다(전영선, 2002: 165).

이처럼 다양한 양상은 1950~60년대 북한의 문화 엘리트가 식민지 조선의 현실에 대해 혁명전통이라는 새로운 시선을 통해 낯선 타자로서 복원하는 과정으로 볼 수 있다. 이는 레이 초우가 말하는 일종의 "원시적 열정(primitive passions)"이 투영된 것이다(초우, 2004: 40~46). 이 과정에서 과거의 조선예술은 체계적으로 선별되면서 정전화되고 있었다. 이는 사회주의 문화권력이 조선의 역사와 민족을 원시화함으로써 북한이라는 네이션을 근대적이고 문명적인 대상으로 자리매김하고자 하는 시도이다.

혁명전통이라는 기표는 단지 과거를 향한 노스탤지어가 아니었으며, 네이션의 기원이라는 판타지를 생성하고 있었다. 서양/일본에 비해 북한 문화가 전근대적이고 후진적이라는 점에서 원시적인 것이지만, 이는 조선예술에 의해 오래된 전통을 보여주는 긍정의 대상으로 전유되면서 중층적으로 구성되었다고 할 수 있다.

이 과정에서 예술가들은 역사와 민족에 기초한 조선예술의 자명성을 어떻게 이해하고 있었을까? 이들은 집단적이고 폐쇄적인 예술장 안에서 유동적인 존재방식을 주체적으로 수행할 수 있었는가? 김일성은 북한 인민을 직접적으로 응시하기보다 매개체와 중간 협력자를 필요로 했는데, 이는 바로 자기민족지와 문화 엘리트를 통한 것이었다.

그렇지만 예술가들이 생산한 조선예술은 자기민족지로서 항상 그 기능에만 충실한 것은 아니었다. 이들은 예술장에 진입하기 위해 서로 경쟁하면서도, 사회주의 문화권력에 의해 완전하게 포섭되기도 어려웠기 때문이다. 내재적인 조선성을 바라보는 관객이면서도 계승자의 위치에 있던 예술가들, 다시 말해 보여지는 대상이자 보는 주체로서 중간자 정체성을 지니고 있던 월북 예술가들의 존재방식은 결코 단순하지 않았다.

인민배우라는 제도

해방 이후 북한으로 월북한 다양한 예술가들은 김일성이라는 절대권력 혹은 로동당의 문예정책에 자발적으로 혹은 강압적으로 순응하면서, "고상하고 아름다운 민족예술"을 상호연관적인 차원에서 생산하고 있었다. 이는 1930~40년대 항일 공산주의자와 1950~60년대 사회주의자 인민을 연결함으로써 "인민의 행복이 꽃피는 공화국 북반부"라는 네이션을 건설하는 과업이었던 동시에 같은 시기 "미제 강점하의 남반부"와 대립되면서 상상적으로 완성되고 있었다.[7] 즉 '북반부—남반부'라는 기표/담론은 각기 독자적으로 존재하는 것이 아니라 조선예술에 의해 대립적으로 연동되는 쌍형상화 도식이라고 할 수 있다.

『로동신문』은 해방 이후 10주년을 기념하여 총 10명의 공훈배우를 선정하였다. 이는 "조국이 해방된 이후 민족예술이 장황한 발전의 길"에 가고 있다는 것을 되새기면서, "국가와 인민의 이익을 토대로 한 진정한 인민예술이 성립"되었다는 것을 과시하기 위한 것이었다. 당시 10명의 공훈배우는 "최승희, 황철, 배용, 안기옥, 김완우, 정남희, 박영신, 류은경, 임소향, 문예봉"이었다. 그중에서 식민지 말기 친일 행적이 명확했던 이들은 "최승희, 황철, 문예봉"이었다. 세 사람은 저마다 친일 행적을 극복하고 사회주의 이데올로기에 적응하는 데 성공했기 때문에, 북한에서 인정받는 공훈배우가 될 수 있었던 것이다(전지니, 2018: 281~282).

북한 무용계에서 공훈배우 칭호를 받은 인물들은 거의 최승희의 무용 계보 안에 있었다. 이들은 "안성희, 나숙희, 정덕원, 차예진, 강천옥, 홍정

---

7) 문예봉, 「당의 품속에서」, 『조선영화』 1960년 7월(한상언, 2019: 171에서 재인용).

화" 등이었다. 또한 최승희 연구소 출신으로 북한에서 활동했던 무용가의 이름을 살펴보면 다음과 같다. "여자는 엄영춘, 유정숙, 전영미, 김창진, 현정숙, 박순덕, 박경실, 한금실, 전영옥, 정태전, 강옥채, 강천옥, 한성숙, 오영옥, 태정란, 홍정화, 우인희, 정순희, 김경숙 등"이 있었다. 그리고 "남자는 김봉운, 김낙영, 박남주, 조한구, 최호섭, 오몽희 등"이 있었다(윤혜미, 2009: 151, 156).

북한의 예술장에서는 예술장르의 구분이나 예술가의 재능보다, 예술가들이 얼마나 혁명전통에 충실하고 사회주의 이데올로기에 부합하는 조선예술을 생산하는가를 기준으로 이들의 등급이 매겨졌다. 이에 따라 예술가들의 사회적 지위와 대우, 경제적 혜택이 각각 결정되었던 것이다. 이는 일종의 경쟁체제이기도 하면서, 행위자에게 통제의 메커니즘으로 작동되었다고 할 수 있을 것이다. 이 구조 안에서는 어디까지나 김일성의 교시와 혁명전통 혹은 주체사상이 예술장의 유일무이한 규칙이었기 때문이다. 또한 개별 행위자가 규칙에서 이탈하는 조선예술을 생산하는 경우 비판과 숙청의 대상이 되었다.

1950~60년대 북한의 예술장에서 생성된 혁명적이고 인민적인 조선예술은 예술가 개인의 주체성이나 독창성을 촉구하기보다 정치적이고 평등지향적인 것이었다. 이는 인민배우, 공훈배우 등의 위계질서를 통해 예술가의 주체 위치가 서열화되었던 동시에 개별적인 예술장르는 조선예술이라는 큰 범주 안으로 수렴되었던 것이 중요한 특징이다. 왜냐하면 사회주의 문화권력은 조선예술과 예술가에 대해 미시적이고 거시적인 차원에서 반복적으로 개입하면서 예술장의 규칙을 조율하고 있었기 때문이다. 이는 서양이나 일본의 관객을 향하고 있지 않았으며, 북한 내부의 인민을 조선예술의 유일한 청중이자 수용자로서 상정하고 있는 것

이기도 했다.[8]

주체사상의 응시자

1945년 8월에 진보적 문화단체인 "조선문화건설중앙협의회"가 결성되었
으며, 이어서 9월에는 "조선무용건설본부"가 그 산하단체로 결성되었다.
이는 "박용호, 정지수, 장추화, 김민자, 한동인, 진수방 등 40여 명의 무용
인"이 모여서, "식민지 잔재 청산과 춤의 토대 확립"을 목적으로 만든 것이
었다. 여기서 조택원과 최승희는 친일 행적 때문에 발기인 명단에서 제외
되었다고 한다. 그리고 1946년 6월에 "조선무용예술협회"가 새롭게 결성
되기도 했다. 그러나 이 단체들은 뚜렷한 활동 양상을 보여주지 못하고
단시간에 해산하였다. 가장 지속적인 활동을 했던 "조선교육무용연구소"
는 함귀봉이 1946년 9월에 개소한 것이었다. 이 연구소는 무용 창작과 교
육을 모두 담당하면서 3기생까지 배출하였는데, 이는 "조동화, 차범석, 김
문숙, 김경옥, 최창봉" 등이었다. 그 외에 "서울바레단"과 "장추화무용연구

---

8) '인민/공훈배우'라는 칭호는 '공훈예술가'와 함께 북한에서 1952년 6월 4일에 문화
예술분야 종사자들을 대상으로 해서 제정된 것이다. 이에 대한 구체적인 내용은
다음과 같다. ①이들 칭호는 최고인민회의 상임위원회에서 수여한다. ②인민배우
칭호는 높은 예술적 기능으로 연극·영화·음악 및 무용 등 각 분야의 작품 형상
에 있어서 특출한 창조적 공훈을 세우고 국민들 속에서 광범위한 지지와 존경을
받으며 국가, 사회적 사업에서 애국적이며 헌신적인 활동을 하는 무대예술가에게
수여한다. ③공훈배우 칭호는 고상한 예술적 기질을 소유하고 우수한 예술적 형
상을 창조, 국가와 사회사업에서 공훈을 세운 무대예술가에게 수여한다. ④공훈
예술가 칭호는 우수한 예술적 작품을 창조하여 국가, 사회적 활동에 있어서 공훈
을 세운 미술, 조각 및 작곡 부문 예술가들과 예술 간부 양성사업에서 공로가 있
는 예술가들에게 수여한다. 이들 칭호는 대개 김일성·김정일 생일과 당 및 정권
수립 기념일 등을 전후하여 개최되는 수상식에서 해당자에게 수여된다(전영선,
2002: 32~33).

소" 같은 단체가 있었다(김경애·김채현·이종호, 2001: 93~96).

이후 북한의 무용계는 1953년 '국립최승희무용연구소'의 설립을 통해 사실상 최승희를 중심으로 재편되었다고 할 수 있다. 또한 한국전쟁 초기 무용인들 가운데 한동인·문철민·장추화·박용호·최가야는 납북되었고, 김막인은 피살되었으며, 함귀봉·정지수·이석예는 월북하였다. 함귀봉, 한동인, 장추화 같은 이들이 단원 지도와 창작 등에 집중했던 것 외에 북한에서 월북 무용가들의 뚜렷한 활동이 알려진 바는 없는 편이다. 그리고 김백봉, 안제승, 전황, 강이문, 권려성, 장홍심, 한순옥, 김백초 등은 월남하였다(김경애·김채현·이종호, 2001: 98, 104, 112~113).

김채원에 따르면, 북한에서 무용예술에 대한 정책은 전반적으로 다음과 같이 추진되었다. 이는 ①당의 정책에 기반한 혁명적 춤 지향 ②춤 인재의 육성 ③예술가의 부르주아 사상 비판 ④사회주의적 내용과 민족적 형식의 결합 ⑤사상예술성 높은 춤 창작 ⑥무용소조의 활성화를 통한 춤의 집단화·대중화 ⑦당성·계급성·인민성을 반영한 춤을 통한 인민의 공산주의화 ⑧사회주의적 사실주의 기법에 의한 형상방법 ⑨민족무용유산의 현대적 계승 등이다(김채원, 2008: 60).

이러한 예술장의 규칙은 어디까지나 "주체무용"을 완성하기 위한 것이었다. 북한의 무용을 내용상으로 보면 다음의 4가지 범주를 크게 벗어나지 않았다. 이는 ①절대자나 당에 대한 충성심과 위업을 칭송하는 작품 ②항일혁명시기 및 한국전쟁시기의 애국적인 사건이나 영웅적 일화를 다룬 작품 ③사회주의 체제의 자랑과 노동자로서의 긍지와 자부심을 다룬 작품 ④민족무용유산을 시대정신에 맞게 계승, 발전시킨 작품 등이다. 또한 작품 형식으로 보면 무용극, 무용조곡, 무용서사시, 무용소품 등이다. '최승희무용연구소'에서 창작한 작품들 다수가 여기에 포함된다고 할 수 있다(김채원, 2008: 49~54).

제임스 C. 스콧에 따르면, 지배자와 피지배자 사이에는 "공개 대본 (public transcript)"과 "은닉 대본(hidden transcript)"이라는 언설이 존재하는데, 행위자는 상이한 대본에 따라 자신의 주체성을 연극적으로 발화하게 된다. 특히 노동자와 노예, 피식민자와 불가촉천민 같은 행위자는 오랜 시간에 걸쳐 "언어, 몸짓, 관행"을 통해 저항적 발화로 구성된 은닉 대본을 집단적으로 구성해 나간다는 것이다. 이러한 집단적인 은닉 대본이 축적되어서 일정한 발화점과 조우하는 경우 역사적인 혁명의 순간 혹은 "정치적 전율"을 만들어낼 수도 있다. 이는 피지배자들이 비/가시적으로 수행하는 일종의 "하부정치(infrapolitics)"라고 호명할 수 있다(스콧, 2020: 10~50).

1950~60년대 북한의 예술장에서 지배자와 피지배자, 예술가와 독자는 그 경계가 뚜렷하게 구별되지 않았는데, 이는 사회주의 이데올로기 혹은 주체사상이 이들에게 중층적으로 투영되어 있었기 때문이다. 현실에서 노동자, 농민, 전사, 예술가 등의 다양한 행위자는 인민이라는 존재방식에 의해 담론적인 차원에서 동질적으로 가시화되었다. 이는 혁명적인 건설을 수행하는 "새로운 사회주의적 인간형"이었다(김태경, 2018: 236). 이러한 정체성은 고유하고 본래적인 것이 아니라 의식적이고 정치적으로 만들어진 것이었다. 그런 점에서 조선예술은 인민의 감각을 생성해 내는 공통의 대본이자 문화 텍스트였던 것이다.

1967년에 이르면 북한의 예술장에서 인민이라는 새로운 인간형의 원본이 "1930년대 항일유격대 전통의 빨치산—투사"라는 점이 강조되었는데, 이는 "조선혁명의 기원"이기도 했다. 해방 이후 사회주의 문화권력에 의해 1930~40년대 식민지 조선의 "카프혁명전통"은 1950~60년대 북한에서 "항일혁명문예전통"으로 그 역사적 계보가 연결되었기 때문이다. 1946년

3월에 창립된 "북조선문학예술총동맹"을 구성했던 주요 인물들을 보면, 대부분 카프의 프로문예운동을 이끌었던 사람들이었다. 카프 출신 작가들의 작품은 북한에서 1957~1961년 동안 "현대조선문학선집"으로 출판되었다. 이는 인민의 교양이라는 이름을 통해 반복적으로 공유되었다. 약 120명을 대상으로 한 이 선집의 내용은 "조선 로동당과 김일성 원수 형상화 작품들, 전당 대회를 로력적 성과로 맞이하기 위한 공장, 광산, 농촌 및 건설장들에서의 전체 근로자들의 줄기찬 투쟁 모습과 인민군 용사들의 영용성 형상화한 작품들"이었다(김태경, 2018: 51, 198~208, 251).

한설야는 1960년에 "카프와 항일혁명문예"가 북한 문학과 "사회주의 리얼리즘의 기원"이라고 중요하게 언급하였다. 이경재에 따르면, 한설야의 다양한 소설을 통해 김일성을 정점으로 하는 "상상적 동일시"라는 주체 구성의 메커니즘이 형성되었다. 이는 "인간 개개의 단독성과 독립성이 보장된 주체화를 추구하는 것이 아니라, 거대한 자아를 공고히 하기 위해 개개의 타자를 집단적 자아가 흡수해 버리는 방식의 주체화"였다. 왜냐하면 김일성이라는 표상은 행위자에게 "프로이드가 말한 주체의 나르시시즘적 구조물로서 내면세계의 환상대상과 함께 존재하는 일종의 자아이상(ego-ideal)"이자 "유년시절에 잃어버린 나르시시즘의 대체물"이었기 때문이다(이경재, 2010: 288~349).

최승희의 오빠와 남편인 최승일과 안막은 모두 식민지 조선의 카프 출신이자 현대조선문학선집에 직접 호명되었던 작가들이었다. 이들을 통해 최승희의 무용예술과 주체사상 역시 북한에서 '카프—항일'을 연결하는 계보 안에서 정통성을 더욱 인정받을 수 있었을 것이다. 나아가 안막은 1949년에 국립음악대학 초대 학장으로 부임하면서, 최승희의 요청에 따라 "악기개량을 통해 국악오케스트라를 구성"하였다. 이는 전통 악기를 서양

악기처럼 다양한 음계와 음색을 갖추도록 새롭게 개조하는 작업이었다. 그는 이를 통해 최승희가 민족무용극을 완성하는 데 중요한 도움을 주었다고 할 수 있다(성기숙, 2002: 111).

12

내재적 계승자, 혁명적 인민성의 발현

"조선민족무용"

자기민족지의 내재적 계승으로서 최승희의 예술적 결실은 두 권의 무용 저서인 『조선민족무용기본』(1958)과 『조선아동무용기본』(1963)을 통해 집약적으로 체계화되었다고 할 수 있다. 그녀가 제시하는 "조선민족무용기본"은 "우리나라 방방곡곡과 전 세계 수십 개 나라들을 다니며 광대한 인민들 속에서 무진장한 무용의 보물고"를 바탕으로 하여 정리한 것이었다(최승희, [1958]1991: 4~5). 이 책을 살펴보면, 최승희가 직접 안무한 "입춤, 부채춤, 탈춤, 수건춤, 소고춤, 칼춤, 조선장단"에 대해 무용의 동작과 순서, 특징을 중심으로 그림과 글을 통해 매우 상세하게 설명되어 있다. 이는 그녀가 30년에 걸쳐 조선인의 민족성을 관찰하고 추출하여 묘사했던 일종의 '무보(舞譜)'라고 할 수 있다(최승희, [1958]1991). 『조선민족무용기본』의 서문에서 최승희는 다음과 같이 언급한 바 있다.

"우리 선조들이 남겨 놓은 아름다운 무용예술을 이어 나가며 세계무용예술에서 가치 있는 것들을 널리 받아들이며 새로운 것들을 창조해냄으로써

우리는 조선무용예술의 새 시대를 열어놓을 수 있었다고 나는 본다. 우리
무용예술의 찬란한 발전을 위하여 새롭고 보다 훌륭한 무용기본을 만들어
내어 이를 널리 소개한다는 것은 뜻깊은 일이다. 여기서 발표하는 무용기
본들은 내가 30여 년 동안 무용생활을 하면서 우리 무용에서 잃어진 것을
찾아내며 약한 것은 강하게 하며 없던 것을 창조해냄으로써 우리 조선무용
예술의 새로운 부흥을 가져와 보려고 염원하여 만들어 본 것이다(최승희,
[1958]1991: 4)."

 "조선민족무용기본"에 이어서 "조선아동무용기본"이라는 것은 유사한
방식으로 조선인 아동에게 무용의 포커스를 맞춘 것이다. 이는 소년과 소
녀가 아동 신체로서 집단무용의 형식으로 조선무용을 습득하는 방식을
체계적으로 정리한 춤 교육 지침서이다. 여기에는 "아동무용기본동작, 아
동무용기본동작의 배합 및 응용, 무용훈련을 위한 작품, 무용음악" 등이
수록되어 있다. 또한 이 책에서는 유치원 어린이, 인민학교, 중학교, 기술
학교 학생들을 대상으로 하여 각 단계별로 다양한 작품들을 제시하면서,
조선인 아동의 심성과 신체를 통한 사회주의 사회의 건설에 대해 무용적
으로 촉구하고 있다(유미희, 2004: 62~67). 『조선아동무용기본』이라는 책의 서
문에서 최승희는 다음과 같이 자신의 생각을 밝히고 있다.

 "로동당 시대에 찬란히 꽃핀 우리 무용은 높은 사상성과 예술성, 민족
적 독창성으로 하여 세계 최고봉의 아름다운 예술로 전 세계 인민들의 사
랑을 받고 있다. 이처럼 우리 천리마 시대가 낳은 훌륭한 무용예술을 조
국의 미래를 걸머질 꽃봉오리며 보배들인 아동들에게 배워주어 이를 길
이 이어가게 할 뿐만 아니라 수백만 새 세대들 속에서 더욱 찬란히 꽃피게
하고 이를 풍부하게 한다는 것은 매우 중요한 일이다. 특히 무용예술은 인
체동작을 기본수단으로 하는 형상적 수단의 특수성으로 하여 아동들의 정
서교양과 함께 신체를 균형적으로 조화있게 발전시킴에 큰 도움을 줄 수

있다(이영란 편, 2017: 145)."

『조선민족무용기본』과 『조선아동무용기본』을 통해 최승희가 제시하는 조선인 남성/여성 성인과 아동의 '조선무용기본'이라는 것은 인민을 대상으로 하여, 이들이 신체적 감응을 통한 사회주의 공동체의 구성원으로서 그 심성과 이데올로기를 체득하는 매개체로서 작동되는 데 그 의미가 있는 것이다. 즉 그녀가 창안했던 조선무용은 북한 사회에서 엘리트/비엘리트 계급을 넘어 조선성이라는 정체성을 공유할 수 있는 대상이었다는 것을 알 수 있다. 여기서 남성/여성이라는 젠더적 구분은 뚜렷하게 강조되지 않는 것이 중요한 특징이다.

마지막으로 1962년에 「최승희류 조선무용」이라는 무용영화가 조선과학영화촬영소에 의해 제작되어 배포되었다. 이는 『조선민족무용기본』을 영화화한 것이었다. 이를 통해 "춤 전문가와 신세대 그리고 무용발전을 위한 연구에도 구체적인 토대와 계기를 제공하는 교과서이자 무용예술을 근로대중의 것이 되게 하는 실질적인 무기 역할"을 할 것으로 기대되기도 했다(김영희·김채원, 2014: 66~67). 월북 이후 최승희는 자기민족지로서 조선무용을 문자 텍스트와 무용영화 같은 다양한 문화 형식을 통해 기록하고 전승함으로써, 엘리트 계층의 전유물이 아닌 인민대중을 향해 하향적으로 확산하는 데 노력했던 것이다.

영화로 만들어진 「최승희류 조선무용」은 "무용창작 최승희, 무용지도 현정숙, 출연자 최영애, 박용학 외 17명"이 출연하였다. 이 영화를 살펴보면, "조선민족무용의 기본은 다양한 무용작품들을 창작할 수 있는 많은 동작들이 있습니다. 이 기본동작을 가지고 우리는 우아하고 아름다운 감정세계를 표현할 수 있을 뿐만 아니라 혁명적 낭만이 가득한 약동하는 신체를 힘차게 그려낼 수도 있습니다. 지금 우리가 보고 있는「혁명을 위하여」라는 군중무용도 조선민족무용의 기본동작을 가지고 창작된 것으로서 인민들이 즐겨 쓰는 춤의 하나입니다. 이 영화에서는 조선민족무용의 기본들 중에서 그의 골간을 이루고 있는 춤의 여자 동작만을 보기로 하겠습니다"라는 소개와 함께 1시간 정도로 이루어진다.[9]

저항예술의 기억

1945년 이후 신생 국가로서 북한은 사유재산 폐지와 평등주의 실현을 전면적으로 제창하면서, 북조선로동당과 인민민주주의를 기반으로 한 사회주의체제를 만들어 나갔다. 이는 "'당=국가'를 지향하는 거대 정당의 출현"이었으며, 사회 전체에 걸쳐서 최대의 정치세력이 등장하는 것을 의미하였다. 이 과정에서 북조선로동당을 통해 복수의 정당이 경쟁을 종식하는 동시에 일당제 체제가 만들어졌기 때문이다(서동만, 2005: 372~375). 북한 사회에서 실제로는 김일성이라는 절대적인 권력자를 국가 통치의 중심축으로 하는 것과 함께 구성원들을 향해 노동자와 인민이라는 정체성을 지배적 기표로서 호명하는 사회구조가 만들어졌던 것이다.

최승희는 월북 이후 전반적으로 이러한 북한의 네이션 형성과 매우 긴밀하게 공명하는 차원에서 자신의 무용 활동을 지속해 나갔다. 이는 새 민주조선건설시기(1945~1949), 조국해방전쟁시기(1950~1954), 전후 복구건설과 사회주의 기초건설시기(1955~1959), 사회주의 전면적 건설시기(1960~1969)로 나누어서 파악할 수 있다. 공연 작품을 순서대로 보면,「반야월성

---

9) 이 영화는 현재 유튜브에서 "崔承喜 舞踊映像"이라는 이름으로 확인이 가능하다 (출처:「하정웅아카이브」, 검색일: 2021년 1월 20일).

곡」「춘향전」「조선의 어머니」「조국의 깃발」「사도성의 이야기」「맑은 하늘 아래」「운림과 옥란」「계월향」「해녀이야기」 등이 있다. "민족무용극"을 표방했던 이 작품들은 민족과 전통을 전유함으로써 사회주의 혁명 혹은 투쟁을 무용화한 작품들이다. 최승희는 여기서 대본과 안무, 총감독까지 모두 맡으면서 무용극을 완성하였다(동경원, 2014: 188~189).

1946년 7월에 최승희가 월북했던 가장 큰 이유는 남편 안막의 권유와 함께 남한 사회에서 있었던 그녀를 향한 강도 높은 친일 비판 때문이었다. 이후 북한에서 김일성은 최승희 부부에게 예술 활동을 위한 물질적 자원과 문화적 환경을 적극적으로 제공하였다. 친일 문제에 대한 관대함과 절대적인 후원 덕분에, 최승희는 1950~60년대 문화의 변방이었던 평양에서 오직 무용 활동에만 전념할 수 있었던 것이다(성기숙, 2002: 103~107). 그러나 이 과정은 그녀가 일본 제국주의의 아이콘이었다는 식민주의 유산을 단시간에 극복하기 위해, 사회주의 이데올로기를 스스로 내면화하면서 이를 과잉적으로 표상할 수밖에 없었던 주체 구성의 역설을 보여준다고 할 수 있다.

북한에서 최승희는 서양성과 일본성의 대립항으로서 설정되었던 조선성을 사회주의적으로 전유하는 동시에 민족을 인민으로 새롭게 호명함으로써, 무용극의 형식을 통해 조선의 역사와 민족을 독특하게 무용화하였다. 즉 최승희 무용극은 엘리트 계급이 아닌 인민을 위한, 인민에 의한 조선무용이라는 점이 중요한 특징인 것이다. 이는 그녀가 해방 이전 자신의 이미지와 작품에서 혼종적으로 존재했던 서양성과 일본성을 철저하게 배제했던 것이기도 하다. 최승희는 이러한 순수하고 인민적인 조선무용을 통해 1955년 '인민배우'라는 칭호까지 얻으면서, 1950년대 후반기에 최고의 절정기를 맞이할 수 있었다. 특히 1955년은 그녀의 무용 인생 30주년이 되는 해이기도 했다.

1954년 11월 평양의 모란봉 극장에서 공연된 「사도성의 이야기」(5막 6장) 같은 경우, 신라 시대 동해안의 사도성에서 일어난 한 사건을 다루고 있다. 귀족의 딸이면서 가무와 무술에 소질이 있고 어여쁜 금희는 누명을 쓰게 된 어부 출신의 군졸 순지를 사랑하게 된다. 오랫동안 봉건 제도에 속박되었던 이들은 왜적을 맞이하여 의병을 이끌면서 악전고투 끝에 왜적을 물리치게 된다. 인민의 영웅이 된 금희와 순지는 감격적으로 승리의 춤을 추었고, 이어서 동쪽하늘이 밝아오듯이 결국 평화로운 사회가 찾아온다는 내용이다. 이 작품은 금희와 순지의 2인무뿐 아니라 많은 인민들의 군무가 더해져서 웅장하고 화려하게 구성되었다. 여기서 특권적인 계급이나 엘리트 출신의 인물은 이야기의 전면에 등장하지 않았다(최승희, [1958]1999: 49~110).

무용극 안에서 순지와 금희를 선두로 한 사도성의 젊은이들은 혁명적인 인민으로 호명되면서, "원수들을 무찔러 조국과 인민을 끝까지 수호"할 의무가 있는 주체로서 반복적으로 강조된다는 것이 특징이다. 또한 '성주'로 상징되는 기존의 봉건적 질서에 대한 인민들의 불만과 혐오감, 저항 의식 등도 함께 제시되고 있다. 「사도성의 이야기」는 "인민들과 무사들은 순지와 금희와의 사랑의 승리를 축복하면서 조국을 수호하는 성스러운 싸움에서 승리한 영예와 긍지감에 벅차오른다"라는 문장으로 끝맺고 있다(최승희, [1958]1999: 72, 88, 90, 100, 110).

이 무용극은 '왜적'으로 표상되는 일본성의 배제와 함께 귀족과 어부의 사랑으로 묘사되는 계급적 초월을 통해, 북한 사회의 구성원들에게 '인민들이 고난을 뚫고 미래를 향해 전진한다'라는 메시지를 분명하게 제공하였다.

이 작품을 둘러싼 당시의 평가와 반응을 살펴보면 다음과 같다. 전반적
으로 이 작품에 참여한 무용가들은 "예술창조사업에서의 집체성과 협의
회 정신"을 제대로 발휘하였다. 주인공 금희를 연기한 최승희는 "조선 여
성의 용감하고 전형적인 성격"을 무대 위에서 생생하게 보여주었다. 그리
고 순지를 연기한 조한구는 "인민들의 무궁무진한 힘과 함께 조선 인민들
이 가지고 있는 소박성, 낙천성, 원수에 대한 철저한 적개심"을 잘 표현하
였다. 또한 이들의 신분을 넘어선 "연애관계는 고구려의 평강공주와 온달
을 연상케 하는 고상한 사랑"을 보여주었다. 이러한 등장인물들이 모두
어울려서 흥겹고 즐거운 인민 생활과 그 "숭고한 대중적 애국주의 정신"
이 무용극의 형식으로서 차분하게 그려졌다는 것이다.10) 이 작품은 1956년
북한에서 최초로 천연색 영화로도 제작된 것으로 알려진다.

최승희는 북한에서 자신이 창안한 사회주의 조선무용에 대해 1930년대
에 존재했던 조선적인 신무용과 연속적으로 자리매김하고자 했다. 이는
"일제를 반대하는 조선인민의 애국정신과 민족해방투쟁을 그린 무용작품
들"이었으며, 조선적 역사와 전통이 창조적으로 계승되고 발전된 것이 그
녀의 새로운 사회주의 조선무용이라는 논리였다. 즉 일본에 대한 저항정
신을 강조했던 최승희의 무용관은 사실상 1930년대 김일성이 주도했던 항
일무장투쟁의 정신과 일맥상통하는 것이기도 했다는 것이다.11)

최승희는 무용가들이 "생활화폭, 인간성격, 그 무용적 형상 창조에서 고
도의 미학적 이상과 창조적 정신을 발양하여 심원한 무상(舞想)"을 갖는

---

10) 「우리 공화국에서 찬란히 꽃피는 민족무용—무용극 「사도성의 이야기」」, 『민주조
    선』 1954. 11. 18; 홍순철, 「우리 민족 무용극 발전에 있어서 새로운 기여」, 『로동
    신문』 1954. 11. 17.
11) 최승희, 「조선무용동작과 그 기법의 우수성 및 민족적 특성」, 『문학신문』 1966. 3.
    22.

것이 중요하다는 것을 언급하였다. 즉 조선예술의 기본적인 주제는 "사회주의적 애국주의"이며, 이는 "위대한 혁명의 시절에 합당한 정신적 창조물"이기 때문에 인민들의 예술적 취미를 사회주의적으로 고양하여 혁명의 승리와 조국의 번영을 촉발하는 매개체라는 것이다. 최승희가 월북 이후 내세웠던 조선성의 핵심은 "백만대중이 이해하고 사랑할 수 있는 민족적 형식"이자 동시에 "실로 간결하고 평이하며 청신하고 선명한 민족적 형식"을 의미했다.[12]

서만일은 북한에서 유력한 정치인이자 최승희의 후원자였다. 그는 '최승희 무용생활 30주년'을 기념하기 위해, 1956년 10월부터 1958년 3월까지 『조선예술』을 통해 총 6회에 걸쳐 「조선을 빛내고저」라는 글을 실었다. 이는 구체적으로 ①각광 속에 30년 ②어둠에서 빛을 찾아 ③고난의 길에서 ④민족의 자랑을 안고 ⑤황홀한 경지, 미의 극치 ⑥해방을 맞이하여 ⑦진정한 자유 속에서 ⑧전쟁의 불길을 헤치고 ⑨새로운 결실들 ⑩정열과 로력에 대한 이야기 ⑪새 세대들을 위하여 ⑫인민들의 사랑을 한 몸에 지니고 등이다(성기숙, 2002: 108).

이 글들을 살펴보면, 서만일이 최승희 일대기를 조명하는 과정에서 특히 소비에트 문학과 카프 예술 운동의 영향, 일본의 예술적 탄압과 갈등, 해방 이후 미국 제국주의에 대한 거부 등이 강조되면서 상세하게 서술되어 있다.[13]

북한 사회에서 1955년부터 주체사상과 민족적 자주주의가 중요하게 강조되었고, 이전의 사회적 사실주의는 점차 퇴조되었다. 그리고 천리마 대

---

12) 최승희, 「무용소품의 사상예술적 높이를 위하여」, 『조선예술』 1966년 9월, 41~42쪽.
13) 이 글들의 주요 내용은 정병호의 책(2004: 320~329)에 실려 있다.

4장 자기민족지의 내재적 계승과 네이션의 딜레마

고조의 시기로 명명되었던 1960년대 이후 김일성 독재체제의 완성기로 가면서 김일성 우상화 혹은 신격화 작업이 본격화되었다. 북한의 문화예술은 이러한 노선에 따라 전개되었으며, 최승희 예술행적 또한 이와 같은 사회구조 안에서 철저하게 종속될 수밖에 없었다. 즉 모든 예술 활동은 당과 인민이 추구하는 이념과 목적성에 일관되게 부합되는 것이어야만 했다(성기숙, 2002: 109~110).

1960년대 후반에는 전체적인 북한 예술의 방향이 계급성, 노동성, 인민성에 중심을 두고 있었는데, 이는 예술가들에게 혁명적이고 투쟁적인 작품의 창작이 요구되는 과정이었다. 즉 조선예술은 추상적인 이미지를 넘어 사실적이고 주체적인 면이 강조되고 있었다. 이는 김일성의 권력을 더욱 강화하면서 유일사상 확립을 목적으로 했기 때문이다. 동시에 김일성의 강령적 교시가 전달되는 각종 연설문은 북한의 정치적 동향뿐 아니라 다양한 문예정책과 예술의 창작방향을 결정짓는 중요한 기준이 되었다. 그는 1950~60년대에 조선예술이 인민 대중과 더욱 직접적인 연계성을 가질 수 있도록 문화인 및 예술가에게 거듭해서 촉구하였다(윤혜미, 2009: 165; 성기숙, 2002: 130).

1950~60년대에 최승희는 '조선, 인민, 민족, 조국' 등의 기표를 통해 무용 활동을 펼쳐 나가면서, 친일이라는 식민주의 유산을 내재적으로 극복하기 위해 자신의 존재방식을 새롭게 구성하고자 하였다. 이 과정에서 개인의 주체성보다 '영웅, 혁명, 투쟁, 승리' 같은 사회주의 이데올로기에 기반한 애국주의가 중요하게 강조되었다. 그녀가 창안한 사회주의 조선무용은 북한 사회가 형성되는 시기와 공명하고 있었다. 이러한 거시적 이데올로기는 일종의 문화권력으로서 조선무용에 일방향적으로 투영되었다. 이는 최승희가 친일 행적을 극복하기 위해 더욱 공고하게 사회주의 체제

에 종속될 수밖에 없었던 것이면서, 네이션을 향한 수행성의 딜레마를 내포하고 있었던 것이다.

어머니라는 문화적 위치

1930~40년대에 최승희는 일본과 조선에서 활동하는 동안 당대의 저명한 남성 엘리트의 후원과 지지를 받으면서 승승장구하였고, 문화권력이 호명하는 조선의 무희라는 주체 위치를 수행했던 바 있다. 이 과정에서 그녀의 오빠인 최승일과 남편 안막의 영향력도 크게 작용되었다. 1950~60년대에 최승희는 북한에서 조선의 어머니로서 주체성이 전도되는 동시에 그녀의 딸인 안성희(安聖姬, 1932~?)를 통해 조선의 무희라는 호명이 내재적으로 다시 계승되었다는 특징이 있다. 최승희는 남성 엘리트의 소녀 혹은 누이가 아닌 모성 표상을 통해 사회주의 국가의 3대 무용가로 새롭게 인정받을 수 있었다. 이는 여성 주체의 위치가 제국주의에서 사회주의로 변동되는 문화권력과의 관계성 안에서 연동된 것이라는 점에서 주목할 만한 부분이다.

최승희가 창안한 「조선의 어머니」(1950)라는 작품은 그녀의 「어머니」라는 독무를 무용극으로 재구성한 것으로서, "공산주의에 대립되는 미국의 만행과 취약성을 폭로하고 인민의 애국적 투쟁을 형상화"한 것이다. 이는 "미국의 폭격으로 어린 딸을 잃은 비탄과 분노로 빨치산이 되어 불굴의 투지로 싸우며 복수하는 젊은 어머니의 강인한 정신세계"를 표현한 것이라고 할 수 있다. 그녀가 연기한 조선의 어머니는 "영웅적 조선 인민에 대한 형제적 애정"으로 수많은 조선인 어머니의 형상과 겹쳐지는 민족적 상상력을 촉발한 것으로 평가받았다(동경원, 2014: 169~170).[14) 이 작품은 '원

수'로 표상되는 미국성의 배제와 함께 어머니와 딸의 연대의식으로 묘사
되는 세대적 초월을 통해, 여성성의 애국주의라는 심성을 인민들에게 제
공하였다.

「조선의 어머니」는 "딸을 잃은 평범한 여성"이 어머니라는 기표를 통해
"자유와 독립을 위하여 투쟁하는 영웅적인 여성"이 되는 과정을 보여주었
다(윤혜미, 2009: 170). 이 작품에 얽힌 에피소드를 보면, "한국전쟁 중에 방소
예술단의 일원으로 남한 공연을 간 딸 안성희가 전쟁 통에 죽었다는 『인
민일보』의 오보(안성희는 구사일생으로 귀환)"로 인해 창작되었다는 것이
다. 이는 천재무용가로 알려졌던 딸의 전사 소식을 듣고 만들어진 작품이
어서, 딸을 잃고 복수하는 어머니의 심정과 모습이 더욱 생생하게 표현될
수 있었다. 나중에 1부는 최승희가 그리고 2부는 안성희가 조선의 어머니
를 각각 연기함으로써 안성희는 최승희의 무용 계보를 연결하는 조선의
무희로서 사회주의 국가에서 그 이름을 널리 알리는 계기가 되었다(김영
희 · 김채원, 2014: 58~59).

안성희는 해방 이후 "조선로동당과 민주청년동맹이 길러낸 인민조선의
새로운 무용가의 전형"이었다. 그녀가 연기한 "오늘의 조선의 어머니들은
작일의 식민지 노예시대의 어머니가 아니라 슬기로운 우리 겨레와 같이
새 역사를 창조하는 위업"에 나서는 모습을 보여준 것이었다. 즉 "위대한
조국해방전쟁은 조선의 어머니들을 더 훌륭하게 장성"시켰다고 할 수 있
었다. 안성희는 「조선의 어머니」 「조국을 지키는 여인」 「북춤」 「칼춤」 「해
방된 향토」 같은 작품들을 통해 새로운 어머니라는 기표를 수행하였다.15)

---

14) 최승희, 「위대한 소련 예술을 진지하게 배우자」, 『로동신문』 1954. 6. 12.
15) 「새조선이 낳은 젊은 무희 안성희」, 『로동신문』 1951. 12. 13.

　사회주의 체제에서 어머니라는 기표는 모성을 전유한 여성 영웅이 형상화된 것이면서, 문화권력이 평범한 여성들에 대해 혁명적으로 각성된 인민의 구성원으로 호명하는 것이라고 할 수 있다. 대표적인 예로, 막심 고리키의 『어머니』(1907)를 들 수 있다. 이는 사회주의 문화권력이 여성 해방 혹은 페미니즘을 촉발하고 여성 주체의 존재를 동등하게 인정하는 것이지만, 동시에 호명기제와 수행성의 관점에서 보면 주체가 아닌 객체의 위치를 여성에게 부여하는 것이기도 하다. 왜냐하면 어머니라는 주체 위치는 여성의 독립성과 자율성을 인정하는 것이 아니라 남성과의 관계성과 근대적 가족제도 안에서만 수행될 수 있는 것이기 때문이다.

　제2차 세계대전 이전부터 역사적으로 재현된 국가사회주의의 이상적인 여성의 형상이 바로 어머니였다. 히틀러가 내세운 여성에 대한 지배적 표상으로서 어머니는 "국가의 총체적 난국을 극복하고 조국을 살릴 위대한 여성성"의 현실적 담지자였다. 또한 어머니에 대한 대립항은 신여성이었다. 신여성이라는 기표는 "여성해방이나 부르짖으며 자유를 구가하고 독신의 삶을 누림으로써 출산율을 낮추는, 그야말로 민족공동체의 미래에 먹구름을 가져온 반역자들"을 의미했기 때문이다. 이는 "남성과 여성은 모두 동등한 민족구성원이며 이들은 국난을 타개하고자 국가를 위해 헌신해야 하는데 다만 남녀의 과제가 명백히 구분되어 있다"라는 논리를 통해 대중들의 폭넓은 동원을 얻어낼 수 있었다. 특히 여성이 어머니로서 수행하는 "출산과 육아는 남성이 할 수 없는 여성 최고의 과제이자 성역"으로 강조되었다(송희영, 2019: 156~157).

　최승희가 북한에서 수행했던 모성이라는 기표 혹은 조선의 어머니라는 주체 위치는 단지 조선무용의 생산만을 의미하는 것이 아니다. 이는 미국/일본 제국주의에 의해 훼손되지 않은 조선의 혁명적 과거 그리고 서양성과 일본성이 투영되지 않은 순수한 인민성이 최승희라는 여성 신체를 통해 창안되고 보여지는 과정이었다고 할 수 있다. 그녀의 조선무용을 둘러싼 담론 공간에서 1930년대에 제기되었던 순수성 논쟁은 '최승희가 외국의 관객들에게 조선을 팔아먹는다'라는 것이 그 핵심이었다. 그런데 사회주의 문화권력이 그녀에게 요청했던 순수하고 진정한 네이션은 1930년대 김일성의 항일혁명전통과 상상적으로 조우하고 있었다. 이는 북한 인민이라는 내부의 동질적인 관객을 의식하는 것이 특징이었다.

13

민족무용극을 둘러싼 네이션 서사

"해방된 조선 여성"

1930~40년대에 최승희는 무용가이기도 했지만, 당시 조선 여성으로는 드물게 서양과 일본 체험을 하고서 단발머리와 서양식 양장, 하이힐 등으로 화려하게 치장한 신여성의 대명사이기도 했다. 그러나 1950~60년대에 그녀의 대외적인 이미지는 이러한 모던 표상이 거의 연출되지 않는다. 대신 조선식 한복과 쪽진 머리, 앞치마 등으로 고전적이고 전통적인 여성성, 즉 신여성이 아닌 어머니로서 최승희의 존재방식을 구성하고 있다는 것이 중요한 특징이다. 이를 통해 그녀는 서양성과 일본성을 철저하게 배제하고 있었다. 이는 결혼과 출산, 노화 등 자신의 개인적 환경의 변화를 반영하는 것이기도 하지만, 지극히 정치적인 수행성이라고 할 수 있다.

1956년에 공연된 「맑은 하늘 아래」(4막 9장)라는 무용극에서도 최승희는 농민의 아내이자 어머니 역할을 맡았다. 이 작품은 한국전쟁을 전후로 하여 38선에 가까운 농촌 마을을 배경으로 했으며, 평화롭게 살고 있는 농민 부부인 명숙과 동철의 모습을 무용적으로 형상화한 것이다. 이는 이들이 미군과 한국군의 침략과 횡포에 대해 저항하기 위해 빨치산을 조직하여 활동한다는 이야기이다. 큰 어려움에 처했던 명숙이 인민군과 빨치산의 연합으로 겨우 구출되면서, 이 마을은 예전의 평온함을 되찾고 모두 함께 잔치를 벌이면서 군무를 추는 것으로 끝난다. 그리고 여기서 "노동을 사랑하는 낙천적인 노래"가 계속 흐른다(최승희, [1958]1999: 113~163, 154).

최승희가 연기한 주인공 명숙은 "처녀모범농민" 출신으로서, "해방이 되자 성인 학교를 졸업하고 여맹에 가입하여 밤이면 학습하고 낮이면 홀어머니를 도와 농사일에 부지런한" 생활을 꾸준하게 하였다. 한편으로 그녀는 "애국미 헌납과 모든 애국운동에 적극 참가"하여 표창을 받았다. 또한 명숙은 "한없는 기쁨과 희망찬 얼굴"로 "전후 인민 경제 3개년 계획의 찬란한 앞길을 내어다 보고 승리와 건설을 노래하면서 떠오르는 태양을 맞이하여 춤"을 추었다(최승희, [1958]1999: 114~117, 150). 이 작품은 명숙이라는 역할을 통해 농민 계급의 조선인 여성이 결혼제도 안에서, '처녀-아내-어머니'를 통해 주체 위치가 변모되는 것을 잘 보여준다.

안성희는 최승희와 안막 부부의 딸이며, 1932년 7월 31일에 태어난 것으로 알려진다. 그녀의 어린 시절의 이름은 승자(勝子)였다. 안성희는 북한과 중국, 소련을 중심으로 무용가이자 안무가로서 활발하게 활동하였다. 그녀는 숙명여중을 거쳐 모스크바무대예술대학 안무과를 졸업했으며, 1950~60년대에 국립최승희무용극장 및 국립무용극장 등에서 활동하였다. 1957년에 안성희는 소련영화 「지그후리드」에 출연하였고, 무용극 「시절의 노래」(1961) 「당의 딸」(1964) 등을 안무하였다. 그녀는 1963년에 평양무용극원 원장으로 임명되기도 했다. 그러나 1967년 이후 안성희의 무용 활동과 생사여부에 대해서는 더 밝혀진 바가 없다(정병호, 2004: 437~447).

안성희는 어려서부터 무용에 재능을 보이면서 최승희에게 직접 사사를 받은 것으로 알려진다. '조선의 어머니와 딸'로서 최승희와 안성희는 대를 이어 조선무용을 통해 향토적이고 토착적인 여성성을 연기했다고 할 수 있다. 1955년에 어머니는 인민배우가 되었고, 1956년에 딸은 공훈배우가 되었다가 1964년에는 다시 인민배우의 칭호를 받았다. 특히 1958년 이후 북한 무용계는 안성희로 거의 세대교체가 되었다. 이들은 조선성을 표상하는 여성성을 통해, '제국주의─사회주의' 문화권력에 조응하는 '최승희─안성희'라는 여성 연대를 수행한 것으로 볼 수 있다.

「무녀춤」은 1936년 9월 일본 히비야공회당에서 최승희에 의해 처음 공연되었다. 이는 당시 독무로 만들어진 작품이었고, 부채와 방울을 들고서 "미신에 홀린 부녀자를 상대로 여러 교태를 보이면서 노래하고 춤추는 무녀의 독특한 분위기"와 원시무속의 세계를 표현한 것이었다. 이후 1960년대 중반 안성희에 의해 「무녀춤」은 "염세적이고 종교적인 색채를 완전히 삭제하고 인민의 약동적이며 낙천적인 기백을 표현하는 작품으로 재창작"되었다. 또한 그녀의 「무녀춤」은 "북한이 내세운 천리마 시대의 생활적인 기백과 상통하는 현대적 감정"을 반영하고 있는 것으로 평가되기도 했다(김채원, 2019: 50~53).

무용극 「계월향」(1961)은 평양 기생 계월향의 이야기인데, 최승희가 주인공 역할을 맡았다. 이는 "16세기 말 우리나라를 침범한 왜적을 반대하여 영웅적으로 투쟁한 평양 인민들을 이야기하고 있으며, 특히 월향의 숭고한 애국심을 기본 동기로 하여 형상화한 것"이다. '평양 인민' 월향은 "조국 산천에 대한 사랑"과 "부화방탕한 관료배들에 대한 증오"를 깊이 체화한 인물이다.16) 「계월향」은 무용가들의 자세와 표정, 행동 등이 "철저

---

16) 리수·유영근, 「민족 무용극 발전에서 새로운 기여─무용극 「계월향」을 보고」, 『문학신문』 1961. 6. 2.

하게 민족적이며 향토적인" 그리고 "민족적인 맛"을 선명하게 재현했던 작품으로 평가받았다. 주인공 월향은 기생으로서 마을 사람들의 멸시와 모욕을 받으면서 이를 울분이나 분노를 통해 표출하지 않았으며, 그 대신 "우리 인민의 고유한 움직임(왼고개 들면서 오른손 들어 머리 사위로 무릎 치는 동작)"으로 승화했기 때문이다.[17] 즉 하층 계급이었던 기생이 '인민, 애국, 조국' 같은 네이션 표상을 전유한 것이다. 이는 기생의 전통적 역할인 남성에 대한 성적 위안이나 오락의 제공 등을 통한 섹슈얼리티의 발현과는 완전히 다른 정체성을 보여준 것이라고 할 수 있다.

여기서 일본/소련 유학을 각각 거친 엘리트 무용가인 최승희와 안성희가 조선 사회에서 하층 계급인 무녀 혹은 기생이라는 여성성을 재현하는 데 있어서 섹슈얼리티는 크게 강조되지 않았다는 특징이 있다. 이는 해방 이전 16살의 최승희가 일본에서 데뷔하여 원시적 섹슈얼리티를 자기 전시했던 것과는 매우 대조되는 지점이다. 1950~60년대에 최승희와 안성희가 창안한 조선무용에서 여성의 섹슈얼리티는 최대한 소거되면서, 인민 표상의 여성성을 통해 '어머니−딸' 무용가라는 독보적인 계보를 보여주었다.

해방 이후 최승희와 안성희의 춤에서 무녀나 기생은 남성적 응시에 의해 페티시화된 여성 신체를 표상하는 것이 아니라, 북한 사회의 관객들에게 인민의 구성원으로서 애국주의 심성을 내재적으로 자극하는 것이었다. 따라서 이들이 수행한 인민의 어머니(「조선의 어머니」, 1950), 농민의 아내(「맑은 하늘 아래」, 1956), 산골 처녀(「운림과 옥란」, 1956), 인민의 딸(「당의 딸」, 1964) 등의 '인민 여성'의 역할에서도 마찬가지로 여성적 섹슈얼리티는 거의 재현되지 않았다.

---

17) 리만종, 「민족적 특성구현을 위하여 노력해야 한다」, 『조선예술』 1966년 8월, 49쪽.

특히 그녀들이 함께 안무하고 출연한 작품으로 「운림과 옥란」(4막 8장)
이 있다. 이는 최승희가 1956년에 만든 작품이며, 안성희가 이 작품을 「옥
란이(지)의 전설」(1958)—나중에 「옥련못의 이야기」로 다시 개작—로서 재
구성한 바 있다(동경원, 2014: 182). 이 무용극의 주요 레퍼토리는 기본적으로
'운림과 옥란'이라는 남성과 여성, 즉 젊은 채석공과 산골 처녀의 사랑 이
야기이다. 이는 인민들이 옥란을 억압적으로 소유하고자 했던 폭왕과 무
관을 상대로 해서, 적극적으로 투쟁하고 전투하여 결국 승리하게 된다는
권선징악의 메시지를 담고 있다. 주인공들인 운림과 옥란의 2인무와 인민
들의 군무가 함께 구성되면서, 마치 조선의 고전인 「춘향전」이나 「심청전」
이 연상되기도 한다. 또한 '옥란못'이라는 장소가 상징적으로 제시되는 것
도 이 작품의 주요 특징이다(최승희, [1958]1999: 167~205).

여기서 옥란은 오래된 연못에서 사물처럼 살고 있는 여인이다. 그녀는
마치 자연의 일부로서 존재했으며, 섹슈얼리티를 스스로 자각하거나 가시
화하지 않는 무성애(asexuality)를 수행하는 역할이다. 옥란은 "티가 없는
옥", "생기가 약동하는 비취", "순결하고 성스러운 선녀"와 같이 남성적 시
선에 의해 발견된 대상이었다. 또한 옥란은 산새와 물오리, 금붕어와 인
어, 개나리와 진달래 같은 자연 풍경과 동일시되었다. 옥란과 연못을 합
친 의미로서 '옥란못'이라는 이름이 이러한 의미를 잘 표상하고 있다. 무
엇보다 운림을 향한 옥란의 마음은 자발적인 이성애의 발현이 아니라, 그
녀가 봉건 질서에 저항하고 탈출하기 위한 도구로서 묘사된다고 할 수 있
다. 이는 운림과 옥란을 넘어 인민들이 모두 단결하여 옥란못을 수호하기
위해 그들의 동질감을 확인하기 위한 것이었기 때문이다(최승희, [1958]1999:
179~180, 186~192).

운림을 포함한 옥란못의 인민들이 폭왕과 무관을 상대로 오랫동안 힘

겹게 싸워서 마침내 옥란을 되찾았을 때, 이들의 고향은 어느새 "새싹들과 꽃잎이 돋아난 아름답고 화려한 봄 동산"으로 변해 있었다. 「운림과 옥란」의 마지막 장면에서, 모든 인민들은 옥란이라는 인물에게 중층적으로 투영된, 수없이 많은 '인민의 어머니와 딸'을 다시 만난 기쁨으로 승리의 춤을 추었다. 이들은 "여기에 모여든 전체 인민들 중에서 어떤 부모들은 잃어버렸던 딸을 발견한다, 죽었다가 다시 살아온 딸을 얼싸안고 어떤 어머니는 목놓아 울기도 한다"라고 하면서, 여성성을 매개체로 한 '인민의 감정'을 다 함께 노래했다(최승희, [1958]1999: 205).

「운림과 옥란」은 "고대조선의 전설적 형상"이었던 동시에 "우리 인간생활에서 빚어진 아름다운 모범의 전형"을 의미하는 것이었다. 그런 점에서 이는 "인간의 모범, 생활의 모범으로 되며 인간이 자기의 불행을 극복하며 자기의 순결성을 지키며 그를 위해 싸우며 폭군을 숙청하며 생활의 행복을 희구하는 인민의 열망"을 보여준 작품으로 평가받았다. 또한 고대조선을 배경으로 한 이 작품에서, 무엇보다 최승희와 안성희가 연출한 순수하고 고유한 조선성과 인민성이 매우 생생하고 역동적으로 나타났다고 언급되었다는 것을 알 수 있다.[18] 그녀들은 민족무용극을 통해 "고결하고 아름답고 청신"하다고 할 수 있는 원시적 여성성 혹은 섹슈얼리티가 발현되지 않는 "해방된 조선 여성"을 연기했던 것이다.[19]

젠더 트러블

1930~40년대에 최승희는 자신의 조선무용의 청중이자 관객으로 식민지

18) 조령출, 「무용예술의 새로운 성과―「옥란지의 전설」을 보고」, 『문학신문』 1958. 5. 1.
19) 최승희, 「조선무용동작과 그 기법의 우수성 및 민족적 특성」, 『문학신문』 1966. 4. 1.

/제국의 남성 엘리트를 중요하게 의식하였던 것에 비해, 북한에서는 전반적으로 평등주의적이고 인민 지향의 조선무용을 창안하였다. 특히 1950~60년대에는 그녀가 여성 무용가로서 무용극을 통해 네이션 건설에 있어서 이상적이고 강한 남성성을 수행했다는 특징에 대해 주목할 필요가 있다.

최승희가 보여준 남성성 표상의 젠더 수행은 앞서 지적한 여성적 섹슈얼리티의 소거와 함께 매우 중요한 대목이라고 할 수 있다. 그 이유는 그녀가 봉건 질서와 미국/일본 제국주의에 저항하고 투쟁하거나 혹은 평등하고 해방된 인민의 구성원으로서 스스로 자각하는 인물을 연기하면서, 여성성보다는 남성성에 가까운 수행성을 보여주었기 때문이다.

조지 L. 모스에 따르면, 애국주의는 바로 남자다움을 표상하는 것이었다. 근대 국민국가 형성기에 의용병과 전사자로서 신성하게 재현되었던 남성성은 개인과 국가의 재생을 상징하는 것이었다. 이는 개인이 조국과 민족의 새로운 구성원이 되기 위해 무엇보다 "용기와 강인함, 완강함, 정념의 절제, 이른바 남자다운 삶을 영위함으로써 사회의 도덕 구조를 보호하는 능력 등을 대변하는 도덕적 자세"를 지향하는 것을 의미했다(모스, 2015: 21~42). 즉 남성성은 개인이 본질적으로 타고나는 고유한 정체성이 아니라, 근대 시기 네이션이 조국과 민족의 이름으로 개인을 호명하면서 작동되는 일종의 주체 구성의 메커니즘이었던 것이다.

1948년에 최승희가 안무하고 출연한 「반야월성곡」(3막 4장)이라는 작품은 삼국 시대의 반야월성이라는 공간을 배경으로 한 작품이다. 이는 노예 소유자인 포악한 성주에게 대항하는 인민과 의군으로 구성되는데, 주인공은 '백단'이라는 이름을 가진 여성 의군이다. 그녀의 아버지는 의군 대장이며, 영낭이라는 청년 의군은 백단의 약혼자로 등장한다. 이는 반야월성에 사는 수많은 의군들이 봉건 질서에 맞서는 인민 봉기를 계획하면서,

이들이 다양한 무예를 숙련되게 연마하는 모습이 무용적으로 형상화되는 것이 주요한 특징인 작품이다(최승희, [1958]1999: 11~46).

욕심이 많고 매우 악랄한 성주를 반대하는 천민과 노예들이 의군을 조직하여 반야월성을 구해내면서 이들이 반야월성의 새로운 주인, 즉 인민으로 거듭난다는 이야기이다. 주인공 백단은 여성이면서도, 남성성의 젠더 수행을 보여주고 있다는 점에서 주목할 만하다. 그녀는 "남복(男服)"을 하고서, 여성 인민의 무예 훈련을 지도하고 있다. 백단은 "활쏘기와 창 쓰기와 칼 겨루기"를 통해 남자들과 경쟁하면서, "억센 투지와 불굴의 정신은 약동적이며 박력 있는 율동으로 화하여 아주 훌륭한 전투적인 무용"을 선보였다. 또한 그녀는 노예의 딸이며, 백단의 어머니는 "가혹한 노예 노동"에 의해 고통스럽게 죽은 인물로 묘사된다. 백단은 '무예와 전투'라는 남성성 수행을 통해, 자신의 아버지인 의군 대장에게 "오늘부터는 나의 딸인 동시에 동지로서의 한 사람이다"라는 인정을 받게 되었다(최승희, [1958]1999: 12~13, 15, 17).

이어서 반야월성의 백단은 다음과 같은 다짐을 하였다. 그녀는 "정의로운 아버지의 거룩한 뜻을 이어 두려움도 무서움도 내게는 없나이다, 억울한 노예들의 장래 행복을 위하여 내게 칼을 주신 그 뜻을 저버리지 않겠나이다"라고 노래하면서, "죽은 아버지를 회상하고 동지들을 생각하며 애처롭게 춤을 춘다"라는 자신의 생각을 거듭 표현하였다(최승희, [1958]1999: 12~13, 37). 즉 반야월성이라는 독특한 공간 안에서, 백단은 여성이면서도 무예를 익힌 의군이자 남성들과 동질감을 공유하는 인민을 수행하고 있었던 것이다. 마지막 장면에서 "성스러운 시체"가 상징하듯이, 그녀는 결국 전투 끝에 죽음으로써 아버지에게서 물려받은 의무를 다 하게 된다(최승희, [1958]1999: 46).

최승희 무용극에서 강한 남성성의 수행은 「사도성의 이야기」의 주인공인 여성 금희에게서도 명확하게 표상되고 있다. 금희는 교양이 있으면서 음악에도 조예가 깊었는데, 아버지가 "어릴 때부터 '화랑'에 참가시켰으므로 검술에 능숙하고 궁술도 비범할 뿐더러 말 잘 타기로 유명하게 되어 당당한 그의 무술은 한 사람의 '국선'으로서의 실력"을 갖추고 있었다. 또한 그녀는 "여장부다운 기풍"이 뚜렷했기 때문에, "사도성의 달"이라는 애칭도 가지고 있었다. 나아가 금희는 "남자보다 못지않게 씩씩한 여성들의 활발한 기상을 자랑"하면서 여성 인민의 본보기가 되었다. 그 이유는 여성들도 "사도성을 지키고 우리나라를 보위하자면 무예를 훈련"하여 "아버지의 원수, 나라의 원수"를 갚아야만 했기 때문이다(최승희, [1958]1999: 50, 53, 72).

여기서 특징적인 대목은 남성과 여성이 서로 극단적으로 대립하는 것이 아니라, 이들은 항상 평등한 인민으로서 봉건 영주 혹은 제국주의라는 공동의 적에게 대항하게 되는 동시에 남성적 동지애를 통해 공동체의 회복을 염원하게 되는 것이다. 금희는 "비록 여자"였지만, "성스러운 애국심과 원수 필멸의 영용한 기백"은 "조국 수호 애국 청년"과 다를 바 없는 사도성의 인민으로서 주체 위치를 가지고 있었다. 금희는 "연약한 여자의 몸으로 갑옷을 입고 칼을 차고 인민들의 앞장에 나서는" 모습을 통해, 순지의 "볕에 건 청동색 얼굴빛과 튼튼한 체격은 바다를 정복하는 대장부의 기상"과 이상적으로 조우하였다. 이는 사도성을 수호하는 애국주의의 심성을 젠더 수행적으로 보여주었다(최승희, [1958]1999: 98, 100~101, 87~88).

최승희 무용극에서 남성성의 젠더 수행은 이상적인 농민과 노동자, 전사 등의 기표로서 반복적으로 재현되었다. 예를 들어, 최승희는 사회주의 문화권력이 호명하는 "모범 농민, 노력 영웅, 노력 수훈자" 등의 주체 위치에 대해 자신의 무용극에서 강한 남성성 수행을 통해 연기하였다. 이들은 조선민주주의인민공화국이라는 "성스러운 싸움터"에서 그야말로 일하면서 싸우고 싸우면서 일하는 그리고 남성과 여성을 모두 수렴하는 '남성 인민'의 표상이었다. 즉 북한이라는 새로운 네이션에서 "그들은(인민들은—인용자) 꽃과 보물들을 주고받으며 쌍쌍이 춤을 추며 노동을 사랑하는 무수한 청춘 남녀들의 행복과 희망을 노래"하면서 춤추고 있었던 것이다(최승희, [1958]1999: 159, 163, 133, 171).

조국의 해방을 꿈꾸는 인민들은 "누구나 사람마다 행복스럽게 잘 살 수 있는 최고 목표 공산주의 사회를 지향하고 한 가지 목적을 위하여 한 마음 한 뜻으로 단결된 자기들의 노력에서 한없는 즐거움과 끝없는 환희를 느끼는 것"이었다(최승희, [1958]1999: 154). 최승희의 입장에서, 외재적인 자기민족지로서 출발했던 조선무용을 북한에서 내재적으로 계승하여 완결하고자 했던 시도는 사회주의 이데올로기 혹은 남성 표상의 애국주의에 의해 결국 딜레마에 봉착될 수밖에 없었을 것이다. 즉 그녀의 민족 표상과 젠더 수행은 사회주의 기표인 인민과 애국으로 중첩되었지만, 현실에서 최승희는 끊임없이 새로운 가능성을 모색해 보기도 했다. 그녀의 딸 안성희의 존재도 그중에 하나였다.

무보(舞譜)라는 문화 텍스트

최승희의 젠더 수행에 대한 인식은 『조선민족무용기본』과 『조선아동무용기본』에서도 고스란히 투영되어 있다는 것을 알 수 있다. 앞서 언급했듯이, 이 책들은 조선인의 민족성을 최승희가 무용으로 기록한 것인데, 성인과 아동 모두 남성과 여성의 구분이 특별히 언급되지 않는다는 특징이 있다. 특히 『조선민족무용기본』에서는 무용가의 몸동작이 순서에 따라 그림으로 묘사되어 있는데, 전통 한복을 입은 남성과 여성의 모습이 거의 같은 비율로서 제시되고 있다. 또한 이 책에서는 신체를 움직이는 방법이 최대한 정확하고 객관적으로 설명되고 있다. 여성 무용가의 경우라고 해서 관객을 향해 요염함을 강조한다든지 혹은 섹슈얼리티를 시각적으로 연출하는 방식 등에 대해서는 전혀 언급되지 않는다(최승희, [1958]1991).

1950~60년대에 최승희가 창안한 사회주의 조선무용에서 "혁명전통, 조국해방전쟁, 사회주의건설, 남반부 인민들의 반미구국투쟁" 등을 배경으로 한 "모든 주인공들은 비록 그가 처한 시대는 달랐어도 조국과 겨레를 위해 진리와 정의를 위해 무비의 강인성을 발휘한 비범한 사람들"이었다. 이들이 주인공이었던 이유는 북한이라는 새로운 네이션에서 "평범한 사람들은 기적과 혁신으로 해와 달을 앞당기며 위업을 쌓아올리는 영웅"으로 저마다 주체 위치가 변모할 수 있었기 때문이다. 이에 따라 조선의 고전과 역사를 토대로 했던 민족무용극에 등장하는 수많은 조선인 성인과 아동, 남성과 여성은 최승희에 의해 "공산주의 새 인간들"로서 거듭날 것으로 기대되는 존재들이었다.[20]

「맑은 하늘 아래」의 명숙은 마지막 순간에 남성 전사처럼 성스럽고 장렬하게 죽음을 맞이하면서 인민을 향한 갱생을 스스로 암시하기도 했다. 그녀는 극중에서 "사랑하는 부모형제여! 내 몸은 비록 이제 죽을지라도 정의와 진리 위한 애국지성에 꽃이 피어 길이 남아 있겠나이다. 조국의 진정한 자유와 자손만대의 영원한 번영을 위하여 굴할 줄 모르는 조선 인민의 빛나는 전통을 영예롭게 지키나이다. …내가 죽은 후 나의 시체를

---

20) 최승희, 「애국주의 정신으로 일관된 무용작품들—전국음악무용축전 무용부문공연을 보고」, 『문학신문』 1966. 9. 9; 최승희, 「지상 락원에 대한 무용 서사시—「대동강반에서」를 창작하면서」, 1961년 5월(이애순 편, 2002: 170~178에서 재인용).

뒷동산에 고이 파묻어주고 진달래 피는 봄이 오거든 꽃묶음으로 화려히 덮어주세요!"라고 말했다(최승희, [1958]1999: 148). 이는 성스러운 죽음이라는 남성성 표상이 명숙을 통해 전유된 것으로 볼 수 있을 것이다.

1933년 일본 도쿄에서 데뷔했던 최승희가 해방 이후 북한 평양에서 비로소 완결한 "조선민족무용"은 다음과 같은 의미를 지니고 있었다. 이는 "조선 인민이 창조해 놓은 정신문화의 귀중한 한 부분이며 민족예술 가운데 가장 먼저 발생한 예술의 하나로 예로부터 우리 인민의 미학적 이상의 높이를 과시해 오면서 자기의 우수한 예술적 전통, 애국주의 전통"을 표상하였다. 즉 그녀는 외부적 시선에서 관찰되는 대상이 아닌 내재적으로 본질적인 조선성을 거듭 창안하고 강조하는 과정에서, "민족성과 인민성"을 결합한 '조선 인민'을 새롭게 담론화했던 사회주의 문화권력과 역설적으로 조우했던 것이다.[21]

최승희는 1966년 『조선예술』에서 「인민의 애국투쟁을 반영한 우리나라 무용예술」이라는 글을 통해 사회주의 문화권력에 대한 지지와 충성을 뚜렷하게 강조하였다. 김일성과 로동당에 대한 최승희의 발언은 그녀가 1940년대에 제국주의 문화권력과의 관계성 안에서 친일 행적을 보여주었던 것과 매우 유사한 맥락이라고 볼 수 있다. 즉 최승희는 자신의 유동적인 존재방식을 발현하면 할수록 지배적 정체성에서 이탈되고 소외되는 주체 위치를 확인할 수밖에 없었을 것이다.

그녀는 기표와 현실의 차이를 극복하기 위해 사회주의적 애국주의 혹은 투쟁 의식을 자신의 조선무용에 더욱 적극적으로 투영했던 것이다. 그녀가 북한에 대해 "우리나라"라고 표현했던 이 글을 구체적으로 살펴보면,

---

21) 최승희, 「무용예술의 혁명성과 전투성을 높이기 위하여」, 『문학신문』 1966. 11. 22.

여기서 최승희는 다음과 같이 언급하였다.

　　"우리나라 무용예술의 애국주의 전통이 갖는 거대한 의의와 그 형성 발
전문제에 대한 과학적 구명은 조선무용예술학 앞에 놓여 있는 가장 중요한
과업의 하나이다. …그것은 조선인민의 사상감정의 집중적 표현으로 되는
애국주의적 사상감정의 진실한 반영에 기초한 우리나라 사실주의 무용예
술의 본성 자체에서 그리고 또 한편으로는 우리나라 무용예술가들과 인민
창작가들의 나라와 겨레에 대한 무한한 사랑의 정신에서 흘러나온 것으로
서 조선인민의 위력한 력사적 운동의 두 측면, 즉 민족적 독립을 위한 투쟁
과 사회적 해방을 위한 투쟁에 의하여 규정지어진 것이다.
　　…특히 항일무장 투쟁대오 속에서 항일투사들이 직접 창조한 「단심줄」
「13도 자랑」「나무껍질 춤」「붉은 수건 춤」 등은 조국광복을 위한 이 나라
혁명투사들의 애국정신이 넘쳐흐르는 무용들로서 큰 의의를 가진다. …항
일무장투쟁과정에 창조, 공연된 이러한 춤들은 우리 인민의 사회주의적 애
국주의를 구현한 사회주의 사실주의 무용작품들로서 해방 전 우리나라 무
용작품들 중 가장 높은 경지에 오른 작품들이다. …우리나라의 모든 민족
무용극들에는 조국의 자유와 인민의 행복, 정의와 진리를 위한 영웅적 이
야기들이 담겨져 있으며 그 중심에 외국침략자 혹은 국내압제자들과의 불
굴의 싸움에서 위훈을 세운 영웅적 형상—애국적 성격들이 서있다.
　　…우리나라 무용예술의 애국주의전통을 한층 발전시키기 위해서는 과거
시대의 애국주의적 무용작품들을 발굴, 재생하는 것만으로는 부족하며 가
장 중요한 것은 새로운 애국주의적 무용작품들을 더 많이 창조하는 그것이
다. …우리 무용예술가들과 무용예술 소조원들 자신들이 모두가 열렬한 애
국자로 인민을 위한 투사로 되어야 한다는 것이다. 그리하여 우리나라 무
용예술의 애국주의 전통을 보다 위력하고 광채롭게 하여 후손만대에 전해
준다는 것은 이 위대한 로동당시대 무용예술가들의 영광이 아닐 수 없다
(이애순 편, 2002: 104~121)."

여기서 최승희는 "우리나라(북한—인용자) 무용예술의 애국주의 전통"

에 대해 1930년대 항일투쟁에서 창조되었던 조선무용과 의식적인 차원에서 연결하고 있다는 점이 매우 중요한 특징이다. 즉 "로동당시대 무용예술가들"은 이러한 과거의 유산과 전통을 발굴하여 계승하는 동시에 새로운 무용예술을 통해 애국주의 정신을 발현할 의무가 있다는 것이다. 이를 위해 최승희는 상상적인 차원에서 자신의 친일 행적을 항일무용으로 새롭게 전유하고자 했던 것이다. 이러한 논리에 의해 무용예술이 가지는 순수성이나 자율성이 "열렬한 애국자" 혹은 "인민을 위한 투사"라는 민족 감정을 생성하는 매개체로서 도구화되었다.

최승희는 애국주의와 인민주의를 강조하면서 사회주의 조선무용을 꾸준하게 창안하고 선보였지만, 김일성이라는 문화권력은 그녀에 대해 서양성이 강하게 남아 있고 부르주아 사상이 여전하게 보여진다고 강하게 비판하였다. 이는 민족성보다 개인성을 내세우는 최승희가 인민의 감정과 정서에 완전하게 조응하는 무용예술을 생산하지는 못한다는 것이 그 이유였다. 북한에서 최승희를 향한 김일성의 직접적인 비판 중에서, 대표적인 두 가지를 살펴보면 다음과 같다.

"무용대가라고 자처하는 한 예술인은 당과 인민을 위해서 일을 더 잘하라고 당에서 지도와 방조를 주었으나 그는 돈을 많이 받고 칭찬을 듣고 상을 타면 좋아하고, 그렇지 않으면 불평을 부리고, 시비질하고, 자기 작품에 대한 논평을 신문에 내지 않는다고 노골적으로 불평부리는 데까지 이르렀다. 그는 자기만 잘난 체하면서 내세우던 나머지 마치 자기가 없으면 조선의 예술무용이 발전할 수 없는 것처럼 교만하게 행동하고 있다."[22]

"무용극을 만드는데서 중요한 것은 우리 인민의 미감에 맞게 만드는 것

22) 리기주, 『위대한 수령 김일성 동지 문학예술 령도사』, 평양: 문예, 1991, 222~224쪽.

이다. 무용극을 우리 인민의 미감에 맞게 만들어야 인민의 사랑을 받을 수
있으며 무용예술발전에 이바지할 수 있다. 그전에 우리나라에서도 무용극
을 만든 적이 있었다. 그때 만든 무용극은 우리 인민의 민족적 정서에 맞게
우리 식으로 만들지 못하고 서양식 무용극을 그대로 본 따서 만들었다. 그
러다 보니 무용극이 우리 인민의 사랑을 받지 못하였다. 우리 인민은 구미
에 맞지 않는 서양식 무용극을 좋아하지 않는다."[23]

최승희는 사유재산이 인정되지 않는 북한에서 상당하게 부유한 생활을
하고 있었다. 우선 최승희 무용연구소는 로동당이 주는 교육비 및 발전기
금을 꾸준하게 받고 있었다. 또한 그녀는 연구소의 공연수익을 절반만 국
가에 헌납하는 특혜도 받고 있었다. 1950년대에 최승희는 인민/공훈배우
칭호를 받으면서 고액의 월급을 별도로 받기도 했다. 여기에 그녀는 로동
당에게 "독립된 가옥과 함께 러시아산 자동차"를 제공받았다. 다양한 특혜
와 물질적 부유함 때문에, 당시 최승희를 향해 "스위스 계좌에 돈이 있다"
혹은 "우유로 목욕한다" 같은 풍문이 있었다고 한다. 이는 그녀가 자본주
의의 습성을 완전하게 극복하지 못한 것으로 비판받았던 것이다(윤혜미,
2009: 147~150, 212).

1960년대는 최승희에게 1940년대와 유사하게 작동되었던, 매우 양면적
인 시간이었다. 그녀가 한편으로는 북한 사회에서 최고의 인민배우로서
성공하였지만, 내면적으로는 예술 내적인 자기모순을 경험하면서 사회주
의 문화권력에 의해 혼종적인 정체성을 경험하고 있었다. 가장 사회주의
적인 발언을 했던 1966년은 결국 최승희가 사회주의 이데올로기에 의해
소외되는 결과를 가져왔다. 다음해인 1967년에 그녀가 숙청되었던 것이

---

23) 조선로동당출판사, 『김정일 무용예술론』, 평양: 평양종합인쇄공장, 1992, 45~46쪽.

이러한 간극을 반증한다고 할 수 있다. 당시 최승희가 숙청되었던 이유에 대해 정병호는 세 가지를 지적한 바 있다. 이는 ①반당 행위 ②주체 무용을 반대한 행위 ③망명 행위 등이다(정병호, 2004: 362~363).

동상다몽(同床多夢)의 멜로드라마

최승희는 해방 이전과 이후에 걸쳐 조선성이라는 기표/담론을 반복하면서도, 외재적이고 내재적인 차원에서 주체 위치를 순차적으로 변경함으로써 문화권력에 의해 완전하게 종속되지 않는 자신의 주체성을 만들어내고자 했다. 주디스 버틀러에 따르면, 권력에 의한 예속화(subjection)는 역설적으로 현실에서 주체의 등장을 보증하는 것이기도 하다. 왜냐하면 주체는 "자신을 향해 되튀어 돌아가는(in recoil) 권력의 효과", 즉 형성되는 동시에 종속되는 것이 바로 주체의 속성이기 때문이다. 이 과정에서 외재적인 권력은 점차 정신적인 형태로서 주체에게 내재하게 된다(버틀러, 2019: 11~25).

제국주의와 민족주의, 사회주의 문화권력이 호명했던 민족/젠더 정체성은 최승희의 조선무용에 있어서 주체성과 예속화의 형태로서 항상 양가적으로 작동되었다고 할 수 있다. 이는 1930~60년대 그녀의 반복된 수행성이 외재적이면서 내재적인 문화권력 그 자체로서 다양한 네이션을 월경할 수 있었다는 것을 보여준다.

그렇다면 최승희를 둘러싸고 어떻게 이러한 복합적인 양상이 나타날 수 있었을까? 그녀가 창안한 조선무용이 이러한 혼종성의 공간을 드러낼 수 있었던 것은 무엇보다 무용이 특정한 언어를 지니지 않는다는 예술적인 특성상 양가적인 표현과 독해가 가능했기 때문이다. 무용예술 자체의 언어를 지니지 않았기 때문에 경계를 넘는 다양한 연출이 가능했으며, 조선무용에 있어서 무언어로 구성되는 이러한 문화적인 차원이 최승희를 여러 네이션을 표상하는 무용가로서 성립시킬 수 있었다.

최승희 무용예술의 무용 내적인 특수성과 독창성보다, 문화번역이라는 유동적이고 관념적인 차원이 그녀를 당대 최고의 민족무용가로 만들어낸 예술 외적인 기제로 작동되었던 것이다. 또한 최승희의 조선무용을 둘러싼 여러 행위자들이 동상이몽(同床異夢) 혹은 다몽(多夢)의 멜로드라마를 연출할 수 있었던 것은 춤과 함께 무대 위에서의 음악과 의상, 조명 등을 통한 유동적인 수행성이 결합되었기 때문이다. 이에 따라 그녀가 표상했던 민족은 '제국 일본—식민지 조선—사회주의 북한'을 오랜 시간에 걸쳐 중층적으로 의미했다. 그런 점에서 최승희는 네이션을 재현하는, 하나이면서 여럿인 '민족무용가'로서 자신의 이름을 떨칠 수 있었다.

그러나 최승희의 수행적인 조선무용은 예술의 형식이자 양식 혹은 모듈로서 특정한 실체를 지니거나 보편적인 것이 아닌 어떤 비어 있는 그릇 같은 기표로서 볼 수 있다. 이는 비어 있지만, 어떤 것으로도 채색과 연출이 가능한 그릇이었다. 또한 이는 순수하고 본래적인 세계가 아닌 외적인 차이를 강조하는 문화번역을 통해 탄생된, 혼종성과 뒤섞임의 문화 텍스트이자 가시적인 장소였다. 호미 바바의 지적대로, 이러한 문화적 차이는 자율적으로 존재하는 것이 아니라 항상 대체되고 치환될 수 있었으며, 타자의 주체 위치에 따른 투사의 과정 속에서 새롭게 구성되는 것이었다(바바, 2011: 496). 이처럼 최승희의 역사적 존재방식은 신비롭고 낭만적인 서사의 공간보다 수많은 역사적 힘들이 교차하는 지점에 위치하고 있었다.

14

한국무용과 네이션의 딜레마

무용의 신화

최승희가 창안한 민족무용은 동양에서 각 민족의 역사와 전통을 환기시키는 소재와 이미지를 통해 표상되었다. 이는 특히 일본의 문화인과 지식인들에게 예술 내적인 의미보다는 네이션이라는 역사적 범주 혹은 정치적 단위를 정당화하고, 나아가 공고히 하는 예술적 효과를 획득하고 있는 문화 텍스트로서 간주되었다. 즉 무용예술에 여러 네이션의 명칭이 결합되면서 예술작품 그 자체의 가치 외에도 민족적인 정체성과 감수성이 발현되었다고 볼 수 있기 때문이다.

그런데 기존의 최승희 연구에서는 그녀의 민족무용이 내적인 실체와 근원을 지니는 것이라고 간주되고 있다. 그중에서도 특히 대표적인 최승희 연구가인 이애순은 그녀의 민족무용에 대해 "자족자율적인 것으로서 독립된 자체의 계통을 이루고, 실체적 특성과 발전의 특수법칙을 지니고 있다"라고 지적하였다. 또한 이애순은 최승희식 민족무용의 실체와 근원에 대해 작품·기본·이론이라는 세 가지 분류체계[24]로 나누어서 설명하였다(이애순, 2002: 249~289). 특히 '작품 실체'에 관한 이애순의 생각을 더 구체적으로 살펴보면 다음과 같다.

> "…민속무용의 미적 취미와 고전무용의 미학추구의 융합으로서 나타내는 후기단계의 작품들에서 이루어진 조선민족무용의 전체적인 심미추구와 이상의 경지는 선택차원에서 **전통무용의 외형적인 유형에 일관된 내재적 정신에 대한 파악**이라고 보며, 문화적인 각도에서는 **최승희 개인의 국부적인 사고가 집단적인 민족의 총체적인 사고로 승화되고 있음을 보여주는 것**이다. …최승희의 작품은 **전통무용을 재현하거나 재구성하는 차원에 머물지 않고, 전통을 든든한 바탕으로 부단히 새로운 것을 추구하는 주체적인 창조성이 뚜렷한 특징으로 표현**된다…(이애순, 2002: 260)(강조는 인용자)."

이애순은 최승희식 민족무용에서 나타나는 민족 표상이 전통에 기반하고 있는 내재적인 것인 동시에 최승희 개인의 사고가 집단적인 민족의 총체적인 사고로서 승화되어 무용예술을 통해 표현되는 것으로 파악하고 있다. 또한 그녀는 최승희가 단순히 전통무용을 재현하거나 재구성하는 차원을 넘어서 주체적인 창조 혹은 승화의 단계에 도달하고 있다고 강조하였다. 나아가 이애순은 '기본 실체'에 있어서는 최승희가 북한에 가서 1958년에 출판한 『조선민족무용기본』의 텍스트를 바탕으로 동작체계와 호흡훈련법 등을 분석하면서, 이 책에서 동양인의 특성에 맞는 "균형적이고 과학적이면서 체계적인" 매뉴얼이 제시되고 있다고 주장한다.

이애순도 설명하고 있듯이, 최승희 개인의 저작이 아닌 제자 오영옥의 남편 송경수가 기본 도해를 맡은, 오영옥 부부와의 공동저작물로서 성격

24) 이애순의 분류체계를 보면, 우선 작품 실체는 이미지 부호화한 실체로서 무용소품, 무용시, 무용서사시, 무용극, 음악무용 서사시 등을 가리킨다. 기본 실체는 동작 부호화한 실체로서 동작 훈련 체계를 지칭한다. 그리고 이론 실체는 문자 부호화한 연구논문 및 모든 글들을 의미한다.

이 강한 이 텍스트는 서양무용과 동양무용의 조합을 통한 기본 실체의 창
안이 핵심 내용이라는 것이다. 여기서 최승희가 "서구무용의 기본체계(독
일의 마리 뷔그만, 미국의 마사 그라함, 일본의 이시이 바쿠)를 정합하여
받아들이고 동방민족의 인체적 특성과 심미기호에 맞게 변형하였으며, 토
슈즈를 신지 않은 독특한 무용기본을 형성"하였다고 지적한다(이애순, 2002:
264~272). 이러한 이애순의 주장은 우선 논리성에서 더욱 비판적인 독해가
필요한 동시에 무용학적인 관점에서도 양립하기 어려운 결론을 도출하고
있는데, 바로 서양무용과 동양무용의 공존이다.

　무용학자인 김말복에 따르면, 서양무용과 동양무용은 그 구성 원리와
호흡법, 사고방식 등에 있어서 본질적이고 근본적인 차이를 내재하고 있
으므로 조합의 가능성이 거의 존재하기 힘든 대상이다. 이는 몸에 접근하
는 철학과 사상, 춤을 통해 몸이 형상화되는 방식, 의식과 동작과 호흡의
연결성, 기가 흐르는 원리, 전체적인 춤의 맥락과 강조점, 음악과의 관계,
무대의 구성 원리, 주제를 표현하는 방식, 춤에 대한 예법 그리고 관객의
감상 태도 등에 있어서 양극단적인 차이와 대조를 보여준다. 그렇기 때문
에 서양무용과 동양무용이 양립하고, 나아가 조화를 이룬다는 것은 근본
적으로 불가능하다는 것이다(김말복, 2007: 3~47).

　따라서 기존의 최승희 연구의 논의와 같이, 그녀의 민족무용이 최승희
개인의 타고난 천재성과 신비로운 면모를 바탕으로 서양의 발레와 현대
무용, 일본의 신무용과 조선의 전통춤이 지니는 특성과 원리들을 모두 성
공적으로 조합하여 자율적이고 독자적인 규칙을 지닌, 특정한 실체를 확
립하는 경지에 이르렀다는 무용학적 주장은 객관적으로 납득하기 어려운
지점이 뚜렷하게 존재한다.

　이 책에서는 일반적인 민족무용과 최승희식 민족무용이 문화적인 측면

에 있어서 일정한 차이와 혼동, 간극을 나타내고 있다는 점을 지적하고자한다. 일반적인 민족무용은 내재적이고 자연발생적인 것으로서 자체적인순수성과 동질성을 지향한다. 이는 경계를 지닌 고정적인 것이며, 민족의역사라는 내재적인 전통의 창조를 통해 단일한 네이션을 표상하는 것이다. 또한 이는 보편성을 획득한 특정한 실체를 지닌 것으로 간주되면서, 전통과 같은 의미에서 본래적인 세계를 반영한 예술적 유산으로 이해된다.

이에 비해 최승희가 창안한 민족무용은 동일한 명칭을 지니고 있지만, 그 성격이나 특징은 매우 다른 양상을 보이고 있다. 우선 이는 외재적이고사회구성적인 관점에서 출발하고 있다. 최승희식 민족무용은 양가성을 드러내는 동시에 경계를 초월하여 중층적인 관계를 맺고 있으며, 나아가 유동적인 대상이다. 또한 이는 외재적인 접근을 통해 만들어진 것이며, 단일한 네이션을 표상하지 않는다는 점에서 문화번역의 산물로도 볼 수 있다. 이는 절충과 혼합으로 이루어진 관념이자 역사적인 것으로 이해되고 있다는 특성도 나타난다. 가장 중요한 것은 최승희식 민족무용이 서양무용과동양무용을 모방하고 차용하는 혼종성을 보이고 있다는 점이다. 일반적인민족무용과 최승희식 민족무용의 특징들을 정리해 보면 다음과 같다.

일반적인 민족무용	최승희식 민족무용
내재적, 자연발생적	외재적, 사회구성적
순수성, 동질성	양가성, 혼종성
경계를 지닌, 고정적	경계를 초월한, 중층적, 유동적
발현과 창조	모방과 착종
민족적인(조선적인)	초민족적인(조선/일본/중국/동양적인)
보편성	절충주의, 혼합주의
실체적인 것, 자연적인 것	관념적인 것, 역사적인 것
본래적인	문화번역

최승희식 민족무용은 민족 그 자체(내용)이기보다 민족무용의 양식(규칙)을 창안하고 변형한 것으로 볼 수 있다. 민족적인 것을 기본으로 하면서 조선과 일본, 중국과 북한에서 현지화 내지는 차별화하는 방식 안에서 민족적인 특수성은 고정되고 독립적인 것이 아니라 유동적이고 관계적인 맥락에서 형성되는 것이다. 이는 각기 타자를 전제함으로써 자신의 정체성을 구축하고 있는 것인데, 이러한 타자와의 문화적인 차이를 강조하는 최승희식 민족무용이라는 모듈은 그 자체로 민족적 정체성을 추동하는 힘이 있었다. 그러나 이들 복수의 민족무용들은 상호배타적이거나 경계가 뚜렷한 것이 아니었다.[25]

최승희식 민족무용의 동아시아적 버전들은 네이션의 경계를 유동하면서도 서로 중층적인 관계를 맺고 있다. 이는 무용을 민족과 연결하는 사고방식을 통해 민족을 표상하는 과정 혹은 무용을 통한 네이션의 연기/수행으로도 볼 수 있는 것이다.

요약하면, 최승희식 민족무용은 전통의 내재적인 발현이나 본래적인 세계를 표상하는 특정한 실체를 지니고 있는 것이 아니라 외재적인 모방과 착종을 통한 혼합으로 구성된, 관념적이고 초민족적인 세계의 문화번역적인 산물로 볼 수 있다. 그리고 이는 무용예술에 대한 전문성이나 지식이 결여되었던 1930~40년대 조선과 일본의 지식인 청중들에게 어떤 담

---

25) 예를 들어, 「보현보살」은 조선과 일본, 중국에서 세 가지 버전이 있었다. 이와 같이 「코리안 멜로디」의 작품이 두 가지에서 세 가지로, 「무당춤」은 「쌍무패춤」으로, 「검무」가 「쌍검무」로, 일본의 「유랑예인」이 조선의 「유랑예인패」로, 일본의 「이게니에」가 「희생」으로, 「민요조」가 「아리랑」으로, 「어머니」가 「조선의 어머니」로, 「노사공」이 「승풍파란」으로, 「무녀춤」이 「쟁강춤」으로, 「환희」가 「청춘의 기쁨」으로 이름이 바뀌었다. 최승희의 무용작품 중에서 서른 작품 정도가 이러한 유사성을 띠고 있음을 볼 수 있다(정병호, 2004: 398~399).

론적인 것으로서 이해되고 인정받았다. 이는 1950~60년대 북한에서도 유사한 양상으로 드러났다.

이후 한국무용사에서 최승희는 전자의 민족무용을 표상하는 것으로 이해됨으로써 '무용의 신화'가 될 수 있었다. 또한 이들이 최승희의 무용양식을 보편적인 것으로 간주함으로써 그녀는 한국뿐 아니라 일본과 중국, 북한에서도 동시에 신무용의 고전이자 독보적인 1세대 근대무용가로서 자리매김될 수 있었던 것이다. 이러한 사례는 무용사를 넘어 예술사 전체에서도 매우 보기 드문 경우라고 할 수 있다.

결국 북한에서 최승희는 1967년 6월경에 숙청되었다가, 1969년 8월 8일에 사망한 것으로 전해진다. 당시 그녀의 나이는 59세였다. 최승희의 숙청 이후 행적이나 사망 원인은 공식적으로 명확하게 기록되지는 않았다. 그녀가 숙청된 결정적인 이유는 북한에서 김일성을 절대화하는 예술 활동에서 일관적으로 적극적이지 않았다는 점에서, 김정일에 의해 "문화예술 부문의 불순분자"로서 호명되었기 때문이라고 알려진다. 그런데 최승희의 숙청은 안막과의 관계성도 중요하게 포함되었다. "①최승희의 무용에는 일제의 잔재사상과 자본주의 예술의 잔재가 있고 ②무용연구소 운영에서 당의 지시를 따르지 않았으며 ③인민의 지지를 받을 수 없는 무용을 계속하고 있는데", 그 이유는 전적으로 안막의 영향이라는 주장이 제기되었기 때문이다(김찬정, 2003: 423; 강준식, 2012: 409).

최승희가 조선무용을 통해 보여준 원시적 열정과 자기민족지는 자신의 제자이자 동서인 김백봉에게 계승되었다. 김백봉이 스스로 의식하지 못했더라도, 그녀는 한국무용을 창작하는 데 있어서 최승희와 매우 유사한 방법론을 구사하였기 때문이다. 무용예술의 특성상 기록을 남기지 않는 대신, 도제식 수업을 통해 특정한 무용 계보가 인맥관계로 전승된다는 특징이 있다. 여기서 비롯된 양자의 유사성은 서양무용과 한국무용의 결합, 외부적 시선을 의식한 볼거리로서의 한국무용 그리고 후원환경론의 차원에서 드러난다.

해방 이후 「부채춤」으로 대표되는 김백봉의 한국무용은 미국공보원(USIS)의 후원을 받으면서, 서양인 관객들을 향한 아시아의 볼거리로서 문화선전의 매개체가 되었다. 1950년대 문화적 헤게모니 구축을 위해 미국공보원은 김백봉을 내세워 오리엔탈리즘의 시선이 투영된 한국무용 관련 기록영화를 다수 제작하였다. 한국 정부와 미국공보원의 동시적인 문화공보를 통해 김백봉에게는 '자유를 찾아 월남한 예술가'라는 상징성이 부여되었다(김려실, 2013: 352~365). 그녀는 최승희의 월북 이후 공백 상태에 있던 남한의 한국무용계에서 단독 주역이 될 수 있었다.

원본과 판타지

식민지/제국의 예술장 안에서 자율성을 확보하면서 모던예술을 창안하고자 하였던 수많은 조선인 예술가들의 조선예술은 모던이 아닌 로컬의 자리에서 페티시화되었던 동시에 가부장의 응시 앞에서 시각적인 볼거리로 전시되었다고 할 수 있다. 예술장의 경계를 넘어선 문화권력은 젠더화된 문화 담론을 생산하여 예술장에 투사하였고, 이 공간 안에서 타자화의 대상이었던 조선 여성은 역설적인 의미에서 비로소 예술장의 주체가 될 수 있었다.

그렇다면 보여지는 객체이자 보는 주체로서 중간자 정체성을 자각했던 이들의 문화적 월경과 실천을 통해서 중심과 주변, 보편과 특수, 원본과 판타지 등 견고한 이분법적 구분과 식민주의 위계질서가 새롭게 상상되지 않았을까? 제국의 아케이드 위에 마네킹처럼 전시된 조선 여성에게 비춰진 붉은 불빛은 '오리지널'이라고 간주되었던 것들을 성찰하게 해주는 열정으로 전환된 것이 아니었을까?

그런 점에서 시각 권력의 메커니즘 안에서 주체 위치는 본질적이거나 고정된 것이라고 볼 수는 없다. 1930년대 경성을 배경으로 엄청난 재산을 가진 상속녀를 소재로 삼은 2016년의 영화 「아가씨」는 젠더와 계급 사이에서 교차하는 시각성의 문제를 절묘하게 풀어냈다고 할 수 있다. 이모부 코우즈키는 히데코의 후견인이면서, 취미 삼아 춘화집과 음란서적을 수집하여 매일 같이 낭독회를 열었다. 그는 히데코에게 책의 낭독과 함께 주요 장면을 직접 재현하도록 오랫동안 억압적으로 길들이면서 훈련시킨다. 그리고 경매를 위해 모인 남성 관객들에게 그녀를 성적 판타지의 도구이자 대상으로 보여주고 전시하면서 이득을 챙긴다. 이 남성들은 모두 욕망과 실재 사이의 괴리감에서 정체성의 혼란을 겪는 인물들이라고 할 수 있다.

영화에서 표면적으로 여성을 학대하는 주체는 남성들이지만, 낭독하던 히데코의 모습을 죽기 직전까지 회상한다는 점에서 이들은 여성성에 집착하면서 사로잡혀 있다. 여기서 보여지는 박제물은 여성이 아니라 피사체에 영원히 포박되어 있는 남성들로 전도되었기 때문이다. 반면 히데코는 조선인 하녀 숙희와 함께 서로를 구원하고 여성 연대를 맺으면서, 춘화로서 표상되었던 가부장의 세계를 탈출하여 자유롭고 새로운 세상을 향해 나아간다. 그녀들이 오랫동안 사물처럼 갇혀 있던 대저택에서 나와 돌담을 넘어선 들판에서는 둥글고 환한 달빛이 새롭게 비치고 있었다.

1930~60년대에 걸쳐 제국주의와 민족주의, 사회주의 문화권력이 최승희에게 순차적으로 호명했던 주체 위치는 '딸, 누이, 무희, 어머니' 같은 기표/담론이었다. 이러한 호명기제 안에서 중요한 것은 실제의 최승희가 아니

라 그녀에 대한 판타지를 생성하는 데 필요한 도구로서 여성 신체였다고 할 수 있다. 그러나 최승희는 현실에서 자신의 정체성을 본질화하지는 않았으며, 이에 대해 항상 수행적으로 연기하고 있었을 뿐이다. 즉 그녀는 자신의 여성 신체를 둘러싼 다양한 호명기제가 고유한 원본이 아니라 상상적인 판타지라는 사실을 스스로 의식하고 있었다.

'포스트 최승희'가 부재한 이유

최승희라는 한국무용사의 신화는 개인성의 발현뿐 아니라 사회구조의 다양한 조건이 수행성의 자원으로서 전유되었기 때문에 성립될 수 있었다. 그런 점에서 시대를 앞서 태어난 천재무용가 혹은 태생적으로 비극적인 무희 같은 그녀를 둘러싼 수식어가 완전히 틀렸다고 할 수는 없겠지만, 그렇다고 최승희를 정확하게 보여주는 시선과 언어라고 하기는 어렵다. 이는 자연적이고 본질화된 관점이 아니라 사회구조와 행위자의 관계성 안에서 설명될 수 있는 것이기 때문이다.

또한 최승희라는 신화를 설명하는 데 있어서 행위자의 수행성에 대해 과도한 의미나 우월성을 부여하기보다, 특정한 호명기제와 현실의 여성 사이에서 생겨나는 틈새에 주목하는 것이 중요하다고 할 수 있다. 따라서 한국 사회에서 '포스트 최승희'가 부재한 이유는 이러한 간극을 역설적으로 보여줄 수 있는 역사적 조건 때문이라고 할 수 있을 것이다.

예술장 안에서 하부구조가 제대로 분화되지 않은 상황에서, 남성 정치인이나 문화 엘리트로 구성된 문화권력은 예술장에 개입하여 규칙을 생성했던 중요한 행위 주체였다. 특히 이들이 생산한 젠더화된 식민주의 정체성, 즉 여성의 은유를 통해 식민지를 표현하는 문화 담론의 투영은 최승희를 포함한 식민지 여성 주체들을 남성 문학가 중심이었던 예술장의 구성원으로 호명하는 이유가 되기도 했다는 점이 주목할 만한 부분이다. 이들은 예술장 외부에서 조선예술의 수용자 혹은 비평가라는 위치에 있었기 때문이다. 또한 이러한 양상은 사회주의 문화권력에서도 유사하게 반복되었다고 할 수 있다.

　1930~40년대 식민지/제국의 예술장에서 생성되었던 조선예술의 계보가 해방 이후 남한과 북한에서 어떻게 연속 혹은 단절되었는지에 대해서도 앞으로 심도 깊은 논의가 필요한 부분이다. 장혁주는 1936년 이후 사실상 조선을 완전히 떠났으며, 1952년에는 일본으로 귀화하였다. 그는 일본인 여성과 재혼을 하기도 했다. 이인성은 한국전쟁 중에 사망한 것으로 알려진다. 이는 향년 39세의 짧은 생애였다. 조택원의 경우, 그는 해방 이후 자신의 친일 행적에 대한 자아비판을 통해 남한 무용계의 중진으로 다시 거듭나기도 한 바 있다. 마해송은 남한에서 아동문학의 대가로서 1960년대 초기까지 꾸준하게 활동하였다. 이들은 모두 자기민족지로서 조선예술을 통해 인적이고 물적인 차원에서 많은 유산과 네트워크를 남겼다고 할 수 있다.

에필로그

호명기제와 수행성 사이

호명기제와 수행성 사이

이 책에서는 1930~60년대 최승희의 민족 표상과 젠더 수행에 대해 네이션과 무용이라는 프레임 안에서 고찰하고자 하였다. 이시이 바쿠에게서 사사한 최승희는 식민지 조선에서 서양무용으로 큰 호응을 얻지 못했지만, 1933년 이후 일본에서 「에헤라 노아라」라는 조선무용을 통해 새롭게 데뷔하여 조선과 일본을 넘어 세계무대에서 성공할 수 있었다. 이는 그녀가 1930년대 문화 엘리트들에 의해 식민지/제국의 예술장에서 생성되었던 자기민족지로서 조선예술의 계보를 반영한 것이었다. 외부적 관찰자로서 최승희는 무용의 대동아공영권 혹은 식민주의의 호명기제 안에서 조선적 현실을 응시하였고, 이를 통해 서양/일본 관객들을 중요하게 의식했던 조선무용 60여 종을 창안하였다.

1930년대에 제국 일본에서는 문화인과 정치인으로 구성된 최승희 후원회가 만들어졌고, 동시에 식민지 조선에서는 그녀의 조선무용을 둘러싼 순수성 논쟁이 있기도 했다. 그러나 최승희는 양방향적인 자기민족지를 수행하면서 일정한 차별성을 보여주었다. 즉 그녀는 조선무용을 기준점으로 삼았지만, 이 과정에서 조선무용은 타자화의 대상만이 아닌 주체화의 매개체로서 새롭게 기능했던 것이다. 이는 오리엔탈리즘과 민족주의라는 네이션의 중첩 안에서 최승희가 원시적 섹슈얼리티를 자기 전시하는 양상으로 드러났다.

　최승희는 해방 전후 중국과 만주국에서 4년 정도 체류하였는데, 이는 그녀에게 여성 신체를 통해 네이션을 이탈하면서 동시에 스스로 이를 생성하는 수행성을 보여주었던 시간이라는 점에 주목하고자 했다. 그동안 최승희의 중국/만주 체험은 친일/월북 사이에서 주변적으로 간주되었던 측면이 있었다. 그렇지만 1940년대에 그녀는 제국주의 문화권력의 후원과 지지를 통해 순회공연을 시작하면서 식민지의 무희를 넘어 새로운 주체 위치를 탐색하고자 했다. 최승희는 외부적 관찰자의 시선을 통해 조선, 일본, 중국, 동양 같은 기표에 대해 자명한 본질/원본이 아니라 역사적 구성체라는 자각을 체득할 수 있었던 것이다.

　당시 최승희의 중국 표상과 수행성은 중국성과 여성성의 재발견을 통해 지배적 정체성이었던 일본성과 남성성으로부터 거리를 두면서 어떤 틈새를 만들어냈다. 그녀는 서양/일본 관객들에게 타자화되고 페티시화된 여성 신체를 넘어 동양 여성이라는 주체성을 새롭게 생성하고자 했기 때문이다. 나아가 최승희는 만주/지나를 통해 제국 일본의 하위범주로서 표상되었던 중국을 1950년대 이후 동양무용을 통해 독자적인 하나의 네이션으로 표상하면서 일정한 자율성을 획득할 수 있었다.

　월북 이후 최승희는 '조선민족무용'을 창안하면서 민족과 예술을 동시적으로 호명하였으며, 1933년 자기민족지로서 출발했던 조선무용을 비로소 완성하고자 했다. 즉 그녀는 북한에서 네이션의 내재적 계승을 통해 친일이라는 식민주의 유산을 극복하고자 했던 것이다. 당시 조선무용의 관객은 서양인이나 일본인이 아니라 북한 인민이었기 때문이다. 해방 이전 최승희가 스스로 내세웠던 원시적 섹슈얼리티는 소거되었으며, 그녀는 안성희와 함께 '조선의 어머니와 딸'을 연기하였다. 이를 통해 이들은 1950~60년대에 '인민배우'의 주체 위치를 획득할 수 있었다. 동시에 최승희는 자신의 무용극에서 강한 남성성이라는 젠더 수행을 보여주었다.

이는 1950~60년대 북한에서 '이상적 남자다움'이 사회주의 문화권력에 의해 지배적 기표로서 유포되는 사이, 여성이 남성성을 수행함으로써 애국주의를 기반으로 한 인민의 감정을 남성과 동질적으로 체화하게 된다는 것을 의미했다. 남성과 여성을 모두 수렴하는 인민은 봉건 질서 혹은 미국/일본 제국주의에 저항하고 투쟁하는 것을 통해, 북한이라는 새로운 네이션의 구성원이 될 수 있었기 때문이다.

여성 신체는 남성 권력이 호명하는 기표/담론과 현실의 행위자가 보여주는 수행성이 조우하는 가시적인 장소라고 할 수 있다. 그렇다면 가부장제의 억압기제인 여성 신체는 개별 행위자에 의해 새로운 저항 도구가 될 수 있는가? 수잔 월터스가 제시한 "현실의 여자(material girl)"는 이미지로 재현되는 추상적이고 상상적인 여성이 아닌 현실 속에 실제로 존재하는 여성을 지칭한다(월터스, 1999: 192).

1930~60년대 현실의 여자였던 최승희는 민족/젠더라는 이분법적인 호명기제에 대해, 유동적인 수행성으로 자신의 주체 위치를 항상 새롭게 생성해 내는 "과정중의 주체(subject-in-process)"였다(버틀러, 2008: 245). 이는 그녀에게 다양한 네이션의 이름으로 존재했던 문화권력이라는 사회구조가 외재적이면서도 내재적인 방식으로 작동되었던 것을 보여주었다고 할 수 있다.

최승희에게 조선무용은 그녀 자신을 네이션이라는 문명 혹은 문자문화를 새롭게 관찰하고 응시하는 주체 구성의 수단으로 전유할 수 있는 매개체였다. 이는 호명기제와 수행성을 연결하는 여성 신체/섹슈얼리티가 시각 권력의 메커니즘을 비껴나는 순간을 만들어낸 것이다. 최승희의 역사적인 존재방식은 근대성 자체에 내재된 이분법적 도식, 즉 근대와 전통, 서양과 동양, 일본과 조선, 남성과 여성, 주체와 객체 등의 사회적 범주와 경계를 통해서 명확하게 포착되지 않았다.

어쩌면 기표/담론을 통해 재현되었던 최승희라는 이름은 현실에서는 어디에서도 실재하지 않았을지도 모른다. 그런 점에서 그녀는 무용가의 행적뿐 아니라 남성 권력이 상상했던 원본/판타지의 경계를 끊임없이 지워냈던 수행성을 통해 해방의 아이콘 혹은 질문하는 여성으로 새롭게 기억될 필요가 있을 것이다. 왜냐하면 현실의 행위자로서 최승희는 언제나 어떤 한계를 확인하면서도 자신이 처한 역사와 사회구조를 향해 계속 싸우고 있었기 때문이다.

❚ 참고문헌 ❚

1. 자료

『東亞日報』『로동신문』『滿鮮日報』『每日新報』『舞踊日本』『문학신문』『민주일보』『민주조선』『婦人公論』『婦人朝日』『四海公論』『三千里』『新女性』『女性』『朝光』『조선예술』『朝鮮日報』『朝日新聞』

2. 논문

강진호, 2004, 「해방 후 한설야 소설과 김일성의 형상」, 『민족문학사연구』 25, 270~301.

김려실, 2013, 「댄스, 부채춤, USIS 영화: 문화냉전과 1950년대 USIS의 문화공보」, 『현대문학의 연구』 49, 341~375.

김말복, 2007, 「몸과 춤」, 『무용예술학연구』 20, 1~53.

김말복 외, 2005, 「증언으로 듣는 한국 근현대무용사Ⅲ: '신무용의 역사적 의의'」, 『무용예술학연구』 16, 227~279.

김말애, 1998, 「조택원의 생애와 예술세계」, 『대한무용학회논문집』 23, 67~75.

김명훈, 2018, 「1950년대 북한의 문예계와 정현웅의 행보」, 『미술사학보』 51, 39~58.

김연숙, 2011, 「식민지 시기 대중문화영웅의 변모 과정 고찰: 최승희를 중심으로」, 『여성문학연구』 25, 239~264.

김영나, 1999, 「이인성의 향토색: 민족주의와 식민주의」, 『미술사논단』 9, 191~211.

김영희, 2002, 「조선음악무용연구회의 활동에 대한 연구」, 『대한무용학회논문집』 32, 5~15.

김영희, 2009, 「최승희 모던 댄스(Modern Dance) 시론」, 『공연과 리뷰』 64, 25~36.

김정환, 2015, 「북한 조령출의 창작 활동에 대한 고찰」, 『문화예술콘텐츠』 15, 91~123.

김진희, 2009, 「1930년대 조선문화의 정체성과 로컬 '향토'의 상상」, 『어문연구』 61, 369~393.

김채원, 2010, 「최승희 춤 활동에 대한 한국과 일본의 반향」, 『공연문화연구』 21, 211~243.

김채원, 2017, 「북한춤의 전통성과 현대성에 관한 一考察: 『조선예술』의 무용기사를 중심으로」, 『무용역사기록학』 47, 123~150.

김채원, 2019, 「북한의 신전통춤 『쟁강춤』의 변화와 전승」, 『공연과 리뷰』 25(1), 48~62.

김태경, 2018, 「북한 '사회주의 리얼리즘의 조선화(Koreanization)': 문학에서의 당의 유일사상체계의 역사적 형성」, 서울대학교 박사학위논문.

김현숙, 2002, 「韓國 近代美術에서의 東洋主義 研究: 西洋畵壇을 中心으로」, 홍익대학교 박사학위논문.

김호연, 2015, 「현대무용가 박영인의 초기 활동 연구」, 『무용예술학연구』 52(1), 1~14.

남근우, 1998, 「식민지주의 민속학의 일고찰」, 『정신문화연구』 21(3), 55~76.

남원진, 2014, 「한설야, '문예총' 그리고 항일무장투쟁사」, 『통일인문학』 60, 337~384.

남원진, 2018, 「문학 정전화와 '현대조선문학선집'」, 남북문학예술연구회 편, 『전후 북한 문학예술의 미적 토대와 문화적 재편』, 서울: 역락, 261~280.

노영희, 2011, 「최승희: 일본에 심은 '조선의 혼'」, 『공연과 리뷰』 75, 74~84.

동경원, 2014, 「최승희 무용극 연구: 작품 분석 및 공연예술사적 의의를 중심으로」, 『한국예술연구』 9, 151~205.

동경원, 2017, 「임소향의 월북 후 전통예술 활동 연구」, 『한국예술연구』 18, 161~186.

동경원, 2018, 「임소향의 전통예술 활동 연구: 1930-40년대를 중심으로」, 『국악원논문집』 38, 149~184.

문경연, 2010, 「일제 말기 극단 신협의 『춘향전』 공연 양상과 문화횡단의 정치성 연구」, 『한국연극학』 40, 29~60.

문경연, 2011, 「일제말기 '부여' 표상과 정치의 미학화: 이석훈과 조택원을 중심으로」, 『한국극예술연구』 33, 189~224.

박미영·오율자, 2006, 「민족주의 무용가로서의 최승희 연구」, 『대한무용학회논문집』 49, 149~160.

배경민, 2010, 「식민지 조선의 모더니티에 대한 양가적 정서 구조 연구: 〈미몽〉의 멜로드라마적 특징을 중심으로」, 『영상예술연구』 16, 153~178.

배인교, 2018, 「전쟁기 북한의 화선(火線)음악」, 남북문학예술연구회 편, 『전쟁과 북한 문학예술의 행방』, 서울: 역락, 173~199.

백지혜, 2013, 「경성제대 작가의 민족지 구성방법 연구」, 서울대학교 박사학위논문.

백향주, 2006, 「최승희 〈조선민족무용기본〉의 형성과 변화」, 한국예술종합학교 예술전문사학위논문.

백현미, 2004, 「민족적 전통과 동양적 전통: 1930년대 후반 경성과 동경에서의 〈춘향전〉 공연을 중심으로」, 『현대문학이론연구』 23, 213~245.

성기숙, 2002, 「최승희의 월북과 그 이후의 무용행적 재조명」, 『무용예술학연구』 10, 101~141.

성기숙, 2003, 「일본 근대무용의 선구자, 이시이 바쿠 연구」, 『무용예술학연구』 11, 41~71.

손옥주, 2017, 「자기민족지적 응시: 박영인의 작품에 나타난 조선무용의 재발견」, 『인문연구』 81, 285~318.

송희영, 2019, 「국가사회주의와 여성: '어머니'에서 '여간수'까지」, 『카프카연구』 41, 153~171.

슈미드, 안드레, 2019, 「북한을 역사화하기: 국가사회주의, 인구이동 그리고 냉전사학」, 『사회와 역사』 124, 165~217.

신하경, 2011, 「일제 말기 '조선붐'과 식민지 영화인의 욕망: 영화 『반도의 봄』을 통해」, 『아시아문화연구』 23, 79~106.

안병주·김민이, 2005, 「1930년대 전반의 최승희의 작품세계와 예술관」, 『움직임의 철학』 13(3), 369~382.

유미희, 2004, 「최승희의 『조선아동무용기본』 내용분석: 춤의 구조적 분석을 중심으로」, 『무용역사기록학』 7, 55~76.

윤혜미, 2009, 「최승희 무용 활동에 관한 역사적 연구」, 중앙대학교 박사학위논문.

이매방, 2004, 「증언으로 듣는 한국 근현대무용사」, 『무용예술학연구』 14, 331~340.

이상길, 2010, 「1920-30년대 경성의 미디어 공간과 인텔리겐치아: 최승일의 경우」, 『언론정보연구』 47(1), 121~169.

이주미, 2007, 「최승희의 '조선적인 것'과 '동양적인 것'」, 『한민족문화연구』 23, 335~359.

이진아, 2012a, 「문화번역으로서의 민족무용: 최승희의 경우」, 『사회와 역사』 95, 157~200.

이진아, 2012b, 「최승희의 조선무용과 제국일본의 문화권력」, 『한림일본학』 21, 67~100.

이진아, 2016a, 「1930-40년대 '조선예술'을 통해 본 제국의 문화권력과 젠더적 수행성: 무용과 음악 장르를 중심으로」, 한국학중앙연구원 박사학위논문.

이진아, 2016b, 「식민지조선의 신무용과 근대적 예술 개념의 수용」, 『사회와 역사』 112, 199~240.

이진아, 2019, 「신여성을 둘러싼 기표와 현실: 장혁주와 백신애」, 『한국학』 42(1), 251~282.

이진아, 2020a, 「최승희의 만주·중국 순회공연에 대한 젠더론적 연구: 1940-50년대를 중심으로」, 『한국민족문화』 74, 353~378.

이진아, 2020b, 「월북 이후 최승희의 민족 표상과 젠더 수행」, 『아시아여성연구』 59(1), 95~123.

이화진, 2004, 「식민지 영화의 내셔널리티와 '향토색': 1930년대 후반 조선영화 담론 연구」, 『상허학보』 13, 363~388.

이화진, 2019, 「예술적 동정과 제국적 관용, 그 사이의 비평: 「나그네[旅路]」(1937) 이후의 조선영화와 일본영화계」, 『한국학연구』 53, 69~100.

장원쉰, 윤여일 옮김, 2007, 「최승희와 타이완: 전전 타이완의 '조선' 붐」, 『플랫 폼』 4, 86~91.

전은자 · 이재연, 2005, 「신무용 기점에서 본 배구자 연구」, 『대한무용학회논문 집』 45, 177~201.

전지니, 2018, 「인민 '여'배우의 탄생: 해방 – 전쟁기 문예봉의 활동에 대한 소고」, 『여성문학연구』 43, 279~311.

정응수, 2005, 「일본 문인들이 바라본 최승희: 기쿠오카 구리와 사이토 모키치 를 중심으로」, 『남서울대학교 논문집』 11, 79~97.

차승기, 2011, 「문학이라는 장치: 식민지/제국 체제와 일제 말기 문학장의 성격」, 『현대문학의 연구』 44, 179~209.

최유경, 2011, 「한국근대미술의 향토론의 유행과 일본의 조선무속연구」, 『종교 와 문화』 21, 147~170.

홍선영, 2011, 「기쿠치 간과 조선예술상: 제국의 예술제도와 히에라르키」, 『일 본문화학보』 50, 235~254.

朴祥美, 2005, 「'日本帝國文化'を踊る: 崔承喜のアメリカ公演とアジア主義」, 『思想』 975, 126~146.

3. 단행본

강옥희 · 이순진 · 이승희 · 이영미, 2006, 『식민지시대 대중예술인 사전』, 서울: 소도.

강준식, 2012, 『최승희 평전, 1911-1969: 한류 제1호 무용가 최승희의 삶과 꿈』, 서울: 눈빛.

권명아, 2005, 『역사적 파시즘: 제국의 판타지와 젠더정치』, 서울: 책세상.

권헌익·정병호, 2013, 『극장국가 북한: 카리스마 권력은 어떻게 세습되는가』, 파주: 창비.

김경애·김채현·이종호, 2001, 『우리 무용 100년』, 서울: 현암사.

김경일, 2004, 『여성의 근대, 근대의 여성』, 서울: 푸른역사.

김경일, 2016, 『신여성, 개념과 역사』, 서울: 푸른역사.

김동일, 2010, 『예술을 유혹하는 사회학: 부르디외 사회이론으로 문화읽기』, 서울: 갈무리.

김영희·김채원, 2014, 『전설의 무희, 최승희』, 서울: 북페리타.

김일성, 1994, 『세기와 더불어 회고록 5』, 평양: 조선로동당출판사.

김수진, 2009, 『신여성, 근대의 과잉: 식민지 조선의 신여성 담론과 젠더정치, 1920-1934』, 서울: 소명출판.

김진송, 1999, 『서울에 딴스홀을 許하라: 현대성의 형성』, 서울: 현실문화연구.

김찬정, 2003, 『춤꾼 최승희』, 서울: 한국방송출판.

김채원, 2008, 『최승희 춤: 계승과 변용』, 서울: 민속원.

김호연, 2016, 『한국 근대 무용사』, 서울: 민속원.

나병철, 2014, 『은유로서의 네이션과 트랜스내셔널 연대』, 서울: 문예출판사.

남북문학예술연구회 편, 2018a, 『전쟁과 북한 문학예술의 행방』, 서울: 역락.

남북문학예술연구회 편, 2018b, 『전후 북한 문학예술의 미적 토대와 문화적 재편』, 서울: 역락.

리기주, 1991, 『위대한 수령 김일성 동지 문학예술 령도사』, 평양: 문예.

민경찬·김채현·백현미 편, 2011, 『박용구: 한반도 르네상스의 기획자』, 서울: 수류산방.

박진수 편, 2013, 『근대 일본의 '조선 붐'』, 서울: 역락.

배은경, 2020, 『최승희 무용연구소의 소련 순회공연 1950-1957』, 서울: 민속원.

북경대학 조선문화연구소 편, 1994, 『예술사』, 북경: 민족출판사.

서동만, 2005, 『북조선사회주의체제성립사: 1945-1961』, 서울: 선인.

서정완·임성모·송석원 편, 2011, 『제국일본의 문화권력』, 서울: 소화.

오혜진 외, 2020, 『원본 없는 판타지: 페미니스트 시각으로 읽는 한국 현대문화사』, 서울: 후마니타스.

유미희, 2006, 『20세기 마지막 페미니스트 최승희』, 서울: 민속원.

윤소영 · 홍선영 · 김희정 · 박미경 옮김, 2007, 『일본잡지 모던일본과 조선 1939-1940』, 서울: 어문학사.

이경민, 2010, 『제국의 렌즈: 식민지 사진과 '만들어진' 우리 근대의 초상』, 서울: 산책자.

이경재, 2010, 『한설야와 이데올로기의 서사학』, 서울: 소명출판.

이애순, 2002, 『최승희 무용예술연구: 20세기 예술문화와의 관련 속에서』, 서울: 국학자료원.

이애순 편, 2002, 『최승희무용예술문집』, 서울: 국학자료원.

이영란 편, 2017, 『근대무용의 선구자 최승희 예술과 글』, 서울: 나눔사.

이영재, 2008, 『제국 일본의 조선영화: 식민지 말의 반도—협력의 심정, 제도, 논리』, 서울: 현실문화.

이정노, 2019, 『근대 조선춤의 지속과 변용』, 서울: 소명출판.

이철주, 1966, 『북의 예술인』, 서울: 계몽사.

임지현 · 사카이 나오키, 2004, 『오만과 편견』, 서울: 휴머니스트.

전영선, 2002, 『북한의 문학예술 운영체계와 문예 이론』, 서울: 역락.

정병호, 2004, 『춤추는 최승희: 세계를 휘어잡은 조선여자』, 서울: 현대미학사.

정수웅, 2004, 『崔承喜: 격동의 시대를 살다간 어느 무용가의 생애와 예술』, 서울: 눈빛.

정종현, 2011, 『동양론과 식민지 조선문학: 제국적 주체를 향한 욕망과 분열』, 파주: 창비.

조선로동당출판사 편, 1992, 『김정일 무용예술론』, 평양: 평양종합인쇄공장.

조택원, 1973, 『가사호접: 창작무용 반세기』, 서울: 서문당.

최승일 편, 2005, 『봉희(외)』, 파주: 범우.

최승희, [1958]1991, 『조선민족무용기본』, 서울: 동문선.

최승희, [1958]1999, 『최승희 무용극 대본집』, 서울: 한국문화사.

최승희, [1936]2006, 『불꽃: 1911-1969, 세기의 춤꾼 최승희 자서전』, 서울: 자음과
  모음.

친일인명사전편찬위원회 편, 2009, 『친일인명사전③』, 서울: 민족문제연구소.

한상언, 2019, 『문예봉傳: '빨찌산의 처녀'가 된 '삼천만의 여배우'』, 서울: 한상
  언영화연구소.

한성훈, 2012, 『전쟁과 인민: 북한 사회주의 체제의 성립과 인민의 탄생』, 파주:
  돌베개.

홍양희 외 편, 2017, 『'성聖/性'스러운 국민: 젠더와 섹슈얼리티를 둘러싼 근대
  국가의 법과 과학』, 파주: 서해문집.

高嶋雄三郎, 1959, 『崔承喜』, 東京: 学風書院.

高嶋雄三郎・鄭昞浩, 1994, 『世紀の美人舞踊家崔承喜』, 東京: エムティ出版.

綠川潤, 2006, 『舞踊家石井漠の生涯』, 秋田: 無明舍出版.

李賢晙, 2019, 『「東洋」を踊る崔承喜』, 東京: 勉誠出版.

Atkins, E. Taylor, 2010, *Primitive Selves: Koreana in the Japanese Colonial Gaze,*
  1910-1945, Berkeley: University of California Press.

Ching, Leo T. S, 2019, *Anti-Japan: the Politics of Sentiment in Postcolonial East*
  Asia, Durham, N.C.: Duke University Press.

Pratt, Mary Louise, 2008, *Imperial Eyes: Travel Writing and Transculturation*,
  London and New York: Routledge.

Van Zile, Judy, 2001, *Perspectives on Korean Dance*, Middletown, Conn.: Wesleyan
  University Press.

4. 번역서

가네코 아쓰시, 박광현 외 옮김, 2009, 『박물관의 정치학』, 서울: 논형.

가와바타 야스나리, 이진아 옮김, 2012, 『무희』, 서울: 문학과 지성사.

간 사토코, 이남금・이지현 옮김, 2017, 『여자가 국가를 배반할 때: 여학생, 히구치 이치요, 요시야 노부코』, 서울: 도서출판 하우.

강상중, 이경덕・임성모 옮김, 1997, 『오리엔탈리즘을 넘어서』, 서울: 이산.

게이튼스, 모이라, 조꽃씨 옮김, 2021, 『상상적 신체: 윤리학, 권력, 신체성』, 서울: 도서출판 b.

고마고메 다케시, 오성철・이명실・권경희 옮김, 2008, 『식민지제국 일본의 문화통합: 조선・대만・만주・중국 점령지에서의 식민지 교육』, 서울: 역사비평사.

고야스 노부쿠니, 이승연 옮김, 2005, 『동아・대동아・동아시아: 근대 일본의 오리엔탈리즘』, 서울: 역사비평사.

나카네 타카유키, 건국대학교 대학원 일본문화・언어학과 옮김, 2011, 『'조선' 표상의 문화지: 근대 일본과 타자를 둘러싼 지(知)의 식민지화』, 서울: 소명출판.

다나카, 스테판, 박영재・함동주 옮김, 2004, 『일본 동양학의 구조』, 서울: 문학과 지성사.

모스, 조지 L., 오윤성 옮김, 2015, 『전사자 숭배: 국가라는 종교의 희생제물』, 파주: 문학동네.

바바, 호미, 나병철 옮김, 2002, 『문화의 위치: 탈식민주의 문화이론』, 서울: 소명출판.

바바, 호미 편저, 류승구 옮김, 2011, 『국민과 서사』, 서울: 후마니타스.

버틀러, 주디스, 조현준 옮김, 2008, 『젠더 트러블: 페미니즘과 정체성의 전복』, 파주: 문학동네.

버틀러, 주디스, 유민석 옮김, 2016, 『혐오 발언』, 서울: 알렙.

버틀러, 주디스, 강경덕・김세서리아 옮김, 2019, 『권력의 정신적 삶: 예속화의 이론들』, 서울: 그린비.

벤야민, 발터, 조형준 옮김, 2005, 『아케이드 프로젝트 1-2』, 서울: 새물결.

사카이 나오키, 후지이 다케시 옮김, 2005, 『번역과 주체: '일본'과 문화적 국민주의』, 서울: 이산.

쉬너, 래리, 김정란 옮김, 2007, 『예술의 탄생』, 파주: 들녘.

스윈지우드, 앨런, 박형신 · 김민규 옮김, 2004, 『문화사회학 이론을 향하여: 문화이론과 근대성의 문제』, 파주: 한울아카데미.

스콧, 제임스 C., 전상인 옮김, 2020, 『지배 그리고 저항의 예술: 은닉 대본』, 서울: 후마니타스.

앤더슨, 베네딕트, 서지원 옮김, 2018, 『상상된 공동체: 민족주의의 기원과 보급에 대한 고찰』, 서울: 길.

엘리아스, 노베르트, 박미애 옮김, 1999, 『모차르트: 한 천재에 대한 사회학적 고찰』, 서울: 문학동네.

와카쿠와 미도리, 건국대학교 대학원 일본문화 · 언어학과 옮김, 2007, 『황후의 초상: 쇼켄황태후의 표상과 여성의 국민화』, 서울: 소명출판.

요시미 순야, 이태문 옮김, 2004, 『박람회: 근대의 시선』, 서울: 논형.

요시미 순야 외, 연구 공간 수유+너머 일본 근대와 젠더 세미나팀 옮김, 2007, 『확장하는 모더니티: 1920-30년대 근대일본의 문화사』, 서울: 소명출판.

월터스, 수잔, 김현미 외 옮김, 1999, 『이미지와 현실 사이의 여성들』, 서울: 또하나의 문화.

초우, 레이, 정재서 옮김, 2004, 『원시적 열정: 시각, 섹슈얼리티, 민족지, 현대 중국영화』, 서울: 이산.

타키 코지, 박삼헌 옮김, 2007, 『천황의 초상』, 서울: 소명출판.

하야카와 노리요 외, 이은주 옮김, 2009, 『동아시아의 국민국가 형성과 젠더: 여성표상을 중심으로』, 서울: 소명출판.

홈스트롬, 낸시, 유강은 옮김, 2019, 『사회주의 페미니즘: 여성의 경제적이고 정치적인 완전한 자유』, 서울: 따비.

후지타니, 다카시, 한석정 옮김, 2003, 『화려한 군주: 근대일본의 권력과 국가의 례』, 서울: 이산.

▌ 찾아보기 ▐

【ㅎ】

이진아

1978년생. 2016년 한국학중앙연구원에서 사회학 박사학위를 받았으며, 현재 동아대학교 조교수로 재직하고 있다. 전공은 사회사/역사사회학이며, 연구 분야는 문화연구와 젠더연구이다.

주요 논문으로는 「1930-40년대 기생 가수들에 대한 젠더론적 연구」(2018)와 「호명되는 남성성: 전시체제기 만주국의 위문대와 젠더정치」(2018) 「베트남전 위문공연에 관한 젠더론적 연구 I, II(1964-73)」(2020, 2021) 등이 있다. 번역서로는 가와바타 야스나리의 『무희』(2012, 문학과 지성사)가 있다.

2017년 국립아시아문화전당과 2018년 아모레퍼시픽재단의 연구비 지원을 받았다. 『사회와 역사』와 『만주연구』 편집위원으로 활동하고 있다. 새로운 연구 관심은 대중음악과 페미니즘, 아시아의 여성 가수 등이다.